深层触探技术及其应用研究

陈则连　许再良　陈新军
高　敬　李　鹏　李国和　著

西南交通大学出版社
·成　都·

图书在版编目（ＣＩＰ）数据

深层触探技术及其应用研究 / 陈则连等著. —成都：
西南交通大学出版社，2021.6
ISBN 978-7-5643-8052-6

Ⅰ. ①深… Ⅱ. ①陈… Ⅲ. ①高速铁路 – 工程地质勘
察 – 研究 Ⅳ. ①U212.22

中国版本图书馆 CIP 数据核字（2021）第 100075 号

Shenceng Chutan Jishu ji Qi Yingyong Yanjiu
深层触探技术及其应用研究

陈则连 许再良 陈新军
　　　　　　　　　　　　著
高　敬　李　鹏　李国和

责 任 编 辑　　　姜锡伟
封 面 设 计　　　何东琳设计工作室

　　　　　　　　　西南交通大学出版社
出 版 发 行　　（四川省成都市金牛区二环路北一段 111 号
　　　　　　　　西南交通大学创新大厦 21 楼）
发行部电话　　　028-87600564　　028-87600533
邮 政 编 码　　　610031
网　　　址　　　http://www.xnjdcbs.com
印　　　刷　　　四川煤田地质制图印刷厂
成 品 尺 寸　　　170 mm × 230 mm
印　　　张　　　21.75
插　　　页　　　2
字　　　数　　　334 千
版　　　次　　　2021 年 6 月第 1 版
印　　　次　　　2021 年 6 月第 1 次
书　　　号　　　ISBN 978-7-5643-8052-6
定　　　价　　　120.00 元

前言 ‖ PREFACE

触探技术是工程勘察中常用的一种方法，兼具勘探和测试双重功能，且具有测试资料连续、可靠，测试快捷、经济等优点，尤其适用于铁路线状工程大规模、快节奏的勘察。但以往的触探设备由于测试深度浅，不能满足高速铁路桥梁基础设计要求，极大地制约了其在高速铁路工程勘察中的应用。

深层触探（deep penetration test，DPT）技术是由中国铁路设计集团有限公司（原铁道第三勘察设计院集团有限公司，以下简称中国铁设）于 2001 年提出的，经过十余年的持续自主研发，在测试方法、装备研发、工艺设计、机理研究、应用技术等方面取得了一系列创新成果，形成了无缆测试技术、深层静力触探技术、旋压触探（也称旋转触探）技术等多项新型成套技术，并在津保、商合杭、郑济、济青、京雄、雄商、京滨、石衡沧港等大量铁路及天津地铁等工程勘察中得到广泛应用，显著提升了勘察质量和效率。

深层触探技术研发历经十余年，从理论到设备、工艺、标准，再到生产和设计应用，自主创新之路艰辛漫长，在中国国家铁路集团有限公司、天津市和中国铁设立项了"深层触探土力学及其应用技术研究""深层触探关键技术及其在城市轨道交通工程勘察中的应用研究""城市轨道交通工程深层岩土原位测试新技术及应用研究"等一系列科研课题，获得了"岩土工程原位旋转触探的测试方法及其专用设备""岩土工程的深层静力触探测试方法"等发明专利 11 项，获得了实用新型专利 20 项、软件著作权 5 项授权，获中国铁道学会科学技术一等奖等多项省部级奖励。特别是创新发明的集贯入阻力、旋转扭矩、水压力测试于一体的标准锥形双螺旋探头及兼具静压、旋转、给水等功能的深层触探装备及工艺，填补了国内技术空白，形成了铁路行业标准，推进了岩土工程勘察技术进步。

本书是对深层触探技术研发成果的全面、系统总结介绍，既包含了深层触探技术的理论成果，也包括了较为全面的实践经验，力求全面反映深层触探技术从无到有、逐步完善发展、最后推广应用的全过程及成果内容。以著作形式将其总结发表便于深层触探新技术更快、更好地推广应用，以期在高速铁路工程建设和其他行业工程建设中发挥更大的作用。

在深层触探技术开发过程中，除了作者之外，还有很多研发人员和专家参与其中，包括杨怀玉、赵凤林、叶启民、王福、浦晓利、司鹏飞、任月林、董永刚等，为触探技术创新付出了智慧和汗水；王耀琴、晏国强、刘江磊、陈雄、徐黎明、闫双斌、陈志英等参与了工程试验及应用。创新成果是众多参与者的集体智慧，在此对十余年来参与深层触探技术开发应用的技术人员、长期关心指导触探技术创新的中国铁路设计集团有限公司和地勘院领导、专家表示衷心感谢！

本书在触探技术发展历程、技术现状等章节中参阅了国内外文献，谨向有关文献作者表示衷心的感谢！

由于作者水平有限，书中不妥之处在所难免，欢迎广大读者批评指正！

作者
2021 年 3 月

目 录 ‖ CONTENTS

第1章 绪 论

近年来，我国高速铁路的快速发展为工程地质勘察技术创新带来了机遇与挑战。高速铁路工程地质勘察工作量巨大，高速铁路轨道系统的平顺性、稳定性、刚度均匀性等需要桥梁、路基工后沉降控制限值在毫米级，这对地质勘察精度和效率提出了更高的要求。

触探技术是工程勘察中常用的一种原位测试方法，兼具勘探和测试双重功能，具有测试数据连续、可靠，测试快捷、经济、环保等优点，尤其是在勘探精度上最适合高速铁路工程沉降控制的极高要求。传统的触探设备由于测试深度浅，制约了其在高速铁路工程勘察中的应用，例如在京津冀地区触探深度通常为 30～40 m，而京沪、京津、津保等高速铁路桥梁基础深度超过 50 m，因此，突破触探测试深度是技术创新的关键。

深层触探（deep penetration test，DPT）技术由中国铁路设计集团有限公司于 2001 年提出，历经十余年自主研发，在无缆测试技术、深层静力触探技术、旋压触探技术等多领域形成了测试机理、测试方法、测试装备、测试工艺、勘察应用、设计应用等成套技术，形成了行业标准，在铁路和城市轨道交通工程勘察中得到了广泛应用。

深层触探技术既继承了传统触探技术优势，又在触探装备、工艺、机理和应用技术等方面取得了重大创新突破，填补了国内技术空白，丰富了勘探测试手段，提升了触探装备技术水平，促进了工程勘察技术进步，目前形成了平原区基于深层触探技术的综合勘察技术，改变了以往高速铁路工程勘察单纯依靠传统钻探的勘察模式，显著提升了地质勘察质量、效率和效益，对于高速铁路工程建设和运营安全具有重要意义。

下文将从触探技术发展历程开始介绍，回顾触探技术从发明探索逐渐到广泛应用的发展过程；围绕无缆测试技术的现状进行分析和对比，为深层触探技术中的无缆测试技术研究提供参考；最后对深层触探技术的发展进行简要介绍。

1.1　触探发展历程

触探是随着应用土力学的研究而发展起来的一项原位测试技术，距今已有 100 多年的历史。触探经历了机械式、电测式、多功能式的发展过程。

1.1.1　机械式触探

最早的触探是从欧洲等软土地区国家发展起来的，采用机械式结构进行测试，故称为机械式静力触探（mechanical static cone penetration）。

1930 年，荷兰工程师 Pieter Barentsen 开始采用锥尖试验，并加以应用。因此，国际上常称静力触探试验为"荷兰锥"试验，简称 CPT（cone penetration test）。该试验采用直径为 15 mm 的钢杆安装在 19 mm 内径的套筒内，钢杆可以上下自由移动，同时钢杆下部连接一个截面积 10 cm^2、锥角 60° 的锥头，利用人工压入土层中，如图 1.1-1 所示；通过减去内杆重量来校正锥尖阻力，最大贯入深度 10 ~ 12 m，贯入阻力由压力计测量。

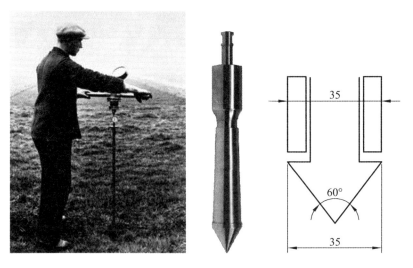

图 1.1-1　简易的 Barentsen 静力触探系统及早期的
机械式 CPT 探头（荷兰锥）（单位：mm）

之后，Pieter Barentsen 委托荷兰 GMF Gouda 公司制造全球首套机械式静力触探（CPT）设备（图 1.1-2）。该设备通过荷兰 Gouda 附近铁路路堤的首次测试后，其工作原理和测试设备被证明非常有效，从而向全球推广。

图 1.1-2　全球第一套机械式静力触探（CPT）设备

1935 年，荷兰人 Huizinga 设计并使用了第一个 10 t 的人工荷兰锥贯入装置（图 1.1-3）。试验时首先将圆锥探头和外套管先后贯入 15 cm，然后使二者一起贯入下一个试验深度，并测定锥尖阻力。该贯入装置为非连续性贯入。

图 1.1-3　1935 年的荷兰锥贯入系统

1948 年，Vermeiden 和 Plantema 对荷兰锥进行了改进，在荷兰锥上方增加了一个锥形的保护部件（图 1.1-4）。其目的是阻止土体进入套管和探杆之间的间隙。目前，这种探头在世界有些地方还在使用。

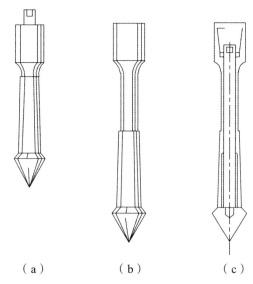

（a）　　　　　　（b）　　　　　　（c）

图 1.1-4　带有锥形保护部件的荷兰锥

1953 年，Begemann 在荷兰锥后面增加了一个摩擦筒（图 1.1-5）。通过这种改进，荷兰锥可以同时测量锥尖阻力和侧壁摩阻力。在测试过程中，每贯入 20 cm 读取一组数据，并且第一次将摩阻比用于土的类型划分（图 1.1-6）。

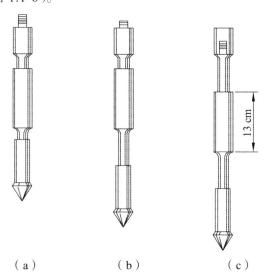

（a）　　　　　　（b）　　　　　　（c）

图 1.1-5　带有摩擦套筒的 Begemann 荷兰锥

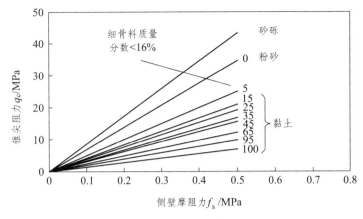

图 1.1-6　通过摩阻比划分土层

随后，在比利时、瑞典、德国、法国等国家，也出现了新型静力触探技术。液压加压装置的引入，提高了静力触探贯入的深度和能力。

1954 年，陈宗基教授引进荷兰机械式静力触探设备，并且在黄土地区开展试验研究，随后静力触探技术在我国逐步发展和应用起来。

这种机械式静力触探的优点是仪器坚固耐用、容易操作、设备价格低、测试费用也相对较低，因此现在有一些国家仍在使用。机械式静力触探的缺点是受套管和探杆之间的摩擦、泥土挤入等因素的影响，测试精度低，效率不高。为解决机械式静力触探的上述问题，测试精度更高的电测式触探技术随后研发成功。

1.1.2　电测式触探

电测式静力触探（electrical cone penetration test）是指采用电阻应变测试技术，通过采集电信号，直接获得探头中的变形、受力参数的静力触探方法。

从 20 世纪 40 年代末开始，人们便不断研发电测式的静力触探 CPT 探头。1948 年，荷兰工程师 Bakker 研制出世界上第一个电测式探头，此后世界上许多国家相继研制出不同的电测式触探仪。1965 年，荷兰辉固（Fugro）公司与荷兰研究院（TNO）联合研制出了一种电测式的 CPT 探头（图 1.1-7）。这种探头的形状和尺寸是现代静力触探探头的原型，也是后来国际土力学和基础工程学会（ISSMFE）的标准。

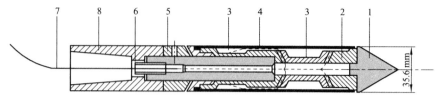

1—锥头（10 cm²）；2—顶柱；3—应力计；
4—摩擦筒；5—调节环；6—防水塞；
7—电缆；8—探杆接头。

图 1.1-7　Fugro 电测式静力触探探头结构

电测式触探探头的电测原理是将一个内部装有传感器的触探头以匀速压入土中，由于地层中各种土的软硬不同，探头所受的阻力也不一样，传感器将这种大小不同的贯入阻力通过电信号输入到记录仪表中记录下来。触探头是量测地基土贯入阻力的关键部件。它是在贯入过程中直接感受土的阻力，并将其转变成电信号，然后由仪表显示出来的元件。为实现这一过程，可采用不同形式的传感器。电阻应变式传感器最为常用，它应用了胡克定律、电阻定律和电桥原理[1]。

1．胡克定律

触探探头被压入土中，受地层阻力作用而引起装在探头内部的空心柱的变形（即引起探头传感器的变形），如将空心柱视为一根杆，则阻力与变形的关系可用胡克定律表达：

$$\sigma = E\varepsilon$$

因此，只要测得应变就可以求得传感器受到的应力大小。

2．电阻定律

为了测得应变，在空心柱外周贴上一个阻值为 R 的电阻应变片。空心柱受拉力伸长，电阻丝也随之变长。根据电阻定律，空心柱受力产生 ΔL 的变化，相应电阻值也将引起 ΔR 的变化，其关系可表达成：

$$\Delta R = K\varepsilon R$$

式中：K ——电阻应变片的灵敏度系数，一般为 2 ~ 3。

3．电桥原理

钢材在弹性范围内的变形很小，因而引起的电阻变化 ΔR 也很小。

利用微小的电阻变化去精确计量力的变化很困难，故转而利用电桥原理（图 1.1-8），即在空心柱上贴一组应变片，再经放大器放大，来实现微电压的测量。

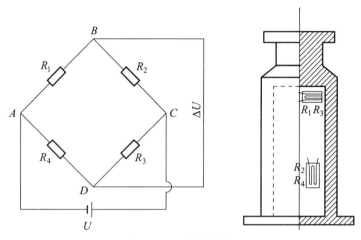

图 1.1-8　电桥原理

电桥线路如图 1.1-8 所示，依据电桥原理，输出电压 ΔU 有：

$$\Delta U = \frac{R_2 R_4 - R_1 R_3}{(R_1 + R_2)(R_3 + R_4)} U$$

为了使电桥平衡，即输出电压为零（检流计无电流通过），应有电桥平衡条件，即

$$R_2 R_4 = R_1 R_3$$

探头的 4 组应变片贴法如图 1.1-8（b）所示，1#、3#电阻横向贴，2#、4#电阻纵向贴。在探头不受力时，有 $R_1 = R_2 = R_3 = R_4$，满足电桥平衡条件。对于两片受拉，两片不受力的全桥测量电路，输出电压：

$$\Delta U = \frac{1}{2} K U \varepsilon = \frac{KU}{2E} \sigma$$

对一定的传感器，组桥方式一经确定，在选定工作电压 U 的情况下，输出电压的变化只随应变或应力大小而变化。换言之，测量输出电压的变化，就可以实现电测土体阻力的目的。

在实际工作中，把空心柱体的微小应变转化为所输出的微弱电压，

通过电缆传至电阻应变仪中的放大器放大几千倍到几万倍后，就可用指示仪表显示为数值和图像（图 1.1-9）。

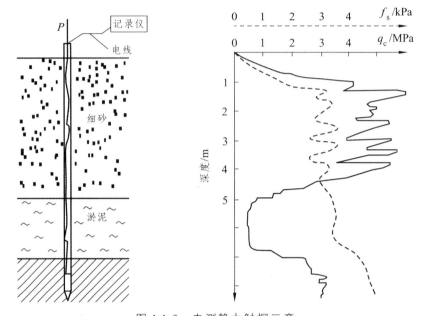

图 1.1-9　电测静力触探示意

电测式静力触探探头针对机械式静力触探探头的主要改进包括：

（1）消除了外套管与内探杆之间的摩擦及由内探杆重量造成的误差。

（2）测试过程连续且贯入速率恒定。

（3）锥尖阻力和侧壁摩阻力的电信号测试更加简单而可靠。

1964 年，王锺琦等独立研制出我国第一套电测静力触探试验系统[2]；原建工部综合勘察院成功研制出了电测静力触探仪，利用电阻应变测试技术，直接从探头中量测贯入阻力，并定义为比贯入阻力。20 世纪 60 年代初到 70 年代末我国与国际交流较少，使得在静力触探技术发展上形成了与国际不同的技术标准（表 1.1-1），一定程度上制约了我国静力触探的发展。现在我国静力触探技术虽然得到了广泛应用，但大量使用的仍然是"单桥"探头、"双桥"探头，而且探头规格多样，与国际通用的存在差异，给测试成果的比较和国际学术交流造成了困难。

表 1.1-1　我国与国际静力触探技术规格比较

机构名称	规 格				
	锥角/(°)	锥底面积/cm²	锥底直径/mm	摩擦筒长度/mm	摩擦筒表面积/cm²
ISSMFE（IRTP, 1989）	60	10	34.8～36.0	133.7	150
瑞典岩土工程协会推荐标准（SGF, 1993）	60	10	35.4～36.0	133.7	150
挪威岩土工程协会（NGF, 1994）	60	10	34.8～36.0	133.7	150
ASTM（1998）	60	10	35.7～36.0	133.7	150
荷兰标准（1996）	60	10	35.7～36.0	—	
法国标准（NFP94-113, 1996）	60	10	34.8～36.0	133.7	150
日本岩土工程协会（1994）	60	10	35.7	—	
中国 单桥	60	10	35.7～35.88	—	—
		15	43.7～43.92	—	
		20	50.4～50.65	—	—
中国 双桥	60	10	35.7～35.88	132.8～134.3	150
		15	43.7～43.92	217.4～219.4	300
		20	50.4～50.65	188.55～190.3	300

电测静力触探具有下列明显优点：

（1）测试连续、快速，效率高，功能多，兼有勘探与测试的双重作用。

（2）测试数据精度高，再现性好，重复性误差小于 5%。

（3）采用电测技术，便于实现测试过程的自动化，测试成果可由计算机自动处理，大大减轻了人的工作强度。

因此，电测静力触探是目前应用最广的一种土的原位测试技术。

传统静力触探技术的主要缺点有：

（1）对碎石类土和密实砂土难以贯入，贯入深度有限。

（2）测试岩土参数较为单一。

基于（1），中国铁设于2001年提出了深层触探技术的概念，着手自主研发了成套关键技术和装备，大幅提高了触探深度和应用范围；基于（2），国内外先后研制成功了多功能联合测试技术，拓展了触探技术的功能和应用领域。

1.1.3 多功能触探

随着测试技术的进步，人们越来越希望通过静力触探这种勘探手段能够在一个孔中测试多种不同的土质和水质参数，以达到多功能静力触探的目的。下面介绍几种以静力触探（CPT）为基础，加上各种不同用途设备的测试装置，其中有的已投产应用，有的尚在研究改进阶段。

1. 孔隙水压力静力触探测试（CPTU）

1974年在斯德哥尔摩召开的第一届欧洲触探会议（ESOPT-1）上首次有学者报道了贯入时进行孔压测试的例子。瑞典的 Torstensson 和美国的 Wissa 等分别研制出了电测试孔压探头。1980年以后，出现不少同时测孔压和侧阻力的方法，并在工程实践中得到应用。1980—1989年，许多学者研究了透水石位置对所测孔压以及孔压对锥尖阻力的影响。1989年，ISSMFE 推荐采用透水石位于锥肩的孔压 u_2，此后，这作为国际标准固定下来。CPTU 孔压透水元件位置如图 1.1-10 所示。

孔压静力触探（piezocone penetration test，CPTU），除测定锥尖阻力 q_c 和侧壁摩擦阻力 f_s 外，同时还测定土的孔隙水压力 u；当停止贯入时，还可量测超孔隙水压力 Δu 的消散，直至超孔隙水压力全部消散完，达到稳定的静止孔隙水压力 u_0。这一进展，不只是增加一项测试参数，而且为提高测试精度、可靠性，了解更多土的特征参数提供了可能，从而使电测触探技术提高到一个新阶段。

孔隙水压力静力触探的主要优点为：

（1）量测孔压灵敏度很高，它能分辨 1~2 cm 薄层土性质的变化，提高了判别土类和划分土层的精度。

（2）可修正孔隙水压力对锥尖阻力 q_c 和侧壁摩擦阻力 f_s 的影响。

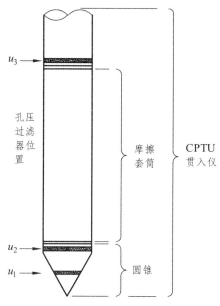

图 1.1-10　CPTU 孔压透水元件位置

（3）量测孔压，使研究人员有可能进行有效应力的分析。

（4）可估算土的渗透系数和固结系数。

（5）可测定土层不同深度处的静止水压力。

（6）可评定土的应力历史（超固结比 OCR）。

（7）对评定砂土和粉土的液化势有潜在的优势。

（8）可估算土的静止侧压力系数。

2．波速静力触探测试（SCPTU）

波速静力触探测试是一种新的测试方法，可为工程抗震设计和研究土的动力特性提供具体参数。波速测试的传统方法是先用钻机开孔，后在孔中做波速测试。

波速静力触探仪（seismic cone penetrometer）是在电测静力触探仪的基础上加上一套测量波速的装置构成的（图 1.1-11），即在静力触探探头上方装一检波器，在地面放置一条厚钢（木）板，可用大锤敲击钢（木）板，使板与地面产生剪切力，从而使土层振动产生弹性波。大铁锤和检波器分别和地面的示波器相连，可测得弹性波（主要是压缩波和剪切波）到达检波器的时间，从而测得波速等参数，实现波速测试和触探测试的联合测试。

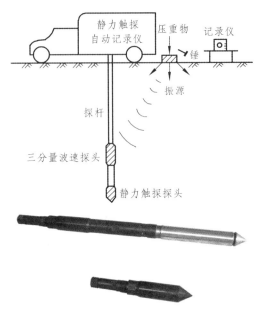

图 1.1-11　波速静力触探

3．旁压静力触探测试（DMT-CPT）

预钻式旁压测试要求预先钻孔，对土层有扰动。自钻式旁压测试虽不用预先钻孔，但设备复杂笨重，在湿陷性黄土地区不能应用，测试费用也高，使其应用受到限制。

20 世纪 80 年代初，剑桥公司和加拿大英属哥伦比亚大学联合研制的旁压静力触探仪就较好地解决了上述问题。它在旁压器前方安装有与旁压器外径（旁压器装有条形钢片护套）同径的静力触探探头。试验时，将探头压入土中，旁压器也随之压入土中，即可测得静力触探的所有数据，并可在预定深度停下来做旁压试验，所测得的旁压曲线类似自钻式旁压曲线。该测试能够提供两种测试技术所有数据，包括锥头阻力、侧壁摩擦力、孔隙水压力、固结系数和旁压曲线等。因此，这种仪器也称为全变形静力触探旁压仪（full-displacement cone pressuremeter）。

4．放射性同位素静力触探测试（RI-CPT）

日本学者 M. Mimura 等在研究砂土液化时，在静力触探探头内增加放射性同位素来测定砂土重度 γ、含水量 w 的装置。我国上海隧道设计研究院（现上海市隧道工程轨道交通设计研究院）也研制过类似的探头，在静力触探的同时还可测定土的重度。对于饱和土，如测得 γ、w，即可计算得土的空隙比，从而对土的密实程度作出评价。日本在测定砂土的 γ、w 时，还用冻结法取样测定，但由于冻胀、融化使 w 偏高 9%；如果不采用冻结法取样，取样及运输过程中水分易流失，则使测定的 w 偏小。采用放射性同位素静力触探测试可以避免这个问题。

有一种 GCPT 可记录从探头上 ^{137}Cs 源向后扩散的 γ 射线，以测定土的原位密度；还有一种 CPTU 可连续测地层的 γ 射线剖面，结合 CPTU 可更好地分清地层；此外，也可探查地层是否受到放射性污染。

5．电阻率静力触探测试（R-CPTU）

电阻率静力触探测试的原理是在静力触探探头的后面加一测电阻的装置，测定多孔介质及空隙水的总电阻率。电极距有两种：15 mm 和 150 mm。小电极距用于测薄层土，大电极距用于测厚层土，所测得的电阻率约为两倍电极距范围内土层的平均电阻率。由于土的矿物成分对电阻率的影响不大，而电阻率主要和地下水有关，这样根据土层的平均电阻率，就可以综合判断地下水流速、流向及受污染的地下水分布范围。

此外还有振动静力触探，其原理是在静力触探探头中安装一偏心振动器，模拟地震时的剪切波，对比振动和不振动的探头贯入阻力，即可评定砂土的液化势等等。还有的在触探头上部 0.5 m 处的探杆内安装了无线电摄像头，在触探进行的同时，无线电摄像头拍下的照片能定性地反映地层的粒度以及被污染的情况。

由此可见，静力触探技术的优势是利用相应设备和不同的传感器采集整个地层的连续数据，由计算机进行数据处理，在原孔位就能取得连续地层的各种参数，以便进行配套完善的综合分析评价。

1.2　无缆测试现状

为解决探头连接电缆存在诸多隐患和不便的问题，以无线传输为特征的无缆测试技术研究成为静力触探技术研究的重要方面。目前，国内外无缆测试技术，按照实现的方式划分，主要有如下三种：一是存储式无缆测试技术；二是通缆式无缆测试技术；三是发射式无缆测试技术。

存储式无缆测试技术的优势在于，无须寻找介质传输，适合各种地下环境，数据稳定、可靠性高，易于实现；其不足在于，在触探过程中不能实时掌握地下测试状况，只有在终孔时才能获得数据资料，不能实现对地下测试情况的实时掌握、及时判断。

通缆式无缆测试技术是指在困难部位采用无缆传输，其余部位采用有缆传输的触探技术。该技术的优势在于能够利用无缆测试技术，改进触探工艺，提高测试工作效率；同时，采用部分有缆传输，可提高传输系统的可靠性和稳定性。其不足在于设备结构复杂，整体的耐用性方面需要加强，数据存在多次转换等问题。

发射式无缆测试技术的优势在于，可对地下测试进行实时监控，能够及时了解、掌握地下测试状况；其难点在于，在没有缆线的前提下，要求在复杂的地下环境中寻找合适的介质将地下测试数据传输、发射到地表，技术难度较高，实现过程复杂。

目前，国外一些发达国家已有了相对成熟的无缆化数据通信方案，但应用和相关报道并不多见；国内主要以通缆式无缆测试技术和存储式无缆测试技术作为研究方向，多家研究单位都在进行相关参数采集设备的研制工作，都取得了一定的成果，但多处于试验阶段，并未定型。

1.2.1　存储式无缆测试

存储式无缆测试结构相对简单，数据通信稳定可靠，易于实现。存储式无缆测试现有两种类型，分别是地上地下联动式和采集卡式。前者以上下两套计算机和时间同步技术为特征，由中国铁设于 2001 年研制完成；后者以数据采集卡为特征。其中，地上地下联动式无缆测试作为深层触探技术的重点研究内容，将在下一章节中详细介绍，此处不再赘述。本节重点介绍采集卡式。

采集卡式无缆测试技术是以地下数据采集卡为核心的无线静力触探系统（图 1.2-1）。该系统主要由地下压力数据采集卡、地上综合数据采集仪和上位机管理系统构成，并通过串行通信模块交换数据[3]。

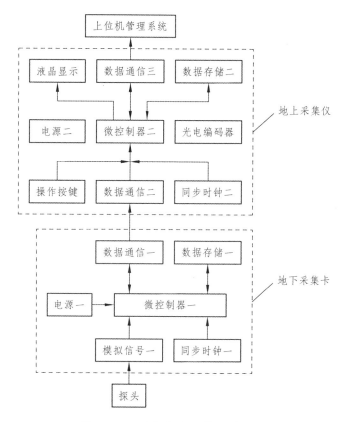

图 1.2-1　采集卡式无缆测试原理

该技术将压力数据采集系统简化成数据采集板卡植入探头外接探杆内，深度信号由绝对式光电编码器直接采集数字量，分别由单片机控制整个系统的采集流程，建立了无缆化的数据采集与存储，通过数据采集卡的同步启动开关开始现场试验。单片机外接的存储芯片内的试验数据可通过板卡上的接口电路与计算机的串口相连进行数据的传输，将数据导入计算机后通过公式换算实现数据的处理及运用相应软件进行静力触探曲线图的绘制打印。

压力数据采集系统包括数据采集硬件和单片机软件，硬件包括压电传感器和压力数据采集卡。传感器量测土的强度变化，并将其转换成电压模拟信号；数据采集卡与传感器相连接，定时收集传感器传送来的电信号；经过一系列的处理转换，最终通过存储芯片存储起来。单片机处理后的数据经 RS232 可以与计算机串行通信，将数据导入电脑中。其中，单片机软件完成定时采集数据，实现数据 A/D 转换、数据存储和串口通信的功能。

数据采集卡包括微控制器、与微控制器相接的模拟信号处理模块、同步时钟模块、数据存储模块和数据通信模块以及为各用电单元供电的电源模块，模拟信号处理模块与静力触探探头相接。

数据采集卡的原理如图 1.2-2 所示，其中，射级跟随电路、二阶滤波电路及差分放大电路共同组成信号调理电路。

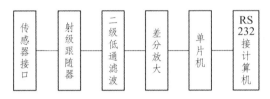

图 1.2-2　采集卡原理框图

1．射级跟随器

在输入级，有时一个信号要被分配到多个下级输入上，但是前一级的输出能力有限，这时就可以使用跟随器。它可在保持信号电压不变的情况下增大电阻，从而增加它的输出电流，以达到驱动多个后级电路的目的。射级跟随电路为电压全反馈电路。

2．低通滤波

在电子电路中，往往需要把无用的信号成分衰减到足够小的程度，把有用的信号挑选出来。滤波电路可以实现这个功能。针对传感器信号的高频干扰，在此选用低通滤波电路，滤除高频干扰，进一步使幅频响应更接近理想特性。低通滤波器的特点是输入阻抗高，输出阻抗低。同相比例放大电路采用 LM224 芯片，经示波器观测滤波截止频率取 1 kHz。滤波电路为电容输入式，电容具有平波作用。

3．差分放大电路

传感器的输出信号很微弱，大小不过几毫伏，需要将它放大成单片机易处理的电信号，可采用八脚 DIP 封装差分放大器 AD620。

4．存储器

静力触探实验需要存储大量的时间和电压数据，单片机的扩展存储功能可以满足条件。电可擦可编程只读存储器（EEPROM）是一种断电后数据不丢失的存储芯片，可以在电脑上或专用设备上擦除已有信息，重新编程，是用户可更改的只读存储器，其可通过高于普通电压的作用来擦除和重编程。不像一般 ROM 芯片，它不必从计算机中取出即可修改，在计算机使用时也可频繁地对它重编程。EEPROM 的寿命是一个很重要的设计考虑参数。该芯片的一种特殊形式是闪存，其应用通常是利用个人电脑中的电压来擦写和重编程。另外，该芯片一般即插即用，常用在接口卡中，用来存放硬件设置数据；也常用在防止软件非法拷贝的"硬件锁"上面。

5．RS232 电路

静力触探实验后压力数据采集卡中存储的数据需要在计算机上进行处理，由于单片机输入输出的信号是 TTL（晶体管晶体管逻辑）电平，本采集卡的单片机输出电压为 2.2～3.6 V，而计算机的 RS232 标准串行口电压为 ±10 V，因此想要和计算机上的 RS232 标准串行口进行数据传输，需要设计电平转换电路。

软件开发环境采用 Keil uVision3 集成开发环境，它支持浮点和长整数、重入和递归，在单片机模式下是较好的选择。该软件可进行软件仿真调试程序，也可结合 STC-ISP 将电路板串行连接到电脑上进行硬件调试。编程语言采用现在通用的 C 语言。

1.2.2　通缆式无缆测试

通缆式无缆测试介于有缆测试和无缆测试之间，其实质为探杆经特殊设计的有缆触探。该技术通过在每根探杆中安装分段导线，采用专用接头实现杆内导线之间以及各探杆之间的连接，将原有缆触探系统中的整根电缆分段固定安装在每根探杆的内部，实现了探杆相互独立、可通用互换的效果，达到了类似于无缆测试的试验效果。

较早的无线传送静力触探仪以调制的无线电短波为信息传递手段，每根探杆中皆安装一根细导线，探杆间通过专用接头相连接。该导线作为地下电路的电源馈线，更关键的是可作为将无线电信号引至地面的天线馈线。在探杆贯入过程中，双桥探头中的工作应变片会发生强度、电阻、电压、脉冲等一系列变化，将脉冲调制成高频信号由发射机发出，沿着探杆中的细导线传输至地面发射，并由地面电路复制、处理后经记录仪采集。目前，新型无线静力触探设备主要由数字化探头、无缆探杆、传输控制器和系统控制终端组成，如图 1.2-3 所示。该探杆由传统探杆、内部安装供电总线的二芯电缆及连接器组成，探杆间相互独立、可通用互换，其安装拆卸方法与传统探杆无异。在静力触探测试过程中，传输控制器通过探杆内部的二芯电缆向数字化探头供电，采集控制器的测试数据则通过二芯电缆传输至地面上的数据传输控制器。在贯入过程中，通过不断加装无线静力触探探杆保持数据传输器和探头的电力及通信联系，直到达到勘测深度[4]。

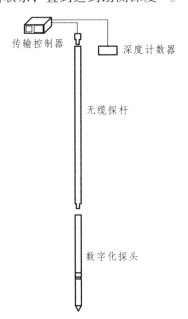

图 1.2-3　通缆式无缆测试原理

　　还有一种基于特制探杆、适用于多规格探头的无线静力触探设备，这种触探设备主要由改进后的无线探头、特制探杆、地面传导器装置、深度信号采样器及无线接收显示记录仪组成，如图 1.2-4 所示。其中探头上的电源装置主要包括设有公接头的底传下套体、设有母接头的底传上套体及两者之间的充电式锂电池、电源充电座等。探杆两端分别安装设有密封传导件的公母接头，两者之间设有单根导线，两段探杆由导电连接件——压缩弹簧连接。两根探杆的公母螺纹拧紧并通过压缩弹簧对接后，接头内的胶块相互挤压紧密相连，不仅保证了绝缘和防水密封功能，还实现了无线探杆的信息传输，而且各个探杆相互独立、顺序可换、可随意加装探杆。探杆顶部设有信号接收器将信号传输至静力触探测试仪，集信号接收、处理、显示、贮存为一体。

图 1.2-4 通缆探杆

在触探过程中，安装在探头上的电源持续给地下装置供电，采集的数据信号则沿着探杆及导线向上传输至地面的信号接收器，再以无线电波的形式传输至无线静力触探测试仪进行显示和贮存。整个过程操作简便持续、快捷稳定，实现了测试数据的无缆化传输。

通缆式无缆静力触探采用了总线供电、无线蓝牙传输等技术，探头测试信号经编码后，由位于探杆中心的总线传输至地上探杆末端，然后由转换发射装置传输到地上存储显示设备。该方法不改变原有贯入方式，可采用单桥、双桥、孔压多用探头，电测十字板探头也同样适用。在各种探头上部装接无线传递器件和供电锂电池等。同其他静力触探计算机测试相比，这种方法可实时显示、记录、储存。无缆记录仪无须贯入电缆接入，深度信号亦无须由连线接入记录仪。

触探探杆直径、长度、连接螺纹采用标准规格。杆内因无长电缆贯串（杆内实际为通缆式电缆节，可在探头连接后电缆节同时接通），各根可独立，任意互换连接。探头输出无线电信号，仅在每根独立探杆内加装接触式单线导件。

综上所述，通缆式无缆测试不仅实现了探头测试数据的"无缆"传输，使现场静力触探工作更便利、快捷，节省了成本和人力，而且特制探杆结构简单、相互独立可互换，可通过加装探杆实现深度勘测，避免了发射式无缆测试所具有的传输距离、信号衰减等方面的局限。

此外，探头安装的电源可持续为地下装置供电，使静力触探工作在加装探杆时也可连续进行，并且可安装多种型号的探头以满足不同的使用功能；主机操作方便，自动化程度高，采集到的测试数据可通过无线电传输至测试仪实时显示，大大提高了工作效率和测试精度。需要注意的是，通缆探杆之间的接头是实现数据传输的关键，在复杂恶劣的勘察现场，其本身的耐久性和适用性需要做好重点防护。

1.2.3　发射式无缆测试

发射式无缆传输技术是将地下探头的触探测试成果转化为相应的声、光、电信号进行发射，利用相应的地上设备将接收到的信号转换为数字信号，其结果通过数据采集系统进行采集、存储和分析显示，实现实时传输的效果，如图 1.2-5 所示。

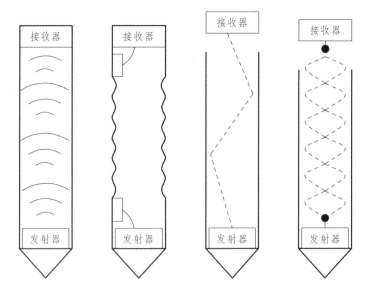

图 1.2-5　发射式无缆测试技术

目前，可以应用到静力触探中的无线传输方式有很多种，常用的有声波传输、光电传输、电磁波传输等。

1．声波传输

声学技术作为最常用的远距离数据通信方式，在民用和军事上都有着重要意义。其中，超声波传输技术应该是目前在静力触探中应用较多的一种无缆静力触探解决方案，它的传输距离取决于探杆和地质条件，有研究表明一般可以达到 20 ~ 200 m。

20 世纪 70 年代末研制出的基于超声波传输的无电缆静力触探系统主要由 CPT 探头、音频发射器、音频接收器（麦克风）、深度记录仪、交换接口和采集软件构成。所配备的多通道静力触探探头可测试锥尖阻力、侧摩阻力、孔隙水压力和倾斜，还可根据需要在探头内装配一个备份传感器，增加电阻率测试通道。其中所有传感器都具有温度修正功能。在探头贯入到被测试地层时，声波发射器接收到探头的测量数据之后，经过放大处理并将其转换成为声波信号，然后通过中空探杆传输到地表被声波接收器接收并转换为数字信号，再传送至具有 17 bits 实时采样分辨率的数据采集系统中，最后通过安装在便携式电脑中的软件进行实时显示、存储和处理。该系统设计的最大贯入能力是 20 t。

该系统不需要缆线自探头到地表传输数据，而是采用声学技术，将数字数据流转换成高频声音信号。该信号通过金属探杆传送到地上设备的音频接收器。去除了缆线使得整个系统结构简单、效率更高。

通过音频接收器，信号被传输到计算机接口。同时，该接口能同步接收深度记录仪采集的深度数据。这些数据最终传输到笔记本电脑，并在屏幕上显示试验曲线和数值，能够实现测试数据的实时分析。

采用声波传输解决了电缆传输存在的隐患及操作不便等问题，但声波具有传输速度慢、抗干扰能力差、传输容量小、保密性差等缺点，在传输过程中衰减非常快，地面检波、滤波难度大，增加传输距离需要复杂的中继器系统进行处理。对于孔径小、钻孔结构单一、场地振动噪声大的工程勘察现场，其应用受到极大限制。

2．光电传输

光学无线传输是通过连接到一个光学电子适配器来实现的。光学电子适配器是包含了光学传输 6 个测试参数的所有电子元件和用于数据备份储存的非永久存储器的一种转换接头，数据扫描频率可以达到 5 次/s。当系统利用贯入设备将探头贯入土层时，探头测试得到的各类数据通过安装在探杆顶部的光学传感器传输给安装在触探设备顶部的光学照相机，数据采集系统将照相机传输来的数据进行储存和显示，同时将测试命令通过光学传送器从数据采集系统发送给光学电子适配器。

早期的光学传输系统需要操作员加接探杆，经改进后由全自动探杆操作系统自动完成，触探过程中探杆不中断地继续贯入。

（1）连续贯入触探工作原理是基于"分程"工作模式：贯入设备由两套气缸组成，而传统触探只有一套。当上部气缸完成向下贯入行程时，由下部气缸接替并以相同速度继续贯入，保证了探杆不间断地向下运动。从作业时间上来讲，这种工作方式大约可以节省时间7 s/m。

（2）连续贯入触探最大的特点还在于液压夹具系统，它是整个测试系统的重要部分。这两套液压气缸都装备了液压夹具：在向下运动过程中由上部夹具自动夹住探杆，并根据其行程距离的终结而自动释放，并且夹紧功能自动交由下部液压夹具来承担。液压夹具的夹持直径范围是可调的。

（3）起拔探杆时采用间断操作，因为在起拔过程中需要取下探杆并将其放进贮存架。

综上所述，光学无线传输技术的应用是解决静力触探测试数据无电缆传输的方案之一，它摆脱了冗杂的电缆线，以类似光纤数据通信的方式进行数据传输，不仅保证了传输速率，使 CPT 操作更加便捷高效，而且具有自动化程度高等优点。但光学传感器随探杆贯入地下，由于光在不同介质中的穿透性不同，且沿直线传播，在探杆倾斜时，可能会降低通信的可靠性。此外，光传感器和全自动探杆操作系统价格不菲，维护成本也较高，使其推广应用受限。

3．电磁波传输

电磁波传输是通过电磁波将数据从探头传输至地面的技术。当系统利用贯入设备将探头贯入土层中时，安装在探头内部的无线电发射器接收到探头传感器测得的数据之后，经过放大处理并将其转换成为无线电波信号，然后通过探杆中空部分传输到探杆顶端，通过无线电接收器接收并将其转换为数字信号，其结果通过数据采集系统进行采集、存储和显示。

现在主流的传输系统主要包括探头、无线电波发射器、无线电波接收器、深度编码器、接线盒和采集软件等部分，如图 1.2-6 所示。在触探过程中，探头的多通道数字式测量数据通过无线电发射器，经过放大处理后被转换成高频无线电波信号，然后通过探杆中空部分传输至地表并被无线电接收器接收转换为数字信号，然后传输至采集系统。

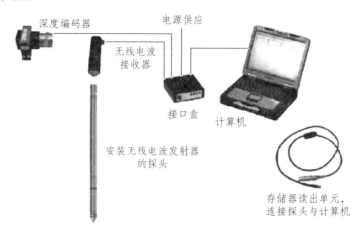

图 1.2-6 无线电传输系统

该系统可测量锥尖阻力、侧壁摩阻力和孔隙水压力，还可以安装倾斜、温度传感器以及电阻率、地震波 CPT 适配器等，功能更多，且数据容量也更大。

无线电波技术的应用，是静力触探数据无电缆传输的一种解决方案。与声波无缆静力触探技术相比，无线电波无缆静力触探技术的数据传输量可以提高 1 000 倍，从而提高了测试采样率和分辨率，但其传输距离、抗干扰能力等方面也存在不足。

综上所述，对无缆测试技术的三种实现方式进行优缺点对比，如表 1.2-1 所示。

表 1.2-1 无缆测试实现方式比较

实现方法	优 点	缺 点
存储式	适合各类地下环境；数据稳定、可靠性高；易于实现	地上无法实时显示
通缆式	局部无缆，形式灵活；满足特定场景使用	结构较复杂、耐用性不强，数据多次转换存在缺失问题
发射式	技术先进，形式多样	结构复杂、抗干扰能力差、数据可靠性不高

由表 1.2-1 可知，三种方式各有优缺点，需要结合现有技术、应用场景等条件综合分析。存储式无缆测试方式的主要优势在于技术成熟和易于实现，主要缺点在于地上无法实时显示，但考虑到现有技术规程已规定了试验要求（如贯入速度、同轴度、终止条件等）以及实时显示的必要性等问题后，我们认为无法实时显示的缺点尚在可接受范围。通缆式无缆测试的优势在于形式灵活、操作便利；但其缺点也非常突出，主要表现在应对复杂的地下环境和受力状态时存在不足，在现有技术条件下需要从材料和密封等方面继续提高。发射式无缆测试的优势在于技术先进、形式多样；其不足表现在结构复杂、可靠性不高等方面，在现场试验过程中要求较为严苛。综上所述，在保证触探数据稳定可靠的前提下，存储式无缆测试成为现有技术条件下的最佳实现方式。

1.3 深层触探技术的发展

本章开头介绍了在高速铁路快速发展的背景下，突破触探测试深度成为业内逐渐关注的焦点。为了实现对深部土层的触探测试，众多地质工作者在探头、探杆、贯入油缸、工艺设计、试验方法等诸多方面实现了突破，为深层触探技术的发展贡献了聪明才智。其中，较为成熟和应用广泛的有钻触联合法和中国铁设深层触探技术。在上海及其周边地区，因大型工程建设的需要和软硬互层的地质条件，传统触探方法测试深度无法满足勘察设计要求，为解决此类问题，一种钻探和触探联合的方法被发明了出来，用于测试深部土层的触探参数。与之类似，中国铁设也进行了一系列的技术创新，首次提出了"深层触探"概念，相应开发出了"深层静力触探""旋压触探"等成套装备和工艺，最终形成了深层触探成套技术，促进了触探技术的发展进步。

钻触联合法，也称"随钻静力触探"或"钻孔静力触探"，是一种不连续静力触探方法，需要与钻机相配合，如图 1.3-1 所示。该方法是在不改变静力触探设备和工艺的条件下，提高触探深度的变通方案。其工作过程是：利用液压推动静力触探探头对岩土层进行探测，在探测过程中遇到密实或硬质土层时，将探头起拔出地面；然后，利用钻机对上述土层进行钻孔；当穿越该地层后，再将静力触探探头放入孔中进行静力触探测试；如此反复，直至终孔深度。在测试过程中，可以得到不连续的静力触探曲线，同时，在钻孔段也可以使用取样器获取土样。钻触联合技术虽然能够实现深部土层的触探测试，但是其本质为不连续静力触探，这导致基于触探参数的桩基设计存在地层参数缺失的问题，同时该法需要钻机配合，相关设备和工艺繁杂。

图 1.3-1　钻机配合静力触探进行深层触探

中国铁设自 1969 年研制成功我国第一台油压静力触探仪开始，结合生产实践开展了大量触探技术创新研究工作，对我国触探技术发展做出了重要贡献，曾多次获科技奖励，编著出版了《静力触探》《地基土工程原位测试技术》《静力触探计算机处理系统》。1995 年，中国铁设成功研制出 30 t 静力触探车，并在京九线、京沪线、京津城际线等平原地区大力开展了基于静力触探技术的综合勘察，积累了丰富的应用经验。2001 年以后，随着我国高速铁路建设的不断发展，深层触探技术及其工程应用成为重大研究课题，中国铁设积极探索深层静力触探技术和旋压触探技术，不断突破触探深度，同时开展深层触探基础理论及其应用技术研究，取得了系列创新突破。针对国内外均无深层触探技术相应技术标准的现状，中国铁设积极总结深层触探技术应用实践经验，编制发布了《深层静力触探技术暂行规定》和《旋转触探技术暂行规定》，相关成果已纳入《铁路工程地质原位测试规程》（TB 10018—2018）。中国铁设还陆续开展了"无缆测试技术""深层静力触探技术""旋转触探技术""深层触探技术"等技术的研究，持续开展了探头、工艺等的研发，完成了大量试验研究工作，最终实现了深层触探目标，形成了成套技术和相关标准，目前已在大量工程中应用，取得了显著的社会和经济效益。中国铁设研发的深层触探成套装备如图 1.3-2 所示。

图 1.3-2　中国铁设研发的深层触探成套装备

第 2 章　无缆测试技术研究

传统静力触探中数据通信是整个 CPT 系统的重要组成部分。采用电缆线传输压力信号和深度信号，称为有缆触探技术。但是，在静力触探过程中，探头连接电缆线存在诸多问题，主要表现在：连接探杆时往往需要多人配合将电缆线依次穿入每根探杆，费时费力；电缆线和连接头在探杆接续、拆解等操作过程中极易损坏，进而导致测试数据丢失和设备损坏，给现场维护和修理带来极大困难，严重影响勘察工期；勘探数据采用线缆传输方式时电缆将会浸泡在泥浆中，电缆接头浸水、电缆外皮破损等情况将直接影响测试数据的准确性，因此缆线的存在增加了隔水密封的难度；油缸起拔过程中，常导致电缆被折损或被泥浆缠裹，造成设备损坏。上述问题表明，缆线的存在直接影响了触探技术的应用。为克服传统有缆触探局限性大、电缆线和连接头易损坏、无法配合水循环工艺等缺点，无缆测试技术概念得到了越来越多的关注和研究。

由前文分析可知，在保证触探数据稳定可靠的前提下，存储式无缆测试成为现有技术条件下的最佳实现方式。中国铁设研制完成了地上地下联动存储式无缆测试仪器设备，实现了无缆测试的工程应用，为整个深层触探方法的实现和推广应用奠定了基础。

2.1　测试方法

地上地下联动式无缆测试技术，分为地上、地下两个部分，即地上读数仪和地下参数存储器，分别采用两台单片微型计算机（单片机）进行控制。地下参数存储器将装进探头后面的电子仓随着探头贯入地下，并完成对探头传感器各参数信号的同步采集、A/D（模拟/数字）转换和存储等功能。地上读数仪将完成对深度、转速信号的同步记录、存储和一系列数据处理等功能。

系统是以时间同步为基础的，地上、地下仪器同步采集、存储各个参数信号，即：地上读数仪采集、存储深度信号，并建立深度与时间的对应关系；地下参数存储器同步采集、存储探头传感器各个参数信号，建立各参数与时间的对应关系；当地上与地下对接后，最终建立深度与相对应的各探头参数的对应关系，以便获得触探资料。无缆测试参数采集系统如图 2.1-1 所示。

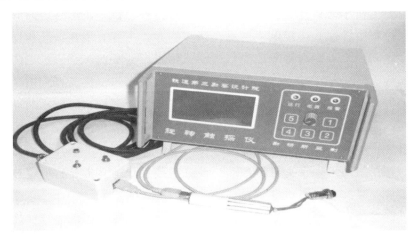

图 2.1-1　无缆测试参数采集系统

2.2　测试系统

2.2.1　地上读数仪

地上读数仪由电池组、以 ATmega64CPU 为核心的控制单元、存储器、液晶屏显示器、485 通信以及各种地上传感器的接口电路等组成。它是一台控制地下参数存储器、指示开始测试、向地上传输数据及检测地下系统并完成测试深度的记录和一系列数据处理、显示等功能的专用计算机。它还可以将从地下传来的数据传送到上位机，便于后续的资料整理、成果分析。

1．地上读数仪硬件设计

地上读数仪将按照功能进行划分，采用分块结构设计，一个电路模块完成一种特定的功能，系统通过总线连接各个功能模块，在应用系统发生故障时便于维修。

地上读数仪采用自顶向下的硬件电路设计方法，根据地上系统所要实现的功能进行划分后，将其规划为几个电路模块，分别是：电源模块、显示模块、键盘模块、CPU 控制模块、通信模块、存储模块、JTAG 仿真模块、数字信号采集模块。其硬件电路模块如图 2.2-1 所示。

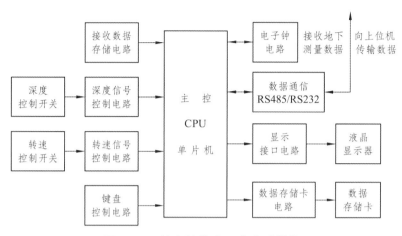

图 2.2-1　地上读数仪硬件电路模块

硬件特点有：

① 采用 ATmega64 单片机，RISC 指令系统适合 C 语言编程，速度快、功耗低、体积小、接口多，支持在线编程——利于系统升级。

② 单色液晶屏显示，240×128 分辨率，汉字 15 行 8 列，图表显示，能耗低，适应用于电池电源；有发光二极管指示一般工作状态。

③ 备有输入键及脉冲键入方式，增加了人机对话手段和可靠性。

④ 采用 RS485 通信接口与地下系统以 19 200 bit/s 速率通信。

⑤ 深度采样通道及转速采样通道连接数字传感器，以开关量作为输入信号，采用光电隔离芯片过滤干扰。

⑥ 采用 12 V 外接电源，对内部电池充电，有电源管理及各种省电措施。

⑦ 采用实时时钟，记录真实的时、分、秒。

⑧ 具有坚固的结构，可靠的连接，整机适合于 –10～+50 ℃，符合工业标准。

2．地上读数仪软件设计

地上读数仪的软件设计需负责完成地上参数（包括深度、转速信号）的采集、存储，与地下仪器同步运行并向地下仪器发送功能指令，接收、存储来自地下仪器的测试数据，完成计算、显示、校验、报警、按键控制等工作。

地上读数仪的输入信号来自深度传感器和转速传感器，为数字脉冲信号。地上读数仪采用外部中断采集这两种信号，对 0.5 s 周期内累计采集到的信号脉冲数进行计算，从而确定触探的深度值和探头的旋转速度。

地上读数仪与地下采集存储器通过 485 通信进行交流，地上系统通过发送各种命令字（特定的二进制代码）对地下系统进行控制。

根据地上读数仪的功能要求以及操作模式，软件设计采用以键盘管理为中心的键操作结构。其软件结构图如图 2.2-2 所示。

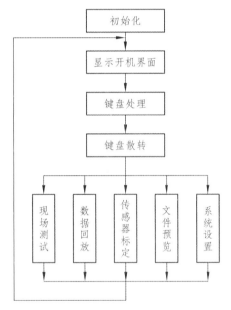

图 2.2-2　地上系统软件结构

2.2.2　地下参数存储器

地下参数存储器是装有三通道数据采集、A/D 转换、主控 CPU 单片机、储存器、电池、通信接口等的特殊杆件。该参数存储器体积小，下端与触探传感器相连，被密封在电子仓中，负责采集探头测试参数并进行储存，接受地上读数仪的控制。图 2.2-3 所示为无缆测试地下参数存储器及探头。

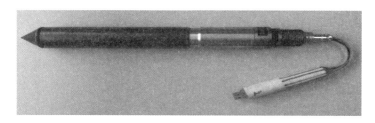

图 2.2-3　无缆测试地下参数存储器及探头

1．地下参数存储器硬件设计

地下参数存储器受物理尺寸的限制，将采用整板结构，便于装配、调试、维修。

地下参数存储器采用自顶向下的硬件电路设计方法，根据地下系统所要实现的功能进行划分后，将其规划为几个电路模块，分别是：电源模块、CPU 控制模块、通信模块、存储模块、JTAG 仿真模块、参数采集、转换模块。其硬件电路模块如图 2.2-4 所示。

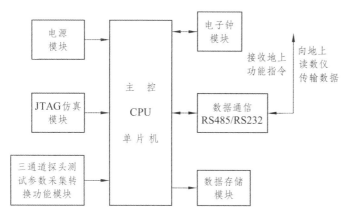

图 2.2-4　地下系统硬件电路模块

硬件特点有：

① 可实现 A/D 转换，三通道可调整增益放大，适合传感器 ±（20 mV ~ 5 V）电压输入，确保系统的 1% 精度及线性误差的要求；采样周期为 0.5 s。

② 采用 8MB Flash E2PROM 存储器，断电不丢失数据，以保证三通道使用时，具有 10 h 以上的数据采样的工作时间。

③ 系统功耗＜0.1 W，尺寸＜ϕ20 mm × 110 mm。

④ 温度在 – 10 ~ + 50 ℃ 可正常工作。

⑤ 采用 RS485 接口，19 200 bit/s 速率，半双工。

⑥ 可手动断电，节约能源，保证工时要求；采用 LED 指示灯显示。

⑦ 采用 3.6 V/1.8 A·h 锂电池供电；具有电源管理功能，以保证延长电池使用时间；地下系统电源用量小于 150 mA，保证正常工作 10 h 以上。

2．地下参数存储器软件设计

地下系统的软件设计需负责完成地下各参数的采集转换、存储，与地上仪器同步运作并接收、完成地上仪器的功能指令，向地上仪器发送数据资料等工作。

地下系统的输入信号是来自探头传感器的模拟量信号。这些模拟信号通过电子器件 AD7708，转换成数字信号，被存储在数据存储器中。

地下系统通过 485 通信，接受地上系统的控制，完成各项任务。

根据地下系统的功能描述，地下软件部分采用自主运行结构，同时接收地上的控制命令进行条件分支局部循环运行。其软件结构如图 2.2-5 所示。

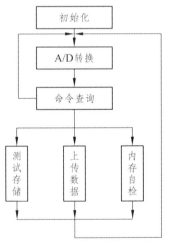

图 2.2-5　地下系统软件结构

2.2.3　深度传感器

深度记录是静力触探系统的一个重要环节，它由深度传感器（图 2.2-6）和地上读数仪组成。

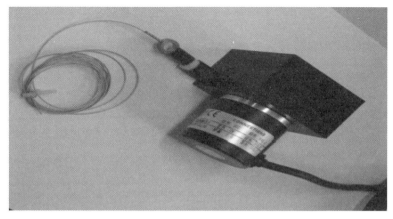

图 2.2-6　深度传感器

本系统的深度传感器是采用旋转编码器原理工作的，其工作电压为 12 V，输出信号为数字脉冲、幅值为 12 V，位移精度为 10 mm，即正向运行 10 mm 就会产生一个脉冲信号。

2.2.4　上位机软件

为了便于后处理，为该套系统设计编写了上位机软件，可形成数据库，可备份，操作简单，可视性强，数据处理过程中可对每个孔号数据进行曲线显示和打印。

上位机软件是旋压触探系统的重要组成部分之一，主要实现对地下采集参数的备份及数据后处理。通过和地上读数仪之间的信息交换，上位机要将旋压触探作业过程中所得到的参数以数字、曲线的形式在电脑显示屏上显示出来，使测试信息形象化、可视化。要实现上述目标，必须通过计算机高级语言编程的方法，进行应用界面（包含相应的数据通信、信息转化与处理及图形处理等应用程序）设计。其操作界面见图 2.2-7 所示。

该软件将形成标准的数据文件，内容包括：工号、孔号、日期、数据采集的深度间隔、采集数据时间点及与其对应的测试数据。软件还可打印 A4 幅面的曲线图和数据表格文件，用于存档。原始数据文件和成果数据文件分别形成单独的数据库，包括工程名称、工号、孔号、旋压触探传感器编号、仪表编号等内容。

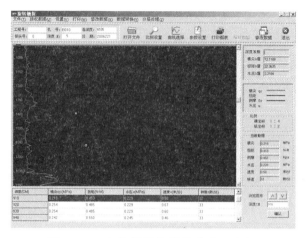

图 2.2-7　上位机后处理软件窗口界面

2.3　测试试验

在完成系统的软、硬件研发之后，需要对整个系统进行仿真调试工作，以检测系统软、硬件是否能够完成预定的功能，方便对系统中的问题进行排除。

2.3.1　软件调试

软件调试是指采用一定的开发调试软件及集成开发环境 IDE（integrated development environment）对已经编辑好的软件程序进行各种方式的运行，以检测软件的功能是否正常。

AVR 单片机系统开发中最常见的集成开发环境是 AVR Studio，它是一个集项目管理、程序编译、程序调试、程序下载、JTAG 仿真等功能于一身的集成开发环境，可以在 Windows 下运行，允许用户进行 AVR 在线实时仿真或软件模拟。

由于 AVR Studio 不支持 C 语言编程,因此当使用 C 语言开发 AVR 单片机时，需要使用 ICC AVR 编制 C 程序，并进行编译，然后在 AVR Studio 中打开编译生成的*.cof 文件，才能进行程序的调试。

自 ATMEL 公司的 AT90 系列单片机诞生以来，有很多第三方厂商为 AT90 系列开发了用于程序开发的 C 语言工具,ICC AVR 就是 ATMEL

公司推荐的第三方 C 编译器之一。

ICC AVR 是一种用符合 ANSI 标准的 C 语言来开发 MCU 程序的工具，功能合适、使用方便、技术支持好。它主要有以下几个特点：

（1）ICC AVR 是一个综合了编辑器和工程管理器的集成工作环境（IDE）。

（2）源文件全部被组织到工程之中，文件的编辑和工程的构筑也在这个环境中完成，错误显示在状态窗口中，并且当点击编译错误时，光标自动跳转到错误的那一行。

（3）该工程管理器还能直接产生 INTEL HEX 格式文件的烧写文件（该格式的文件可被大多数编程器所支持，可以直接下载到芯片中使用）和符合 AVR Studio 的调试文件（COFF 格式）。

（4）ICC AVR 是一个 32 位的程序，支持长文件名。

2.3.2　系统仿真

在编译、调试完单片机系统的软件之后，对整个系统进行仿真操作。本套系统直接采用硬件仿真。硬件仿真是指采用一定的仿真软件和硬件工具，在实际单片机硬件系统上进行仿真工作。

AVR 系列单片机的硬件仿真可以采用两种方法来实现，即使用在线仿真器 ICE 和使用 JTAG 仿真器。本套系统采用 JTAG 仿真方法。

采用 AVR JTAG ICE mk Ⅱ 仿真器对系统进行仿真。JTAG ICE 是与 ATMEL 公司的 AVR Studio 相配合的一套完整的基于 JTAG 接口的片上调试工具，支持所有 AVR 的 8 位 RISC 指令的带 JTAG 口的微处理器。JTAG 接口是一个 4 线的符合 IEEE 1149.1 标准的测试接入端口（TAP）控制器。IEEE 的标准提供一种行之有效的电路板连接性测试的标准方法（边界扫描）。ATMEL 的 AVR 器件已经扩展了支持完全编程和片上调试的功能。

AVR JTAG 接口采用 10P 标准接口顺序，通用接口。电路板设计时：4 脚和 7 脚接到 VCC；6 脚接 CPU 复位脚；8 脚空着不用接；在 TDO 脚（3）接一个 4.7 kΩ 的电阻即可，其他几个脚可以不接上拉电阻。其电路连接如图 2.3-1 所示。

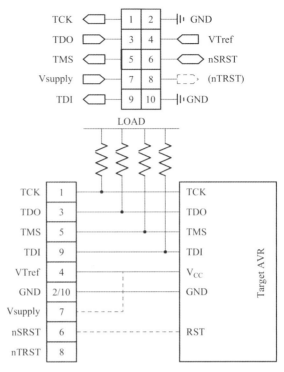

图 2.3-1　JTAG 连接示意

AVR JTAG 仿真实物连接如图 2.3-2 所示。

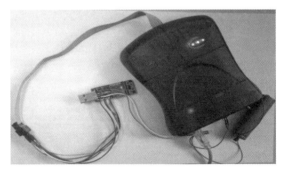

图 2.3-2　仿真实物连接

2.3.3　系统试验

1 . 实验室试验

1）线性度试验

试验目的：验证系统测试参数转换的线性度。

试验设备：多参数数据采集系统样机仪器、ZCS 型双桥探头、WKL 型探头率定架。

试验内容：

① 使用研制的参数采集系统对探头的测试参数进行测量。

② 探头从悬空状态（未施加压力）下开始，以每级 5 kN 为单位向探头施加压力，并同时记录仪器所显示的探头的加荷读数。

③ 加压至 25 kN 后，以同样单位卸除压力，并同时记录仪器所显示的探头的卸荷读数。

④ 计算每级压力下探头的平均读数，进行曲线拟合，并计算相关系数。

试验结果：试验参数记录如表 2.3-1 所示。

表 2.3-1　试验数据

荷载/kN	加荷读数	卸荷读数	平均读数	级　差
0	0.004	0.004	0.004	
5	0.057	0.056	0.056 5	0.052 5
10	0.114	0.116	0.115	0.058 5
15	0.171	0.170	0.170 5	0.055 5
20	0.228	0.227	0.227 5	0.057
25	0.285	0.285	0.285	0.057 5

将表 2.3-1 的试验数据，以荷载为横轴，以平均探头压力读数为纵轴绘制曲线，数据曲线如图 2.3-3 所示。

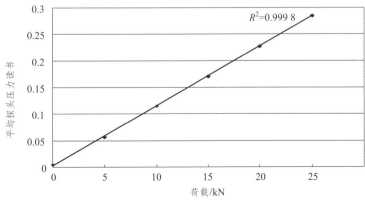

图 2.3-3　线性度试验结果图

由图 2.3-3 可见，本套系统对探头测试参数的转化线性度良好，相关系数 $R^2 = 0.9998$，完全满足测试数据线性度要求。

2）同步数据采集试验

试验目的：验证系统地上、地下参数采集的同步性。

试验设备：多参数数据采集系统样机仪器、ZCS 型双桥探头、WKL 型探头率定架。

试验内容：

① 使用本套仪器模拟触探操作，进入现场测量功能模块，模拟地上、地下参数的采集、存储，深度系数为"10 厘米"，采用手动深度信号记录。

② 探头置于标定仪器上，从悬空状态（未施加压力）下开始，以每级 5 kN 为单位向探头施加压力，按照表 2.3-2 中"加荷深度"的数据节点进行深度信号的模拟记录。

③ 加压至 20 kN 后，以同样单位卸除压力，并按照表 2.3-2 中"卸荷深度"的数据节点进行深度信号的模拟记录。

表 2.3-2 试验数据节点计划

荷载/kN	加荷深度/m	卸荷深度/m
0	0~1	8.1~9
5	1.1~2	7.1~8
10	2.1~3	6.1~7
15	3.1~4	5.1~6
20	4.1~5	4.1~5

试验结果：试验数据如图 2.3-4 所示。

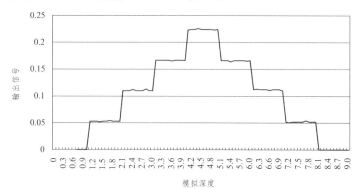

图 2.3-4 模拟现场测试数据曲线

由图 2.3-4 可知，本套系统最终的输出数据与表 2.3-2 中的数据节点相同，系统的时间同步效果良好。

2．现场试验

本套参数采集系统样机经在南港铁路、津保铁路、天津地铁 5 号线、天津南站配套工程等多个项目勘察中试验运用，效果良好。

第 3 章　深层触探实现方法研究

在开展无缆测试技术研究的同时，中国铁设也开展了一系列的深层触探实现方法的研究工作，先后总结了深层触探技术特点，开展了深层测试影响因素分析、深层测试实现方法等的研究工作。

3.1　深层触探技术特点

总结深层触探技术的特点，需要分别从原位测试的特点、触探与钻探对比、深层触探技术优势等方面进行分析。

现场原位测试按几何性质可分为点式、线式、剖面或空间测试，按测试的深度可分为浅层和深层，按承压板的宽度可分为小面积、大面积和实体尺寸测试。

一般来说，测试上述各种现场测试本质上都是广义上的一种触探。广义触探是指采用标准的探头、标准的试验工艺测试地基土的阻力，将测试所得的阻力大小作为地基土的工程特性指标，它含有压缩和剪切两种作用。静力触探、动力触探及标准贯入试验是垂直方向的触探，载荷试验是截面积较大的触探，旁压试验是水平方向的触探，十字板试验是一种旋转的触探，旋压触探实质上是垂直和旋转的组合。按压板面积和埋深测得的极限承载力如图 3.1-1 所示。

各种不同尺寸的原位测试成果在图 3.1-1 曲线中处的位置是有规律的，各种原位测试方法测得的土的工程特性指标是相关的。这是 20 世纪 70 年代铁道系统在唐山进行砂土承载力深宽修正试验中发现的一种现象，即：当承载板宽度在 20 ~ 30 cm 时，其极限承载力最小；当承压板宽度大于或小于该宽度时，其承载力均会增大。这一宽度笔者称其为临界宽度。

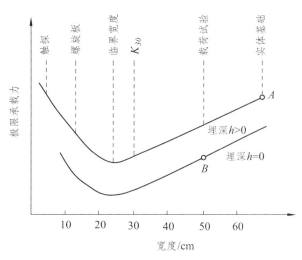

图 3.1-1　极限承载力与试验板径关系

由图 3.1-1 可见，不同截面的探头、承压板及实体基础处于不同的位置，其中：触探探头的直径（3~5 cm）最小，小于临界宽度，测得的破坏阻力最大；螺旋板及 K_{30} 直径接近临界宽度，测得的破坏阻力较小；一般载荷板宽度大于临界宽度，测得的极限承载力随宽度逐渐增大。载荷板宽度越大，越接近实际基础，其试验值越接近真值，可视为最可靠的工程特性指标，但仍不是直接的实体试验结果。真实的基础宽度和埋置深度是图 3.1-1 中的 A 点所处的位置，它所代表的承载力才是真实基础的承载力。B 点是载荷试验——埋深为 0、面积为 $0.25~0.5~m^2$ 所测得的值，它被称为地基承载力特征值是很恰当的。它与静探阻力、标贯、动探击数一样都是土的工程特性指标，都是用来确定地基承载力及变形的。

土的特性指标，应以简单、经济、使用方便、可靠适用为原则，触探结果符合这个原则。触探曲线详细描述了土体的性质，采用静探阻力作为土的特性指标与建筑物原型观测相配合，最有利于总结工程经验。静探曲线已成为表达地基土特性的国际语言，因而触探已逐渐成为现场试验中的主流。

传统的勘探方法是将触探作为钻探法的辅助，将触探指标分层统计应用，没有重视利用触探的丰富信息。而触探方法反映了各地层的实际状态，随深度连续变化的触探曲线较好地反映了土体性质的真实变化。触探方法和钻探方法基本观点对比见表 3.1-1。

表 3.1-1 触探方法和钻探方法基本观点对比

对比项目	触探方法	钻探方法
基本假设	土是不均匀的，土的性质极其复杂	假设土层是均匀或分层是均匀的
勘探方法	以触探为主，结合少量钻探取样对比	钻探、取土样、室内试验
成果剖面	以触探曲线表示和划分土层力学剖面	以钻探取样目估法划分土层地质剖面
提供土的工程特性指标（参数）	连续的触探指标曲线	目力鉴别指标；室内物理力学试验指标
土力学计算	力学分层、逐点积分计算	地质剖面分层计算
计算精度	逐渐精确	估算
时代特征	具有知识经济时代信息化、智能化的特征，计算机技术广泛应用	工业化时代；手工操作的特点

通过对比可知，触探方法与钻探方法相比在土的工程特性指标（参数）、计算精度、信息化、智能化等方面具有明显优势。

同时，用触探来研究土力学有如下 4 个明显的优势。

（1）触探指标的重现性好。触探的重现性是指不同的人在同一深度上所测得的贯入阻力不变，这种贯入阻力的不变性为 20 世纪许多研究所证实。土的贯入阻力作为土的一种特性指标，能真实地反映土的力学性状（包括结构性）。触探，特别是静力触探和旋压触探，是现场试验方法中指标最稳定、最可靠的。

（2）触探数据的连续性好。触探是在现场原位测试土对触探头的阻力，随触探贯入深度的增加，连续记录阻力曲线（数据），这条曲线是由现代电子仪器实时记录的。目前，可以做到随深度增加 0.5 ~ 1 cm 就记录一个数据，触探指标是现场试验方法中信息量最大的，可将贯入阻力随深度的变化曲线视为连续的。多功能触探原始成果如图 3.1-2 所示。

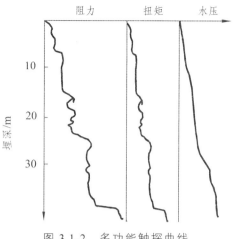

图 3.1-2　多功能触探曲线

（3）触探指标与土的力学指标相关性强。数十年的研究和实践已经证明，土的力学性质与触探指标之间具有很好的相关性，相关经验公式都已纳入规范，利用相关的经验公式可以代替室内土工及现场试验，使岩土工程勘探更加快速便捷。

（4）静探曲线的延拓性。利用触探曲线可将该指标换算为随深度变化的连续指标，将点式的试验延拓为连续曲线。

以上触探的几个特点为岩土工程的勘察设计提供了便捷的勘探手段及丰富的地质信息，提高了岩土设计精度。

总而言之，触探方法在勘察工作中具有非常明显的质量、效率优势，深层触探技术解决了测试深度上的难题，拓展了触探技术的应用范围。因此，在适宜地区，改变传统以钻探为主的勘探方法，大力推广基于深层触探技术的综合勘察模式，符合高速铁路工程勘察技术进步的要求。

3.2　深层测试影响因素

对触探深度影响因素的分析，可以先从现场试验的停止试验条件（决定触探测试深度的极限情况）开始，采用受力分析的简化形式予以确认，最后对提出的影响因素进一步明确和细化。

影响触探测试深度的因素可以简单分为两个大类：一类是触探内

在因素，如试验方法、设备性能、工艺特点等；一类是触探外在因素，如地层岩性、地域特点等。本节主要通过分析触探深度影响因素，进而提出改进触探方法、设备、工艺等的措施，下文仅对第一类影响因素进行分析。

3.2.1　从停止试验条件分析

依据现场试验经验，若触探贯入过程中出现如下情况之一，应停止试验：

（1）贯入主机负荷达到额定荷载的120%。

（2）贯入时探杆出现明显弯曲。

（3）反力装置失效。

（4）探头负荷达额定荷载。

（5）记录仪显示异常。

从触探停止试验的条件来看，影响触探测试深度的因素有主机性能、探杆强度和稳定性、反力装置效能、探头极限荷载等。如果以增加触探测试深度为目标，可以从提升上述几个因素的角度入手。在这些影响因素中，主机性能往往相对固定或提升改造难度大；反力装置效能受地层情况影响较大，同样提升困难；提高探头极限荷载、探杆的强度和稳定性是在其他条件固定的前提下，可以提升触探深度的有效方法。

值得一提的是，后续章节中的护管跟进法就是采用了上文提到的提升探杆稳定性的方法。

3.2.2　从受力条件分析

在静力触探测试过程中，探头、探杆会与土层之间产生摩擦，阻碍探头、探杆的贯入，且此摩擦力会随着触探深度的增加而增大，这一规律符合一般的认识。通过对触探过程的分析，将触探探头和探杆受力情况进行简化，得到探头探杆受力分析图，如图3.2-1所示。

由图3.2-1可知，在整个触探系统中，贯入主机对探杆探头的贯入力为 T，探杆受到向上的阻力为 P，探头受到向上的侧摩阻力 f 和锥尖

阻力 q，探杆探头的重力为 G。由力的平衡可知：

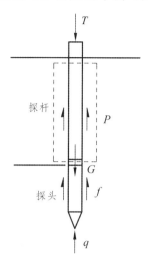

图 3.2-1　触探探头探杆受力分析

$$T + G = q + f + P$$

其中：贯入力 T 属于触探设备的自身属性，前文已经介绍，可认为它是定值；探杆探头的重力 G 主要取决于探杆材质和测试深度，是一个随深度变化的值，且对测试深度的增加有一定益处；探头受到的侧摩阻力 f 和锥尖阻力 q 是测试土体给予的，取决于土体的固有属性，主要包括土性类别、含水量、干密度、土的强度等方面，因此可以将探头受到总的阻力定义为有效贯入力，是测试过程中必须克服的；探杆上的阻力 P 是测试中贯入力的损失，且随着测试深度的增加而逐渐变大。

由上述分析可知，在设备性能确定以后，提高触探测试深度的关键是尽量增加有效贯入力，使得探头具有更强的穿透土层的能力，这就意味着需要采取有效措施降低探杆上的阻力 P。

为了验证上述假设，下面举例对触探指标进行计算。某触探设备总贯入力为 200 kN，而触探数据显示，探头（10 cm²）最大锥尖阻力约为 70 MPa，计算后认为探头最大受力为 70 kN，近占总贯入力的 35%，则可估算出探杆周围摩阻力损失约占总贯入力的 65%。由此不难发现，采取有效措施降低探杆上的阻力后，可显著提高有效贯入力，从而为触探深度的增加提供基础。

后续章节中探杆减阻法所用的措施，就采用了上文提到的降低探杆阻力方法。

3.2.3 从仪器设备性能角度分析

从仪器设备性能角度分析，影响静力触探贯入深度的因素主要有如下两个方面：一是设备性能，如触探贯入设备的贯入能量、反力系统的极限力等；二是测试探头的性能和直径。

1. 设备性能影响因素

在静力触探过程中，随着触探深度的加深，探头所受的阻力也在逐渐增大，这就要求触探设备具有较大的贯入能力和足够的反力来抵消阻力，使得触探设备能够平稳地工作。为了能够实现深层静力触探，对静力触探设备也提出了更高的要求。在研究过程中，我们对深层触探设备进行了一系列改造，增强了其液压系统的动力，并通过设置多个地锚、根据地层情况另行增加配重的方法提高触探设备的反力极限。此外，随着测试深度的增加，对探杆强度的要求也越来越高，为了避免发生探杆折断的事故，选用了较高强度的钢材探杆。

2. 探头性能和直径影响因素

探头是静力触探的关键部件，其中提高探头的性能显然对提高触探测试能力和深度有利，而提高探头性能的措施是改进探头的材质和结构形式等。

目前，国内外在工程实践中使用的静力触探仪探头主要有综合型单桥探头、可测锥尖阻力和侧壁摩阻力的双桥探头以及孔隙水压力探头等三种。在我国的生产实践中，使用最广的是直径 43.7 mm 的单桥静力探头，它不仅与国际通用直径为 35.7 mm 的探头标准不一致，且由于探头直径增大影响静力触探贯入深度。为此，我们自主研发了符合国际及国家标准的直径为 35.7 mm、锥底面积为 10 cm² 的双桥深层静力触探探头。

触探贯入力随触探深度增加而增大，且触探贯入力与探头的直径（即锥底面积）有关。若地层均匀不变，当触探锥尖阻力一定时，探头直径越小，锥底面积越小，总贯入力就越小；探头直径越大，锥底面积就越大，总触探贯入阻力将增大。较小直径的探头所需的贯入力较小，这也说明符合国际及国家标准的小直径探头更适合深层静力触探。

触探过程中单位面积上的锥尖阻力相当于是土体对探头的压强，以静力触探工程生产中常用的直径为 43.7 mm 的探头和我们所采用的直径为 35.7 mm 的探头为例，其锥底面积分别为 15 cm^2 和 10 cm^2。假设触探设备提供的贯入力全部用于抵消探头端面积的端阻力，那么在同样条件的土体上进行触探，在遇到砂层时，锥尖阻力一般为 $q_c = 30$ MPa，对于锥底面积为 10 cm^2 的探头来说，其所需的贯入力为：

$$F = q_c \cdot S = 30 \text{ MPa} \times 10 \text{ cm}^2 \times 10^{-4} = 30 \text{ kN}$$

就是说触探车提供 30 kN 的贯入力，就可用于探头锥尖抵消地层对探头的反力。而对于锥尖阻力 $q_c = 30$ MPa、锥底面积为 15 cm^2 的探头来说，其所需的贯入力为 $F = 45$ kN。也就是说，当使用尺寸为 43.7 mm 的探头时，触探车要提供相当于 45 kN 的贯入力才能使探头贯入砂层中。由此可见，选用小直径探头更有利于深层静力触探。

通过对锥尖阻力的变化分析，我们认为产生这一现象的主要原因：一方面是探头直径的增大使得相同条件下探头触探入土体所需排开的土体体积增大，使土的破坏加剧，土体随着挤密作用的增强，对探头的抵抗力必然增大，探头周围土体变形过大导致了相应的锥尖阻力增大。另一方面是触探过程中单位面积上的锥尖阻力相当于是土体对探头的压强，探头直径的增大即为探头锥底面积的增大，总的阻力也在增大，而探头直径（锥底面积）的增大幅度较锥尖阻力的增大幅度小，那么平均单位面积上的锥尖阻力则相应减小。因此，随着探头直径的增大，触探总贯入阻力逐渐增大，不利于触探深度的增加。

将本节深层触探测试深度的影响因素分析进行汇总如表 3.2-1，针对各影响因素，可以制定相应的改进措施。综合分析后发现，护管跟进、探杆减阻的等方法对静力触探测试深度增加具有显著作用，将在后文中重点介绍。

表 3.2-1　触探测试深度影响因素分析

类　别	影响因素	改进措施
从停止试验条件分析	主机性能	液压动力系统改造
	探杆强度	改进探杆的材质和结构形式
	探杆稳定性	护管跟进法
	反力装置性能	多种形式地锚
	探头极限荷载	改进探头的材质和结构形式
从受力条件分析	探杆阻力	探杆减阻法
从仪器设备性能角度分析	设备性能	液压动力系统改造；多种形式地锚
	探头性能	改进探头的材质和结构形式
	探头直径	采用 $10\ cm^2$ 小直径探头

总而言之，要突破现有静力触探设备贯入深度限制，进行深部地层测试，必须保证触探设备有足够的贯入能力并提供足够的反力来保证贯入设备的自身平衡，同时应选用优质的探杆，这是进行深层触探的前提条件。经综合比选，确定采用最大贯入力为 289 kN 的触探油缸，以保证有足够的贯入能力；触探车自重 200 kN，再加上下地锚等方式来保证触探的反力；选用高强小直径探头，提高测试量程；选用厚壁高强探杆避免在高压力下探杆变形弯曲、折断等风险。

静力触探探头有单桥和双桥之分，按照规范要求，标准探头底面积有 $10\ cm^2$ 和 $15\ cm^2$ 两种，对应的探头直径分别为 35.7 mm 和 43.7 mm。由上节分析可知，对于同样的地层条件，$10\ cm^2$ 探头较 $15\ cm^2$ 探头所需的贯入力小，易于实现深层静力触探。且国际上普遍采用底面积为 $10\ cm^2$ 的双桥探头，底面积为 $15\ cm^2$ 探头为我国所特有。因此，为便于同国际接轨，进一步提高静力触探贯入深度，最终选定 $10\ cm^2$ 大量程探头进行试验。

目前，国外有量程为 50 MPa 的 $10\ cm^2$ 双桥探头，而国内 $10\ cm^2$ 标准探头的量程较低，一般为 30 MPa，主要用于测试软土。深层静力触探主要为了穿透硬层，需大量程的探头，我们最终研发出量程为 80 MPa 的 10 cm² 标准双桥探头，并在于家堡综合交通枢纽工程试验，最大测试锥尖阻力达 73 MPa。

探杆是连通地上贯入设备和地下测试系统的枢纽。探杆把贯入压力传递给探头，同时将冲洗液通过探杆腔输送到探孔底部，用来冷却触探传感器、电子仓及探头，并起到润滑的作用。探杆在深层静力触探过程中承受着大小和方向都在变化的荷载，在起拔时探杆承受拉力，所以探杆受力情况复杂，需要由高强度钢材制成。经综合对比，最后选用外径 40 mm、壁厚 13 mm，经过淬火处理的高强度探杆，每根探杆长度为 1 m。

上述这些措施是实现深层静力触探的基本措施，而真正实现深层静力触探还应从触探设备及触探工艺改进等方面综合考虑。

3.3 深层测试实现方法

以无缆测试技术和深层触探基本措施为基础，中国铁设提出、研究和实现了深层测试的实现方法，如护管跟进法、探杆减阻法、旋转压入法等。经试验验证，上述方法可以单独使用，也可组合使用，均能够在一定程度上达到穿透硬层、提高测试深度的目的。深层静力触探成套技术主要采用了护管跟进法和探杆减阻法，旋压触探成套技术主要采用了旋转压入法。

3.3.1 探杆减阻法

探杆减阻法以减小触探过程中探杆周边的摩阻力为目标，分别设计采用了扩孔器、润滑剂等特色方法和设备。本节重点对实现方法的原理和设备进行介绍，试验流程及操作详见 4.4 节。

1. 扩孔器

由前节分析可知，在探头一定长度后增设扩孔器，增加贯入过程中的挤土效果，可以减少探杆的侧摩阻力，提高有效贯入力，利于穿透硬层。同时，扩孔器后部加设出水孔，用于注入润滑剂，使润滑剂经探杆内腔从扩孔器出水口注入探杆与孔壁之间，起到润滑作用，可大大降低探杆的侧摩阻力。扩孔器及出水口设计如图 3.3-1 所示。

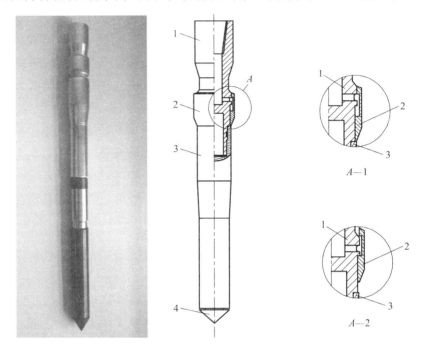

1—探杆接头；2—扩孔环；3—电子仓；4—探头。

图 3.3-1　扩孔器及出水口设计

若扩孔器及出水口加设位置太靠近探头，在扩孔作用下可能影响探头附近土体，使探头受力更加复杂，进而在一定程度上影响探头的探测数据，无法与现有的各地方静力触探规范和经验对接；若加设位置离探头太远，便会增加探头的折断风险和探头的下入难度。经理论计算和试验验证确定，在探头 50 cm 后增设扩孔器和出水口，可以减少探杆的摩擦力，利于穿透硬层，并且对探头测试参数无影响。

2．润滑剂

在探头贯入过程中，润滑剂经探杆内腔从扩孔器出水口注入探杆与孔壁之间。出水孔布置在扩孔器的上端，由于扩孔器的尺寸比探杆的尺寸大，循环水不会影响探头测试数据，并可在探杆与孔壁之间循环，起到润滑作用，大大降低探杆的侧摩阻力。对原有静力触探车进行改进，增加给水功能为探头提供润滑剂。

3.3.2 护管跟进法

护管跟进法以提高探杆传力系统的稳定性为目标，中国铁设进行了实现方案研究、设备研制、工艺研发等工作。本节重点对实现方法的原理进行介绍，试验设备、流程及操作详见 4.4 节。

根据杆件屈曲原理，对细长的杆施加一个压力，当压力较小时压缩变形与压力成正比；但当压力超过某一限值时，由于在轴线的垂直方向出现了大的横向紧缩，减少了承受压力的能力，最后引起崩溃。也就是说，随着触探深度的增加（触探深度可达 60 m，甚至百米），探杆在孔口附近容易发生弯曲，阻碍探杆深入地下，甚至会发生探杆折断等事故，经过研究论证，采用下护管的方法来矫正、保护探杆，就可以解决这个问题。

由欧拉公式，不同杆端约束的等截面压杆的临界载荷 F_{cr} 为：

$$F_{cr} = \pi^2 EI / (\mu \cdot l)^2$$

式中　E ——探杆的弹性模量；

　　　I ——探杆的惯性矩；

　　　μ ——随杆端约束而异的一个因数，称为长度因数；

　　　l ——探杆的总长度。

在深层静力触探过程中，为了避免探杆折断事故，探杆的临界载荷越大越好，而由欧拉公式可知，临界载荷 F_{cr} 与探杆的弹性模量和惯性矩成正比，与长度因数和探杆总长度乘积的平方成反比。在固定使用某种材质和截面形状的探杆时，弹性模量与惯性矩就随之固定，而深层静力触探的探杆总长度必然较长，这就使得压杆的临界载荷急剧减小，也就是说，随着触探深度的增加，探杆越来越容易折断。然而，深层静力触探所追求的就是在触探深度上的突破，探杆的总长度越长越好，课题研究必须在长度因数上寻找解决问题的方法。如表 3.3-1 所示为几种常见的压杆长度因数。

表 3.3-1　压杆的长度因数

杆端支撑情况	一端自由、一端固定	两端铰支	一端铰支、一端固定	两端固定	一端固定、一端可移动，但不能转动
挠曲线图形					
长度因数 μ	2	1	0.7	0.5	1

根据触探的现场生产状态来看，压杆的约束属于"一端固定，一端可移动，但不能转动"的情况，其长度因数为 1。如果加强约束的牢固性，在生产过程中下入护管，那么压杆的约束就变为一端固定、一端不完全固定的状态，其长度因数就变为 0.7，这就大大增加了压杆的临界载荷，也使得在深层触探过程中，探杆不会发生折断的事故。

3.3.3　旋转压入法

旋转压入法是指使用锥形双螺旋钻头旋转切削土体，同时测量土体对钻头的反力，从而获得岩土力学参数的新型触探方法。与静力触探的圆锥形探头和静压测试不同，旋压触探采用了更易破坏土体的螺旋结构，同时增加了旋转切削能力，从而大幅提高了探头破坏土体、穿透硬层的能力，尤其适用于存在较为密实砂层的工程场地。旋压触探方法由中国铁设自主研制，是深层触探方法的重要组成部分。关于旋转压入法的试验设备、流程及操作详见第 5 章相关介绍，本处不再赘述。

第4章 深层静力触探技术研究

4.1 深层静力触探技术概述

为了满足高速铁路、高层建筑等工程勘察深度需要，需要重点研究静力触探实现深度，以满足设计要求。

前章述及，实现深层静力触探可采用钻机引孔法、护管跟进法、探杆减阻法、旋转压入法等多种方法。归纳起来目前实现深层静力触探主要采取的措施有：

① 加大触探机的动力，提高触探油缸的贯入能力。

② 加大触探设备自重或增加配重，以及配合下地锚的方法，提高静力触探时所需的反力。

③ 采用高强度探杆，防止探杆受力弯曲折断。

④ 采用小直径大量程探头，用来减少探头贯入时的阻力，同时保证在穿透硬层时不损坏探头。

⑤ 采用扩孔器或在触探孔壁注入润滑剂，来减小探杆的摩阻力。

⑥ 采用下护管来防止探杆受力弯曲折断，同时减少探杆摩阻力。

前4条比较容易实现，也是常规的措施。

第⑤条措施中：通常采用扩孔器来减小探杆摩擦阻力；而在孔壁间注入润滑剂来减小探杆摩擦力的方法，太沙基早在1929年于纽约就采用了水冲式贯入仪（图4.1-1），测定了约30 m厚的冰川沉积砂土的性质。它是通过探杆中心孔注入水，然后从锥头尾部出水口射出，这样可以减少探杆摩擦力的影响。目前，静力触探大都采用有缆电测技术，探杆中孔用于穿过电缆，这种情况下很难实现通过探杆向地下注水。所以只有研制探头出水装置，采用无缆测试技术，才能采用在触探孔壁注入润滑剂来减小探杆的摩阻力的方法。

第⑥条措施中，通常有三种方法：一种是探杆和护管提前套好，一并穿过电缆，同时压入地层，这种方法遇较硬地层时，很难贯入；

另一种是当触探难以贯入时，拔起探杆，采用钻机配合扩孔，下入套管后，再进行二次触探；第三种方法是，拔起探杆后，再用触探机压入护管，然后在护管中进行二次触探。后两种方法都需进行二次触探，费时费力。

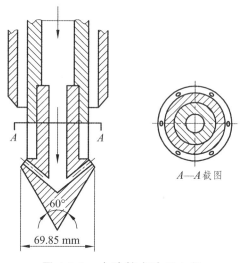

图 4.1-1   太沙基水冲贯入仪

在压入护管的方法中，由于护管直径较大，直接压入需较大的贯入压力，有时也很难压入到位。在 20 世纪 70 年代前，瑞典、荷兰为了加大触探贯入能力，将探杆用触探机按照固定速度以转动的方式压入地下，探头采用球轴承连接，不随探杆旋转。这样的贯入能力大大超过直接压入的贯入能力，这为我们提高下护管能力提供了借鉴。

中国铁设为加大静力触探在高速铁路等重大工程勘察项目中的应用，满足勘探深度的要求，发明了一种新的深层静力触探测试方法。它以无缆测试技术为基础，采用 10 cm^2 大量程标准探头、通过专用的注水接头向触探孔壁间注入润滑剂、旋转水冲下护管等技术，在很大程度上解决了静力触探不易穿透硬质土层、测试深度浅的难题，并且系统总结了深部土层触探参数与岩土设计参数的关系，建立了划分土层及确定土类名称、确定土体有关物理力学指标、确定地基承载力、估算桩基极限承载力和基础沉降的经验公式，满足了高速铁路工程勘察设计深度要求。

该方法主要适用于软土及锥尖阻力小于 60 MPa 的黏性土、粉土、砂类土及含少量碎石的土层，在天津地区的最大测试深度可达 74.9 m。通过与常规静力触探的对比试验，证明相同深度段内二者触探成果一致。

本章系统介绍中国铁设在深层静力触探技术测试机理、仪器设备、测试工艺、成果应用方面的研究成果。

4.2 机理研究

静力触探测试机理非常复杂，无论在基础理论、试验方法，还是工程应用方面都仍然存在大量科学问题有待深入研究。

4.2.1 贯入机理

在静力触探贯入过程中，土的变形及破坏过程非常复杂。若把贯入过程看成是准静态的，整个问题的解应满足平衡方程、几何方程、力与位移边界条件以及土的本构关系（包括屈服准则、破坏准则、流动法则及硬化规律等）。但是，影响静力触探贯入的因素很多，如土的刚度及可压缩性等，而且现存的本构关系也不能精确地反映真实土的特性。所以要得到精确解非常困难，只能做一些近似的理论分析。目前，主要的近似理论方法有承载力理论、孔穴扩张理论、基于变形控制的球穴扩张理论、应变路径理论、运动点位错方法等。然而这些理论有的不考虑某些约束方程或条件，或对某些方程或条件只能近似满足，在使用上都有其局限性。如：承载力理论中的极限平衡法只考虑了破坏土体整体平衡，并不满足每点处力的平衡，而且不考虑土的变形；孔穴扩张理论将锥头的贯入近似为孔穴的扩张，实际上对运动边界条件做了近似假定；而运动点位错法将土体看成是弹性的；应变路径法只能近似解决饱和黏土情形。

1．承载力理论

承载力理论是把锥头贯入看作为一个承载力问题。该理论假设锥尖阻力等于土中圆形基础的破坏荷载，通过极限平衡和滑移线两种方法来确定锥尖阻力。

承载力理论分析大多借助于对单桩承载力的半经验分析，把贯入阻力看作是探头以下的土体受圆锥头的贯入产生剪切，由滑动破坏面上的抗剪力提供。不同学者根据实验或经验假设不同的滑动面，由承载力理论导得不同的半经验表达式。

1）De Beer 理论

该理论假设土体不可压缩，锥底以下整体剪切破坏。根据 Prandtl-Caquot 方程，圆锥锥头阻力 q_c 可以用下式表示：

$$q_c = 1.3 \left\{ p_0 \tan^2 \left(\frac{\pi}{4} + \frac{\phi}{2} \right) e^{\pi \tan \phi} + \frac{c}{\tan \phi} \left[\tan^2 \left(\frac{\pi}{4} + \frac{\phi}{2} \right) e^{\pi \tan \phi} - 1 \right] \right\}$$

式中：1.3 为圆锥形状经验修正系数（圆锥锥角 60°，截面积 10 cm²）。对于砂土，$c = 0$，$\phi \neq 0$，则 $q_c = f(\phi, p_0)$，可表示为 $q_c = p_0 V(\phi)$，其中 $V(\phi)$-ϕ 的关系如图 4.2-1 所示；对于黏性土，$c \neq 0$，$\phi \neq 0$，则 $q_c = f(c, \phi, p_0)$。

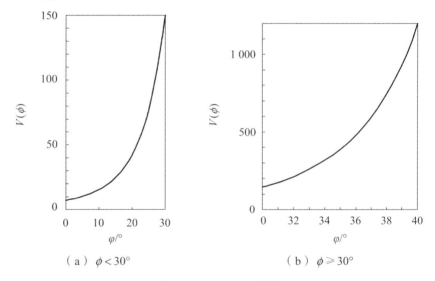

（a）$\phi < 30°$　　　　（b）$\phi \geqslant 30°$

图 4.2-1　$V(\phi)$-ϕ 关系

2）Kerisel 理论

该理论假设在临界深度以上为剪切破坏，在临界深度以下为压缩破坏。在临界深度以上，q_c 与深度 D 成正比关系：

$$q_c = \gamma \cdot D \cdot 10^{n \tan \phi} = \gamma \cdot D \cdot N_q$$

式中，γ 为土的容重；n 对小直径探头为 3.7，对大直径探头为 2.7。

而临界深度 D_1 处的经验公式为：

当 $\phi < 35°$ 时，

$$D_1 = 6.5(\tan\phi - \tan 33°)^{0.367}$$

在临界深度处 q_c 达到极限值，临界深度以下 q_c 不再增大，为：

$$q_c = \gamma \cdot D_1 \cdot N_q$$

3）Berezantzer 理论[5]

该理论认为剪切破坏面在锥底平面处发展到离中心轴线 r_0 处，考虑直径为 r_0、高为 D 的圆柱体土重及圆柱面上的抗剪力。假设的破坏模式如图示 4.2-2。图中的 r_0 由下式计算：

$$r_0 = \frac{B}{2}\left\{1 + \sqrt{2}\left[1 + \tan\left(\frac{\pi}{4} + \frac{\phi}{2}\right)\right]e^{\frac{5\pi}{12}\tan\frac{\phi}{2}}\right\} \tag{4.2-1}$$

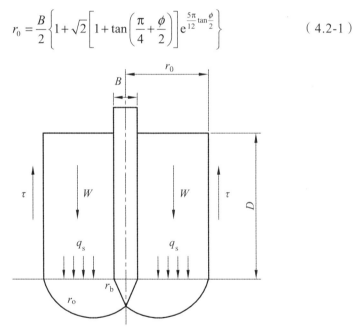

图 4.2-2　Berezantzer 破坏模式

在 r_0 处侧向压力 $\sigma(z)$ 为：

$$\sigma(z) = \frac{k\sqrt{k}}{1 - 2k}\left[1 - \left(1 + \frac{z}{r_0}\sqrt{k}\right)^{\frac{2k-1}{k}}\right]\gamma \cdot r_0 \tag{4.2-2}$$

式中：$k = \dfrac{v + \varepsilon_3/\varepsilon_1}{1 - v + 2v\varepsilon_3/\varepsilon_1}$；$v$ 为泊松比；ε_3 和 ε_1 分别为水平向及垂直向的应变。

当 $\varepsilon_3/\varepsilon_1 = -0.05$，$v = 0.28$，得 $k = \dfrac{1}{3}$，进而得：

$$\sigma(z) = 0.577\gamma\lambda B\left(1 - \frac{1}{1 + 0.577\dfrac{z}{\lambda B}}\right)$$

在 r_0 范围内土的自重扣除周围土体的剪抗力，则作用于圆锥基底面的压力 q_s 为 $q_s = \alpha \cdot n \cdot \gamma \cdot B$，其中 $n = D/B$，α 是 n 及 ϕ 的函数。则 $q_c = q_s$、$N_q = \lambda \cdot B \cdot \alpha \cdot n \cdot N_q'$ 或 $q_c = \gamma \cdot B \cdot N_q'$。式中，$N_q'$ 如图 4.2-3 所示。

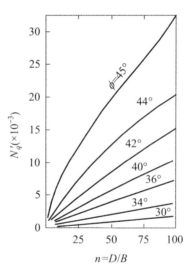

图 4.2-3　N_q'-n-ϕ 关系

4）Durgunoglu 和 Mitchell 理论[6]

该理论假设剪切破坏面由平面剪切区的直线段和螺旋剪切区的对数螺旋曲线组成，对数螺旋曲线延伸到与垂直线相切为止，如图 4.2-4 示。则得半经验公式：

$$q_c = c \cdot N_c \cdot \xi_c + \gamma \cdot B \cdot N_{\gamma_q} \cdot \xi_{\gamma_q} \tag{4.2-3}$$

$$N_c = \frac{1 + \sin\phi \sin(2\gamma - \phi)}{\sin\phi \cos\phi} e^{2\theta_0} \tan\phi - \frac{1}{\tan\phi} +$$

$$\frac{\cos(2\gamma - \phi)\tan\psi}{\cos\phi} e^{2\theta_0} \tan\phi \qquad (4.2\text{-}4)$$

$$N_{\gamma_q} = \frac{\cos(\psi - \delta)}{\cos\delta} \cdot \frac{\left[1 + \sin\phi \sin(2\gamma - \phi)\right]}{\cos\phi \cos(\gamma - \phi)} \left\{ \frac{\cos^2(\gamma - \phi)}{4\cos^2\psi \cos^2\phi} I_\theta + \right.$$

$$\frac{3\cos(\gamma - \phi)\cos^2\beta}{4\cos\psi \cos\phi} \cdot e^{2\theta_0 \tan\phi} \left(m - \frac{2}{3}m' \right) \cdot$$

$$\left. K_0 \frac{\cos\psi \cos\phi}{\cos(\gamma - \phi)} (m - m')^2 + K_0 \frac{\cos\psi \cos\phi}{\cos(\gamma - \phi)} m^3 \right\} - \frac{\tan\psi}{4}$$

$$(4.2\text{-}5)$$

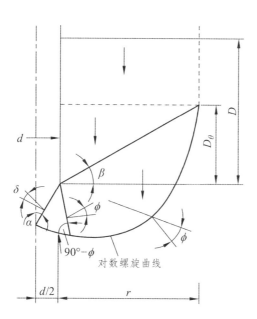

图 4.2-4　Durgunoglu 和 Mitchell 破坏模式

式中：β 为圆锥半锥角；$\psi = 90° - \beta$；γ 为探头与土间的摩擦角，γ 由下式确定：

$$\tan\delta\left[1+\sin\phi\sin(2\gamma-\phi)\right]-\sin\phi\sin(2\gamma-\phi)=0$$

$$\theta_0=180°-(\psi+\gamma)+\beta$$

$m=D/B$，D 为贯入深度，B 为圆锥直径；K_0 为平均侧压力系数。

$$I_\theta=\frac{1}{1+9\tan^2\phi}\{3\tan\phi[e^{3\theta_0\tan\phi}\cos\beta-\cos(\theta_0-\beta)]+$$

$$[e^{3\theta_0\tan\phi}\sin\beta+\sin(\theta_0-\beta)]\}$$

$$m'=\frac{\sin\beta\cos(\gamma-\phi)}{2\cos\psi\cos\phi}e^{\theta_0\tan\phi}，\quad\beta=\arcsin\left[\frac{2m\cos\psi\cos\phi}{\cos(\gamma-\phi)e^{\theta_0}\tan\phi}\right]\leqslant\phi$$

$$\xi_c=1.0+(0.2+\tan^6\phi)\frac{B}{L}，\quad\xi_{\gamma_q}=0.6+\frac{1.5}{\dfrac{B}{D}+\dfrac{1.5}{0.6+\tan^6\phi}}$$

5）Meyerhof 理论[7]

该理论假设剪切破坏面一直延伸到探头壁上，形成"梨形头"，如图 4.2-5。Meyerhof 对于完全粗糙（$\delta=\phi$）及半粗糙（$\delta=\dfrac{1}{2}\phi$）的圆锥探头导得：

$$q_c=\gamma\cdot D\cdot N_q$$

式中：N_q 如图 4.2-6 示。

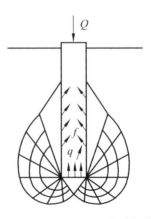

图 4.2-5　Meyerhof 理论破坏模式

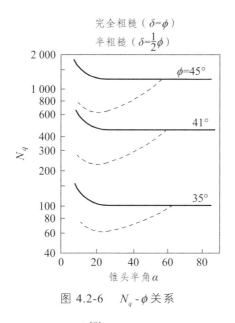

图 4.2-6　N_q-ϕ 关系

6）Janbu 和 Senneset 理论[8]

该理论假设锥体贯入土中的剪切破坏为局部剪切，如图 4.2-7，其中 S 表示剪切区，C 表示压缩区。建议利用随深度成直线变化段的斜率求 ϕ：

$$q_c + a = N_q(p' + a)$$

式中：$a = c/\tan\phi$，c 为黏聚力；p' 为有效上覆压力；

$$N_p = \tan^2\left(45° + \frac{\phi}{2}\right)e^{(\pi - 2\beta)\tan\phi}$$

令 $N_q = N_p + 1$，则：

$$q_c - p' = N_p(p' + a)$$

该方法在土体破坏机制中引入一个塑性角 β，以反映土的可压缩性，如图 4.2-7 所示，土中 p' 为破坏面上的法向应力。研究表明，β 从疏松细砂的正值变为密实硬土的负值。对松砂和正常固结黏土，β 在 0°~30° 间取值；而对密砂和超固结黏土，β 在 0°~-40° 间取值，甚至超过 -40°。β 从正到负的变化表示土体由局部破坏向整体破坏过渡，由压缩到剪胀过渡。在极限平衡分析法中，该法被认为较为准确。

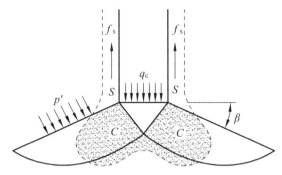

图 4.2-7　Janbu 和 Senneset 的破坏机理

7）村町（Muramachi）

该理论根据模型试验观察锥体贯入土中时的滑动面是对数螺旋曲线，并假定滑动面上的剪应力的垂直分量之和等于 q_c，如土的灵敏度为 S_t，则：

$$q_c = \frac{3}{2}\left[\left(\frac{1+\dfrac{1}{\sqrt{S_t}}}{2}\right)c + p_0 \tan\phi\right]\left(\frac{e^{2\pi\tan\phi}-1}{\tan\phi}\right)\cos\phi$$

8）Muhs

Muhs 通过大比例尺基础模型试验，得砂土经验关系：

$$q_c \approx 0.80 N_\gamma$$

式中：N_γ 为 Terzaghi 的承载力系数。

2．基于孔扩张理论的锥头阻力理论分析方法

孔穴扩张和锥头贯入之间的相似性最早是由 Bishop 等提出的，因为他们观察到：在弹塑性介质中产生一个孔穴需要的压力与相同条件下扩展为相同体积的空穴所需的压力是成比例的。使用孔穴扩张方法预测锥尖阻力有以下两个步骤：一是求出土中空洞膨胀的理论极限压力（分析的或数值的）；二是建立空洞膨胀极限压力与锥头阻力之间的关系。

孔扩张理论一般是通过三组基本方程（平衡方程、几何方程及本构关系），配以破坏准则及边界条件来求解的。自从 20 世纪 70 年代中期以来，通过使用越来越理想的土的本构模型，在黏土和砂土中发展精确的孔穴扩张理论解取得了很大的进步。如 Vesic（1972）[9]、

Carter（1986）、Yu&Houlsby（1991）、Collins（1992）、Salgado（1993）、Collins&Yu（1996）、Salgado（1997）等在这方面都做出了突出的贡献。同时，也提出了一些经验的或半经验的锥尖阻力与孔穴扩张极限压力之间的关系。通过用现有的土的本构模型（如线弹性模型、理想弹塑性模型及剑桥模型等）进行分析，孔穴扩张理论能够反映不同的应力-应变关系的影响。

1）Ladanyi 理论[10]

Ladanyi 认为静力触探可以用球穴扩张理论不排水模量（即无体积变化）来分析：

$$q_c = \frac{4}{3}c_r\left[1+\ln\frac{E_r}{3c_r}\right]+\frac{4}{3}c_u\left[\frac{E_u/E_r-1}{E_u/E_r-c_u/c_r}\right]\cdot\ln\left[E_u/E_r-c_r/c_u\right]+p_0$$

式中：E_u、E_r 分别为饱和黏土的不排水弹性模量及不排水残余模量；c_u、c_r 为不排水强度峰值及不排水强度残余值。

Ladanyi 和 Johnston 认为完全粗糙锥锥头阻力与球孔扩张压力相关，由下式确定：

$$q_c = p_L + \sqrt{3}c_u$$

$$p_L = \frac{4}{3}c_u\left(1+\ln\frac{G}{c_u}\right)+p_0$$

式中：G 为剪切模量；p_0 为土体内初始静水压力；p_L 球孔扩张极限压力。

锥头阻力系数为：

$$N_c = 3.06+1.33\ln\frac{G}{c_u}$$

2）Vesic 理论

Vesic 研究了在均质各向同性无限土体内，圆球及圆柱体孔穴扩张的问题，把土作为可压缩的塑性体，其特性可用 c、ϕ 及平均体积应变 Δ 表示，导得球穴扩张的极限压力 p_1 为：

$$p_1 = c\cdot F_c + qF_q$$

式中：c 为黏聚力，q 为土的有效上覆压力，$F_c = (F_q - 1)\cot\phi$，$F_q = \dfrac{3(1+\sin\phi)}{3-\sin\phi}(I_{rr})^{\frac{4\sin\phi}{3(1+\sin\phi)}}$。

土的刚度指标：

$$I_{rr} = \frac{I_r}{1 + I_r \cdot \Delta}, \quad I_r = \frac{E}{2(1+\nu)(c + q\tan\phi)}$$

对圆柱孔穴扩张，导得极限压力 p_1 为：

$$p_1 = c \cdot F_c' + q \cdot F_q'$$

式中：$F_c' = (F_q' - 1)\cot\phi$，$F_q' = (1+\sin\phi)(I_{rr}'\sec\phi)^{\frac{\sin\phi}{(1+\sin\phi)}}$，$I_{rr}' = \dfrac{I_r}{1 + I_r \Delta \sec\phi}$。

Vesic 推导得：

$$q_c = c \cdot N_c + \overline{q} \cdot N_q$$

式中：$\overline{q} = \dfrac{1 + 2K_0}{3}\gamma D$；$K_0$ 为静止侧压力系数；$N_c = (N_q - 1)\cot\phi$；

$I_{rr} = \dfrac{I_r}{1 + I_r \cdot \Delta}$；$I_r = \dfrac{E}{2(1+\nu)(c + \overline{q}\tan\phi)}$；$N_q = \dfrac{3}{3-\sin\phi} \mathrm{e}^{\left(\frac{\pi}{2}-\phi\right)\tan\phi} \cdot \tan^2\left(-\dfrac{\pi}{4} + \dfrac{\phi}{2}\right) I_{rr}^{\frac{4\sin\phi}{3(1+\sin\phi)}}$。

3）Yasufuku 理论[11]

Yasufuku 基于小孔扩张理论把小孔扩张压力 p_u 和端极限阻力 q_c 联系起来。假定摩阻性土（粉砂、砂土等摩阻力大的土）锥尖端土体屈服后在尖端形成圆锥刚性区，圆锥底角 ϕ 值为：

$$\phi = \frac{\pi}{4} + \frac{\phi'}{2}$$

其中：ϕ' 为土的有效内摩擦角。圆锥体以外的土体存在一个球面区域，球面上受到各向相等的压力 p_u，同时，锥底对称面有主动土压力 $\sigma_A = q_c(1-\sin\phi')/(1+\sin\phi')$

考虑 B 点在 p_u、σ_A、q_c 作用下的受力平衡，最终推导桩端极限计算公式：

$$q_c = \frac{A}{1 - \sin \phi'_{crit}} \left\{ \frac{G/\sigma'_v}{B + D(G/\sigma')^{-0.8}} \right\}^C \sigma'_v$$

式中：$A = \frac{3(1 + \sin \phi'_{crit})}{(3 - \sin \phi'_{crit})} \left(\frac{1 + 2K_0}{3} \right)$ ；$B = \left(\frac{1 + 2K_0}{3} \right) \tan \phi'_{crit}$ ；$C = \frac{4 \sin \phi'_{crit}}{3(1 + \sin \phi'_{crit})}$ ；

$D = 50 \left[\left(\frac{1 + 2K_0}{3} \right) \tan \phi'_{crit} \right]^{1.8}$ ；ϕ'_{crit} 为临界状态摩擦角。

该算法的优点在于可以考虑桩端土层性质对端阻力的影响，能比较合理地反映地基的实际状态，且与顶端处土体的实际破坏模式较吻合。然而，与极限端阻力的研究不同，还没有合理的计算分析理论对端阻力刺入变形的发挥性状进行描述。

3．应变路径理论

应变路径法是由 Baligh 等经过十多年研究于 1985 年正式提出来的[12]，对解决饱和黏土的深基础及深层贯入问题特别有效。随后，Houlsby 等，Teh、Whittle 和 Yu 等都用应变路径法对锥头阻力进行过研究。表 4.2-1 列出了饱和黏性土中基于应变路径法的圆锥系数解。在各向同性均质土中，应变路径法将锥头的贯入看作土绕相对固定不动的锥头的定常流问题来处理。该方法假设土的应变场不受剪切强度及应力分布的影响。

表 4.2-1　基于应变路径法的圆锥系数解（黏性土）

作　者	方法和假设	圆锥系数或主要结论
Baligh（1985）、Whittle（1992）	在标准流动场中，通过源和汇的联合，采用简化的桩基分析方法产生近似的探头贯入几何形状	$N_c = 1.51 + 2 \ln \dfrac{G}{S_u}$
The&Houlsby（1991）	使用有限差分法解控制方程明确地包括探头实际的几何形状	$N_c = \dfrac{4}{3} \left(1 + \ln \dfrac{G}{S_u} \right) \left(1.25 + \ln \dfrac{G}{2\,000 S_u} \right)$
Yu 等（1996）	通过一阶有限元方法解析探头贯入土中的稳态问题	通过有限的经验和临界状态土模型表明：圆锥系数对超固结比很敏感

4. 点运动位错法

因为运动的正常点位错的行为与锥头的贯入之间存在一致性，所以 Cleary、Elsworth 等用位错法对锥头贯入过程中超静孔压的产生、消散及锥头阻力等进行了研究。运动点位错法适用于饱和土，在研究超静孔隙水压产生的同时考虑了部分排水，而其他几种方法假设贯入过程是不排水或完全排水的，这些是运动点位错法的优势。Elsworth（1993）的研究发现，在其他参数不变的情况下，超静孔压产生的速度随贯入速度的增加而增加，随固结系数的增大而减小，而触探停止后超静孔压的消散速度则恰恰相反。在空间上，无论是孔压的产生还是消散，任意时刻的孔压等值线都会随贯入速度的增加和固结系数的减小而变得扁平。超静孔压的这些规律会影响到锥头的贯入阻力。

考虑到部分排水，Elsworth 用位错法得到的锥头阻力为：

$$q_c = c_v \frac{\mu}{k} \frac{3(1 - v_u)}{B(1 + v_u)}$$

式中：c_v 为固结系数；B 为 Skempton 孔压系数；μ 为动态黏性系数；v_u 为不排水泊松比。在已知超静孔压 Δu 的情况下，可根据孔压阻力比 $B_q = \Delta u / q_c$ 来得到 q_c。当无量纲贯入速度 $U_D = U_r / 2c_v > 0.1$（U 为贯入速度，r 为锥头的最大半径）时，$B_q = 1/2$；当 $U_D < 0.1$ 时，$B_q = 5U_r / 8c_v$。

Elsworth 曾用运动点位错法的结果来预测固结系数和渗透系数，发现与现场实测值能较好地吻合。但是运动点位错法还存在严重的不足，因为它假设土是弹性的；而且点位错与锥头贯入也是有区别的，因为点位错是没有尺寸的，被简化为一点。所以，运动点位错法还有待进一步研究。

5. 主要理论分析方法评述

承载力理论忽略了土的压缩性和探杆周围应力增加的影响，所以不能精确地模拟锥头的深层贯入，但它相对简单，容易被熟悉基础承载力计算的工程师所接受，但计算结果和实测值相比较偏小。孔扩张理论提供了一个分析锥头阻力的简单而较精确的方法，因为它考虑了土的压缩性（或膨胀性）和锥头贯入过程中锥体周围应力增加的影响，能更加真实地模拟静力触探贯入过程。孔扩张理论对静力触探在黏土和砂土中的贯入均能很好地模拟，但这种方法是将锥头贯入与孔穴扩张之间做了一个等效模拟，所以不同的模拟方法，得到的结果差别较大，其中 Haisui Yu 的孔穴扩张理论解与实际符合得最好。应变路径法已经用来成功地分析了饱和黏土中的不排水贯入问题，要将它应用到砂土尽管是可能的，但进展缓慢，因为没有充分满足平衡方程。运动点位错法因为考虑了部分排水，所以能较好地预测固结系数，但因它采用了线弹性分析，故位错法在其他方面的应用还需要大量的试验验证。

目前，还没有一种理论能够精确地描述锥头贯入的整个过程，因为涉及土体的大变形、非线性、土体裂隙的形成及扩展等若干复杂问题，即使较为精确的孔扩张理论也是将锥头贯入与空洞膨胀之间做了一个等效模拟，所以对锥头阻力的研究，需要在方法上进一步发展。另外，土力学基础理论如土的本构理论的不完善同样制约着锥头阻力研究的进展。再者，对非饱和黏土中的一些触探规律还没有一个很好的解释，因为此时贯入机理更复杂，控制因素更多，特别是饱和度会对触探规律有很大的影响。

4.2.2 模型试验

1．试验目的

模型试验的目的是分析静力触探贯入过程中，地基土体内部各点应力、应变及位移等随探杆探入深度的变化规律。

2．试验步骤

1）土样制备

选择黏性土作为试验土样，土样用量应根据静力触探模型槽尺寸而定。将所选土样调配成具有适当含水量的土样，并用 2 mm 筛将土样进行筛分，选择土粒粒径小于 2 mm 的土样作为试验土样。

2）土样装填

将上述土样分层装入钢化玻璃土箱中，每装入 10 cm 击实压密，并在土样与钢化玻璃正面接触处，用砂土做标记。标记应以便于清晰区分土层和反映土层位移变化为准。

当填筑深度按上述规定达到钢化玻璃正面刻度线 1/2 高度处时，

按图 4.2-8 所示要求铺设传感器。注意应确保竖向传感器铺设稳固，即不会因继续填筑土样而发生歪倒。如果需要进行多次静力触探试验，建议每次铺设的不同编号的传感器位置固定，以便后期数据处理。图示传感器间距及夹角可根据需要自行设定。注意应在铺设传感器的土层界面上作出标记。

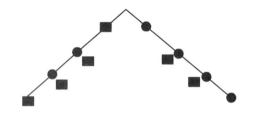

● 表示水平铺设的传感器
■ 表示竖向铺设的传感器

（a）土压力盒埋置位置示意

（b）土压力盒埋置位置照片

图 4.2-8　土压力盒埋设位置

铺设完毕后，对铺设传感器土层拍照记录。继续填筑土样直至填筑高度满足要求。填筑高度根据需要自定，以高出刻度线 20 cm 为宜。

3）应力应变仪器调试

开启仪器开关，并将仪器与安装有相应软件的电脑相连接。打开软件，设定采集频率、灵敏度等参数。如图 4.2-9 所示。

进行平衡、清零，设定窗口，开始记录后应有信号读入，如无或不能进行相关操作，应及时检查仪器连接状况和软件安装状况。

4）固定摄像机

固定摄像机位置，以保证能完整摄录静力触探贯入全过程。注意每次开始试验前调整电脑与摄像机时间设置，使二者一致。

图 4.2-9　试验仪器及设备

5）安装静力触探试验设备

安装静力触探试验设备，具体应符合现行《铁路工程地质原位测试规程》（TB 10018）的要求。

6）测试

前述工作准备就绪后，打开软件，平衡、清零，开始记录后，再开启摄像机，最后再启动静力触探设备，如图 4.2-10 所示。根据探杆探入深度是否满足要求决定何时关闭仪器设备。注意探测过程中软件不适宜暂停操作，否则录像与软件记录将不能同步。

图 4.2-10　试验过程

3. 试验结果及分析

图 4.2-11 为静力触探贯入不同深度时土体水平向应力及竖向应力分布图。从图中可以看出，随着探头的贯入，土体中水平向应力及竖向应力均逐渐增加，直至探头到达监测断面，此时土压力达到最大。当探头超过监测断面以后，随着探头的进一步压入，土压力又开始逐渐降低。在静力触探贯入过程中，水平应力最大为 0.058 MPa，竖向应力最大为 0.026 MPa，表明在探头压入过程中，土体的水平向压力大于竖向压力。这主要是由于在贯入过程中，需要将探头部分的土体向外水平挤出，因此可以认为其压入过程与土体的圆柱扩张过程非常相似。

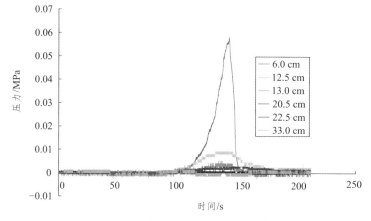

（a）水平向应力随时间的变化

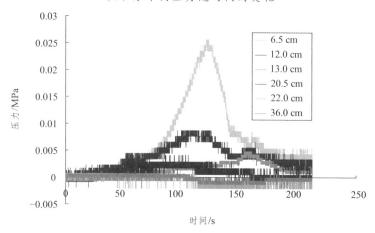

（b）竖向应力随时间的变化

图 4.2-11　土体应力随静力触探贯入深度变化

图 4.2-12 为距探头不同位置处土体水平应力分布图。从图中可见，随着距探头水平位置的增加，土体中的压力急剧降低。距探头 6 cm 处，土体水平应力为 0.05 MPa；距探头 13 cm 处，土体水平应力为 0.004 1 MPa，降低为 1/10；距探头 20.5 cm 处，土体水平压力降低为 0.002 1 MPa。由此可见，静力触探贯入过程中土体水平应力影响范围为 22.0 cm。

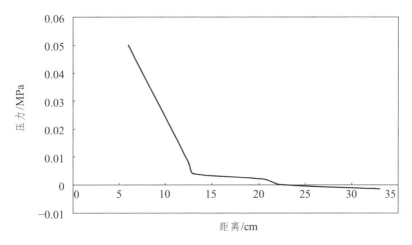

图 4.2-12　距探头不同位置处土体水平压力分布

图 4.2-13 为探头贯入不同深度时，周围土体位移变化图。从图中可以看出，探头贯入对周围土体变形影响范围为 1～2 倍探头直径。

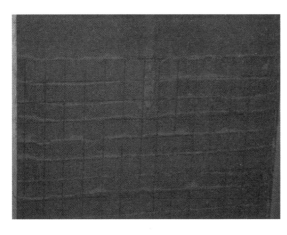

（a）

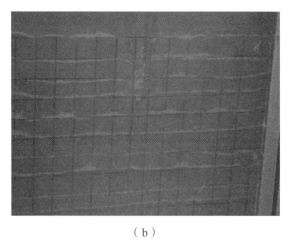

（b）

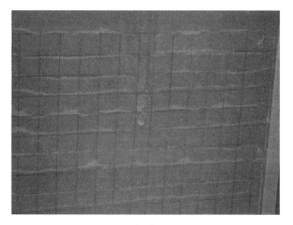

（c）

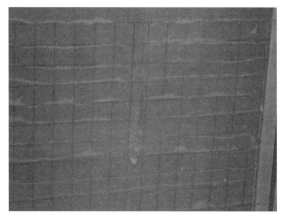

（d）

（e）

图 4.2-13　探头贯入不同深度时土体变形

综上可知：（1）探头贯入所引起的土体应力变化随着距探头位置的增加急剧降低，本次试验模拟所得静力触探贯入过程中土体水平应力影响范围为 22.0 cm。（2）探头贯入对周围土体变形影响范围为 1～2 倍探头直径。

4.2.3　数值模拟

在静力触探贯入过程中，处于探头端部处的土体不仅受到压缩，还受到剪切并发生塑性流动。探头锥尖处的土体首先劈裂，然后被挤压到四周。随着探头的不断贯入，探头周围的土体还受到侧摩擦力的牵引。土体在探头贯入过程中的变形模式、应力改变等问题相当复杂，尚不存在精确的理论解答，完全真实地再现静力触探过程是很困难的。为此，本节以数值模拟作为一种分析静力触探机理、验证相关经验公式的方法，采用 Abaqus 软件模拟静力触探贯入过程，分析了土体物理力学参数变化对静力触探过程中地基土体变形效应、应力改变效应、超孔隙水压力变化特征及比贯入阻力曲线特性的影响效应，进而试图对静力触探试验结果与土体物理力学指标之间的经验公式进行验证。

1．黏性土地基中的静力触探数值模拟

1）数值模型的建立及参数选取

（1）计算模型。

静力触探的贯入过程可简化为轴对称问题，对于国际上广泛采用的锥底截面积为 10 cm² 的探头，其锥底直径为 3.57 cm，锥角为 60°。本次模拟过程中探头摩擦筒长度按单桥探头选取，为 57 mm；模拟探头贯入 10 倍圆锥直径，即贯入 0.36 m 过程中周围土体变形、应力、超孔隙水压力及比贯入阻力变化过程。采用大变形分析方法，选取探头附近 1.5 m × 1.5 m 区域土体进行分析。为了模拟探头贯入到不同深度时的应力状况，需在分析区域的边界上施加荷载。施加荷载大小的不同，则代表锥尖的贯入深度不同。本例中假设地基土体为饱和正常固结土，土层底部不排水，顶面排水，土体在自重和表面均布荷载 50 kPa 作用下已经固结完成。随后开展静力触探实验，以 20 mm/s 速率将探头匀速压入地基土层。由于探头及探杆的刚度比土的刚度大得多，在数值模拟过程中探头及探杆采用刚体模型，土体采用修正剑桥模型，参数取为：半对数坐标系下初始等向正常固结曲线 INCL 的斜率 $\lambda = 0.2$；半对数坐标系下压缩回弹曲线的斜率 $\kappa = 0.04$；e-$\ln p'$ 平面正常固结线 NCL 在 e 轴上的截距（即 $\ln p' = 0$）$e_1 = 2.0$；临界状态线 CSL 在 p'-q 空间上的斜率 $M = 1.2$ ［对于三轴压缩 $M = 6\sin\varphi'/(3 - \sin\varphi')$］；泊松比 $\nu = 0.35$；静止土压力系数 $K_0 = 0.538$；土体的饱和容重取为 $\gamma_{sat} = 18$ kN/m³，水的容重取为 $\gamma = 10$ kN/m³；土的渗透系数取为 $k = 10^{-7}$ m/s；在触探过程中，探头及摩擦筒与周围土体会产生相对滑动，为此在有限元数值分析中，在两者之间设置接触面单元，并采用 Coulomb 摩擦接触模型描述界面的接触特性，探头与土之间摩擦系数取为 0.15。

严格意义上来讲，静力触探过程导致土体开裂变形并不属于连续介质问题，而且显然与土的抗拉强度有关。为此，在触探探头底部加一直径很小的刚性管（半径 1 mm），刚性管与土体之间设置接触面，沿着刚性管法线方向，接触面不能承受拉力，受拉允许脱开，模拟土体的开裂；而在与法线相反的方向上，接触面受压，阻止了穿越对称轴的可能。有限元计算模型如图 4.2-14 所示，模型网格如图 4.2-15 所示。

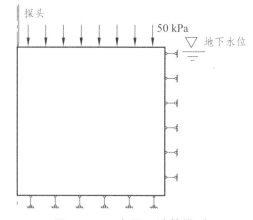

图 4.2-14　有限元计算模型

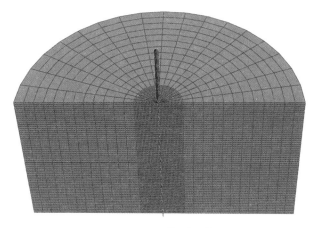

图 4.2-15　模型网格

（2）荷载及边界条件。

假设地基土体在自重和表面均布荷载作用下已固结完成，结合本例给出的土体物理力学参数，土层的初始应力条件如下（应力以拉为正）。土层顶面：$z = 0$ m，$\sigma'_z = -50$ kPa，$\sigma'_r = -26.9$ kPa；土层底面：$z = -1.5$ m，$\sigma'_z = -62$ kPa，$\sigma'_r = -33.36$ kPa。

初始有效应力场应和土层的重力及顶面加载相平衡，本例土层的重力加载通过体力施加，基于超孔隙水压力进行计算。

由于土层从上到下，初始应力状态是不同的，其初始孔隙比也是不同的。按照修正剑桥模型理论，处于 K_0 固结状态土体的孔隙比 e_0 为：

$$e_0 = e_1 - \lambda \ln p_0' + \kappa \cdot \ln \frac{p_0'}{p'}$$

$$= e_1 - \lambda \ln \left(\frac{q^2}{M^2 p'} + p' \right) + \kappa \cdot \ln \left(\frac{q^2}{M^2 p'^2} + 1 \right)$$

由于土层为正常固结土，这意味着土层任一深度的应力点都位于屈服面上。由于土层从上到下，有效应力是变化的，因而初始屈服面的大小 p_0' 从上到下也是变化的。根据修正剑桥模型理论，其屈服面为：

$$p_0' = \frac{q^2 + M^2 p'^2}{M^2 p'} = \frac{q^2}{M^2 p'} + p'$$

式中：p' 和 q 分别为平均有效应力和偏应力。

2）模拟结果及分析

（1）变形效应分析。

图 4.2-16、图 4.2-17 分别为探头贯入 0.18 m 和 0.36 m 后探头附近土体变形及变形矢量图。由图可见，在探头贯入过程中，土体被向下和向右侧挤动。在径向，第一列单元宽度有明显的减小，从第四列起单元宽度就基本不变，这意味着大部分径向压缩发生在 1～2 倍探头直径范围内。探头以下土体受到明显的压缩，而探头以上土体受到的压缩并不明显，这表明对于某一深度的土体而言，当探头达到相应深度之前，竖向是加载的，而当探头达到相应深度继续贯入时，竖向是卸载的。

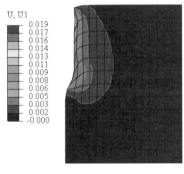

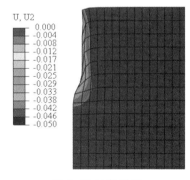

（a）径向变形图　　　　　　　　（b）竖向变形图

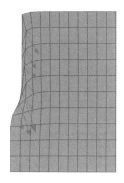

（c）变形矢量图

图 4.2-16　探头贯入 0.18 m 后探头附近土体变形及变形矢量图

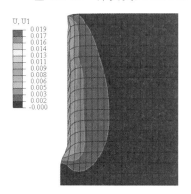

（a）径向变形图

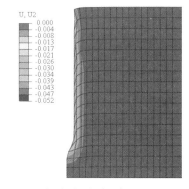

（b）竖向变形图

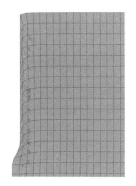

（c）变形矢量图

图 4.2-17　探头贯入 0.36 m 后探头附近土体变形及变形矢量图

（2）应力效应分析。

图 4.2-18、图 4.2-19 分别为探头贯入 0.18 m 和 0.36 m 后探头附近土体径向应力 σ_r、竖向应力 σ_z、剪应力 τ_{rz} 及超孔隙水压力分布图。

由图可见，当探头贯入 0.36 m 时，探头端部最大径向应力为 60.57 kPa，发生在探头锥底面部位，此部位径向应力的影响范围为 4D ~ 5D（D 为锥底直径），且在探头端部以下，径向应力出现部分降低区域。除部分应力集中区域外，探头及探杆周围土体竖向应力普遍降低，这是因为探头贯入相应深度后，竖向应力处于卸荷状态；且在建模过程中，为防止应力集中便于收敛，在锥头转折处采用倒角圆弧过渡，因此对于竖向应力，探头端部无明显应力增大区域。与径向应力 σ_r 的分布图相比，竖向应力的应力泡在水平方向要小一些，但在竖向要大一些。切向应力大部分为拉应力，这是由于探头贯入过程导致土体开裂，发生侧移，但拉应力区域只局限在探头锥面附近较小范围内。超孔隙水压力最大值为 126.86 kPa，位于探头锥面处，超孔隙水压力以探头锥面为核心向外扩散并逐渐降低。

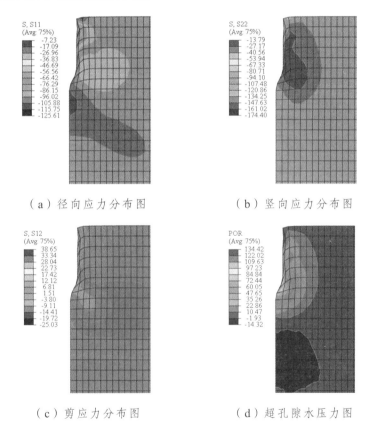

（a）径向应力分布图　　　　　　（b）竖向应力分布图

（c）剪应力分布图　　　　　　　（d）超孔隙水压力图

图 4.2-18　探头贯入 0.18 m 后探头附近土体应力及超孔隙水压力分布图

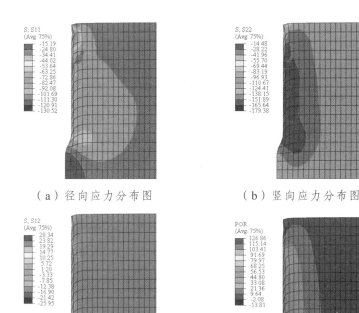

（a）径向应力分布图　　　　　　（b）竖向应力分布图

（c）剪应力分布图　　　　　　（d）超孔隙水压力图

图 4.2-19　探头贯入 0.36 m 后探头附近土体应力及超孔隙水压力分布图

图 4.2-20 为距探杆轴线 0.045 m 处不同贯入深度时水平挤土应力沿深度分布。由图可见，径向应力随探头贯入深度的增加而增大，最大值发生在探头到达相应深度时，但在探头端部以下，存在局部径向应力减小区域。

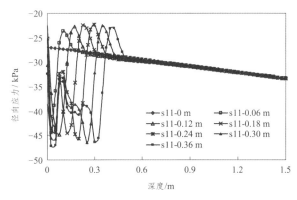

图 4.2-20　不同贯入深度时水平挤土应力分布

（3）比贯入阻力随深度变化关系。

比贯入阻力随探头贯入深度变化关系如图 4.2-25 所示。从图中可以看出：探头开始贯入时，比贯入阻力随贯入深度的增加而增大；但当探头贯入到某一深度后，比贯入阻力基本保持恒定，不再随贯入深度的增加而增大，这也从数值模拟的角度证实了 Kefisel 等提到的"临界深度"概念。

3）土体物理力学参数变化对静力触探影响效应分析

（1）M 值的影响效应分析。

在相同触探速率情况下，地基土体 M 分别为 1.20（$\phi' = 30°$）、1.42（$\phi' = 35°$）和 1.64（$\phi' = 40°$），探头贯入 0.36 m 后周围土体径向应力、竖向应力、剪应力、超孔隙水压力分别如图 4.2-21 ~ 图 4.2-24 所示。从图中可以看出，在此参数范围条件下，M 值变化对径向应力 σ_r 变化影响无明显规律，$M = 1.20$ 时最大径向应力 $\sigma_r = 130.52$ kPa，$M = 1.42$ 时最大径向应力 $\sigma_r = 156.23$ kPa，而 $M = 1.64$ 时最大径向应力 $\sigma_r = 89.05$ kPa。随着 M 值增大，地基土体竖向应力逐渐增大，且增长较为明显，如：$M = 1.20$ 时，地基土体最大竖向应力 $\sigma_z = 179.38$ kPa；$M = 1.42$ 时，地基土体最大竖向应力 $\sigma_z = 197.53$ kPa；$M = 1.64$ 时，地基土体最大竖向应力 $\sigma_z = 210.78$ kPa。

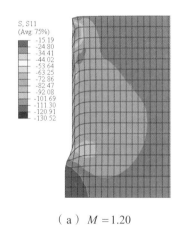

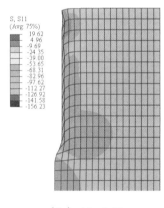

（a）$M = 1.20$ （b）$M = 1.42$

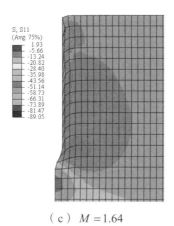

（c）$M = 1.64$

图 4.2-21　不同 M 值条件下径向应力分布图

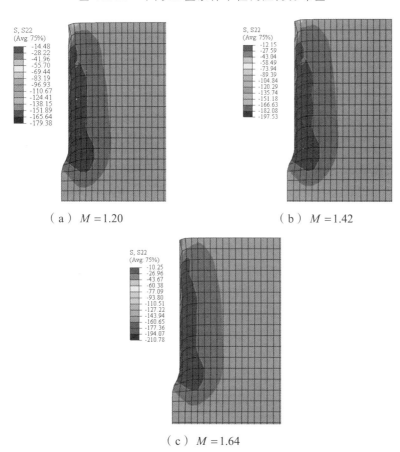

（a）$M = 1.20$　　　　　　　　　　（b）$M = 1.42$

（c）$M = 1.64$

图 4.2-22　不同 M 值条件下竖向应力分布图

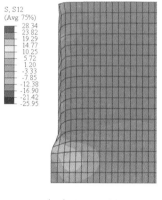
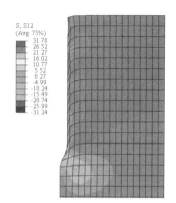

（a） $M = 1.20$ （b） $M = 1.42$

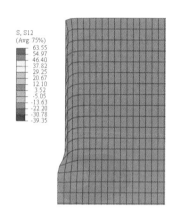

（c） $M = 1.64$

图 4.2-23　不同 M 值条件下剪应力分布图

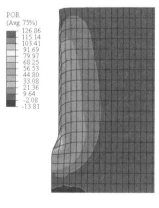
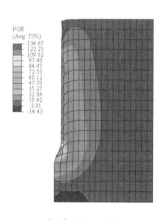

（a） $M = 1.20$ （b） $M = 1.42$

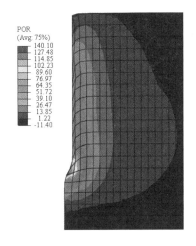

（c）$M = 1.64$

图 4.2-24 不同 M 值条件下超孔隙水压力分布图

随着 M 值增大，地基土体中剪应力、超孔隙水压力均逐渐增大，且变化也较为明显，如：$M = 0.12$ 时，地基土体最大剪应力 $\tau_{rz} = 28.34$ kPa、最大超孔隙水压力 $\Delta p = 126.86$ kPa；而 $M = 1.64$ 时，地基土体最大剪应力 $\tau_{rz} = 63.55$ kPa、最大超孔隙水压力 $\Delta p = 140.10$ kPa。

随着 M 值增大，地基土体径向变形和竖向变形均有逐渐变小趋势，但 M 值变化对地基土体变形影响效应并不显著。

图 4.2-25 为不同 M 值条件下比贯入阻力随贯入深度变化对比。从图中可以看出，随着 M 值增大，比贯入阻力也逐渐增大，但 M 值变化对比贯入阻力影响效应并不十分显著。

（2）λ 值的影响效应分析。

在相同触探速率情况下，对数体积模量 λ 分别取 0.10、0.15 和 0.20，三种情况下探头贯入 0.36 m 后地基土体径向应力、竖向应力、剪应力、超孔隙水压力及比贯入阻力对比分别如图 4.2-26～图 4.2-30 所示。从对比图中可以看出，在此参数范围条件下，随着 λ 值增大，地基土体中径向应力、竖向应力均逐渐增大，且增长较为明显，如：$\lambda = 0.10$ 时，地基土体最大径向应力 $\sigma_r = 73.79$ kPa、最大竖向应力 $\sigma_z = 124.09$ kPa；而 $\lambda = 0.20$ 时，地基土体最大径向应力 $\sigma_r = 130.52$ kPa、最大竖向应力 $\sigma_z = 179.38$ kPa。

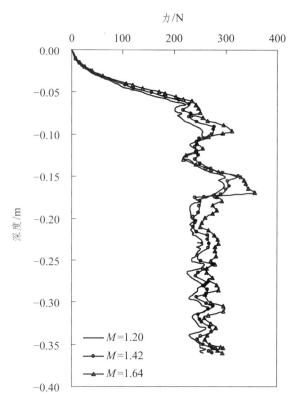

图 4.2-25　不同 M 值条件下比贯入阻力随探头贯入深度变化关系

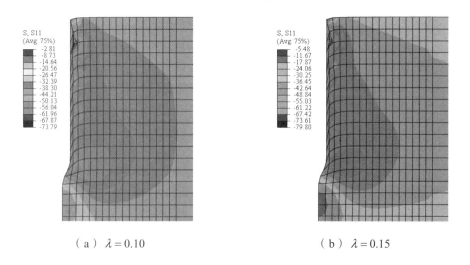

（a）$\lambda = 0.10$　　　　　　　　　（b）$\lambda = 0.15$

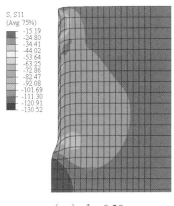

（c） $\lambda = 0.20$

图 4.2-26 不同 λ 值条件下径向应力分布图

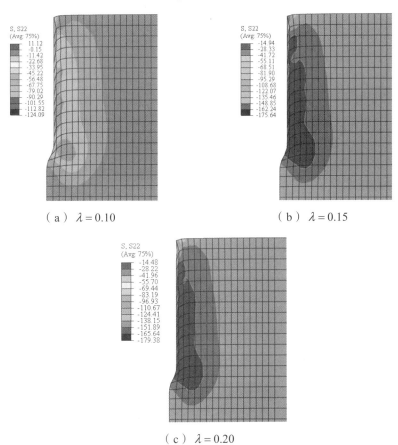

（a） $\lambda = 0.10$ （b） $\lambda = 0.15$

（c） $\lambda = 0.20$

图 4.2-27 不同 λ 值条件下竖向应力分布图

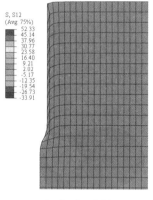
（a）$\lambda = 0.10$

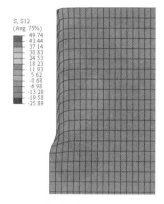
（b）$\lambda = 0.15$

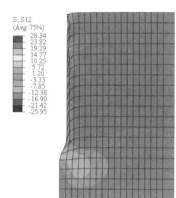
（c）$\lambda = 0.20$

图 4.2-28　不同 λ 值条件下剪应力分布图

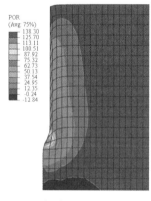
（a）$\lambda = 0.10$

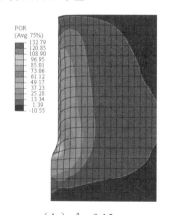
（b）$\lambda = 0.15$

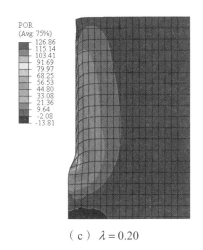

（c）$\lambda = 0.20$

图 4.2-29　不同 λ 值条件下超孔隙水压力分布图

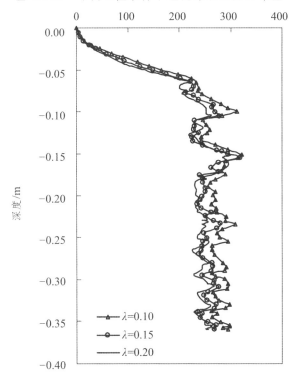

图 4.2-30　不同 λ 值条件下比贯入阻力随探头贯入深度变化关系

随着 λ 值增大，地基土体中剪应力、超孔隙水压力均逐渐降低，且变化也较为明显，如：$\lambda = 0.10$ 时，地基土体最大剪应力 $\tau_{rz} = 52.33$ kPa、最大超孔隙水压力 $\Delta p = 138.30$ kPa；而 $\lambda = 0.20$ 时，地基土

体最大剪应力 $\tau_{rz} = 28.34\ kPa$、最大超孔隙水压力 $\Delta p = 126.86\ kPa$。随着 λ 值增大，比贯入阻力逐渐降低，地基土体径向变形及竖向变形逐渐增大，但 λ 值变化对比贯入阻力和地基土体变形影响效应并不十分显著。

2．砂土地基中的静力触探数值模拟

1）模型的建立及参数选取

本节采用自适应网格划分技术及大变形分析方法模拟均匀不排水砂土地基中的静力触探问题。与上节例子相似，同样将静力触探简化为轴对称问题，模拟锥底截面积为 $10\ cm^2$ 的锥头在砂土中的贯入过程，锥底直径为 3.57 cm，锥角为 60°。同样，本次模拟过程中锥头摩擦筒长度按单桥锥头选取，为 57 mm；模拟锥头贯入 10 倍圆锥直径，即贯入 0.36 m 过程中周围土体应力、塑性区及比贯入阻力变化过程。选取锥尖附近 1.5 m × 1.5 m 区域土体进行分析，为了模拟锥尖贯入到某一深度时的应力条件，需在分析区域的边界上施加荷载，施加荷载大小的不同，则代表锥尖的贯入深度不同。本例中假设地基土体上部存在大小为 50 kPa 的均布荷载；由于分析区域较小，在此假设在分析区域中土体的应力状态不随深度而改变，初始竖向应力为 50 kPa，侧压力系数为 0.538。由于锥头及探杆的刚度比土的刚度大得多，在数值模拟过程中锥头及探杆采用刚体模拟，地基土体为服从 Mohr-Coulomb 屈服准则的均质弹塑性体，塑性流动遵从不相关联的流动法则，土体屈服后具有剪胀特性。地基土体基本物理力学参数如表 4.2-2 所示，有限元计算模型如图 4.2-31 所示。

本次模拟采用大变形的动力显示分析方法。首先建立名为 ini 的初始分析步确定锥头贯入前的应力状态。因 Abaqus/Explicit 在计算初始加速度时不包含初始应力，这可能对解答造成某种波动，为此将对应的分析步时间设得很小，并且固定所有节点的所有自由度。在下一分析步中，释放约束的自由度，确保边界条件正确。再建立一名为 pene 的圆锥贯入过程分析步，因现行《铁路工程地质原位测试规程》（TB 10018）要求贯入速率为（20 ± 5）mm/s，而本次模拟贯入深度为 0.36 m，故时间总长设为 18 s，贯入速度为 20 mm/s。在 pene 分析步中执行自适应网格划分命令，将距圆锥轴线 0.2 m 的影响区域范围设定为自适应网格划分区域。模型网格如图 4.2-32 所示。

表 4.2-2　地基土体材料参数

类别	弹性模量 E/MPa	泊松比 v	黏聚力 c/kPa	内摩擦角 ϕ/(°)	剪胀角 ψ/(°)
砂土	20	0.35	0.1	30	0

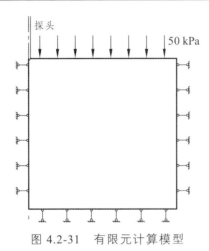

图 4.2-31　有限元计算模型

（a）平面网格　　　　　　　　（b）三维网格

图 4.2-32　模型网格

2）模拟结果及分析

（1）变形效应分析。

图 4.2-33 为锥头贯入 0.18 m 和 0.36 m 后网格变形图。由图可见，与图 4.2-15 相比，采用自适应划分技术后网格形态较好，体现了自适应网格划分技术的效果。但由于采用网格重划分技术，节点脱离了物质点移动，因而，在自适应网格划分区域位移等值线云图是没有意义

的。故此，本节不再给出锥头贯入一定深度后周围土体变形云图。

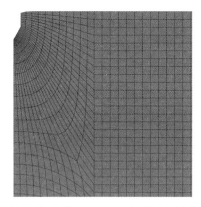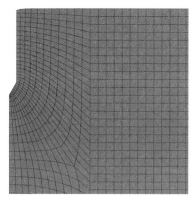

（a）锥头贯入 0.18 m 网格变形图　　（b）锥头贯入 0.36 m 网格变形图

图 4.2-33　网格变形图

（2）应力效应分析。

图 4.2-34、图 4.2-35 分别为锥头贯入 0.18 m 和 0.36 m 后锥头附近土体径向应力 σ_r、竖向应力 σ_z 及剪应力 τ_{rz} 分布图。由图可见，随着锥头贯入深度增大，锥头附近土体径向应力逐渐增大。锥头贯入 0.18 m 时，锥头附近土体最大径向应力 σ_r 为 734.7 kPa；锥头贯入 0.36 m 时，锥头附近土体最大径向应力 σ_r 为 1 427.3 kPa，且最大径向应力出现在锥头肩部；从分布上来看，径向应力等值线以锥头锥面为基准呈射线向外扩展。随着锥头贯入深度增大，锥头附近土体竖向应力也逐渐增大。锥头贯入 0.18 m 时，锥头附近土体最大竖向应力 σ_z 为 635.1 kPa；锥头贯入 0.36 m 时，锥头附近土体最大竖向应力 σ_z 为 1255.5 kPa，且最大应力均出现在锥头肩部；从分布上来看，竖向应力等值线向锥头端部下方呈椭圆形向外扩展。与径向应力 σ_r 的分布图相比，竖向应力的应力泡在水平方向要小一些，但在竖向要大一些。锥头周围土体剪应力出现明显的 X 形状，随着贯入深度的增加，锥头周围土体最大剪应力及剪应力影响范围均逐渐增大。锥头贯入 0.18 m 时，锥头附近土体最大剪应力 τ_{rz} 为 317.8 kPa；锥头贯入 0.36 m 时，锥头附近土体最大剪应力 τ_{rz} 为 611.6 kPa，且最大剪应力均出现在锥头肩部。综上，锥头附近土体最大径向应力、最大竖向应力及最大剪应力均随着锥头贯入深度的增加而逐渐增大，所有的应力最大值均出现在锥头肩部。

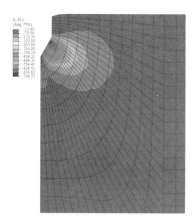

（a）径向应力分布图

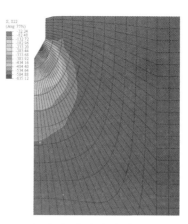

（b）竖向应力分布图

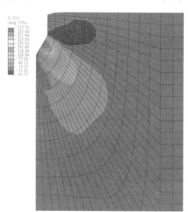

（c）剪应力分布图

图 4.2-34　锥头贯入 0.18 m 后锥头附近土体应力分布图

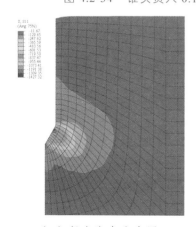

（a）径向应力分布图

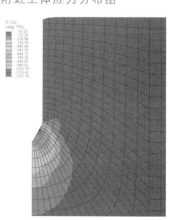

（b）竖向应力分布图

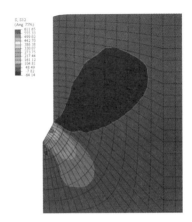

（c）剪应力分布图

图 4.2-35　锥头贯入 0.36 m 后锥头附近土体应力分布图

锥头部位剪应力分布如图 4.2-36 所示，从图中可以看出锥头部位最大剪应力出现在锥肩部位，最大值为 369.5 kPa。相对于锥面部位，锥头摩擦筒部位剪应力相对较小，这主要是因为锥头摩擦筒部位法向应力相对较小。

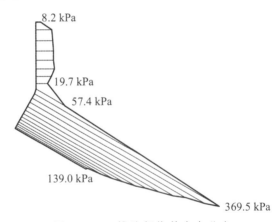

图 4.2-36　锥头部位剪应力分布

（3）塑性区分析。

在锥头贯入过程中，土体受到了极大程度的挤压，图 4.2-37 给出了等效塑性应变的分布图。由图可见：在锥尖及锥侧产生了塑性应变区，最大等效塑性应变出现在锥肩部位；且随着锥头贯入深度增大，塑性应变区范围及最大等效塑性应变量值均逐渐增大。

（a）锥头贯入 0.18 m   （b）锥头贯入 0.36 m

图 4.2-37　锥头周围土体等效塑性应变分布图

（4）比贯入阻力随深度变化关系。

本次模拟所得比贯入阻力随锥头贯入深度变化关系如图 4.2-38 所示。从图中可以看出：锥头开始贯入时，比贯入阻力随贯入深度的增加而逐渐增大；但当锥头贯入达 0.32 m 后，比贯入阻力基本保持恒定，不再随着贯入深度的增加而增大。这同样从数值模拟的角度证实了"临界深度"概念。

按现行《铁路工程地质原位测试规程》（TB 10018）第 9.5.12 条的规定，砂类土的内摩擦角可按表 4.2-3 取值。

表 4.2-3　砂类土的内摩擦角

p_s /MPa	1	2	3	4	6	11	15	30
ϕ /(°)	29	31	32	33	34	36	37	39

本次模拟所得此段砂土地基平均比贯入阻力，查表插值可得 $\phi = 30°$，与数值模拟所取内摩擦角相一致；"临界深度"段比贯入阻力 $p_s = 2.4$ MPa，查表插值可得 $\phi = 31.4°$，与数值模拟所取内摩擦角误差约为 4.7%。比贯入阻力随锥头贯入深度变化关系如图 4.2-38 所示。

3）地基土物理力学特性对静力触探影响效应分析

（1）内摩擦角的影响效应分析。

在相同触探速率情况下，地基土体内摩擦角分别为 20°、30°、35° 和 40°，锥头贯入 0.36 m 后周围土体最大径向应力、最大竖向应力和最大剪应力如表 4.2-4 所示。从表中可以看出，在此参数范围条件下，

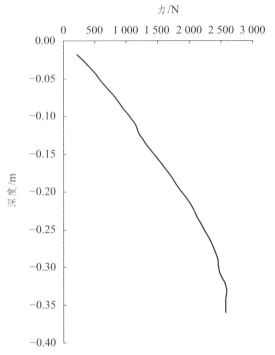

图 4.2-38　比贯入阻力随锥头贯入深度变化关系

内摩擦角变化对周围土体径向应力 σ_r、竖向应力 σ_z、剪应力 τ_{rz} 影响效应均较大，随着内摩擦角增大，周围土体最大径向应力 σ_r、最大竖向应力 σ_z、最大剪应力 τ_{rz} 均逐渐增大。

表 4.2-4　不同内摩擦角条件下周围土体应力对比

内摩擦角 ϕ/(°)	20	30	35	40
最大径向应力 σ_r/kPa	873.26	1 427.32	3 864.17	4 795.00
最大竖向应力 σ_z/kPa	861.28	1 255.46	3 553.80	3 919.05
最大剪应力 τ_{rz}/kPa	266.47	611.65	1 855.78	2 827.99

图 4.2-39 为不同内摩擦角条件下锥头附近土体等效塑性应变分布图。从图中可以看出，随着内摩擦角增加，塑性应变区范围及最大等效塑性应变量值均逐渐增大。

从图 4.2-40 不同内摩擦角条件下比贯入阻力随锥头贯入深度变化对比中可以看出：在此参数范围条件下，内摩擦角对比贯入阻力影响效应很明显；随着内摩擦角增大，比贯入阻力逐渐增大；同样，随着内摩擦角增大，"临界深度"也有逐渐增大趋势。

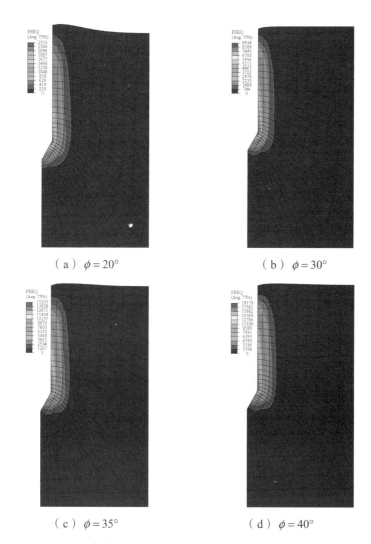

（a）$\phi = 20°$　　　　　　（b）$\phi = 30°$

（c）$\phi = 35°$　　　　　　（d）$\phi = 40°$

图 4.2-39　不同内摩擦角条件下锥头附近土体等效塑性应变分布图

（2）黏聚力的影响效应分析。

在相同触探速率情况下，黏聚力分别取 0.1 kPa、0.2 kPa 和 0.3 kPa，三种情况下锥头探入 0.36 m 后地基土体径向应力、竖向应力和剪应力云图分别如图 4.2-41～图 4.2-43 所示。从图中可以看出，在此参数范围条件下，随着黏聚力值增大，地基土体中径向应力有逐渐减小趋势，竖向应力及剪应力有逐渐增大趋势，但黏聚力变化对地基土体应力影响效应并不显著。

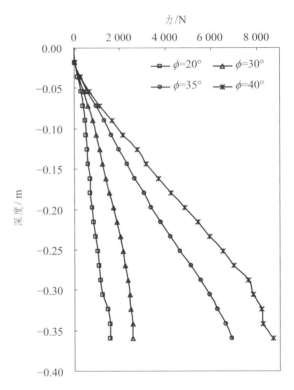

图 4.2-40　不同内摩擦角条件下比贯入阻力随锥头贯入深度变化关系

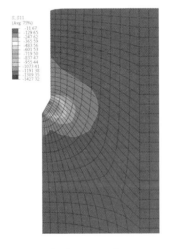

（a）　$c = 0.1$ kPa

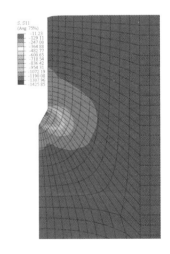

（b）　$c = 0.2$ kPa

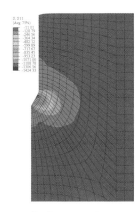

（c） $c = 0.3$ kPa

图 4.2-41　不同黏聚力条件下锥头附近土体径向应力分布图

（a） $c = 0.1$ kPa　　　　　　　（b） $c = 0.2$ kPa

（c） $c = 0.3$ kPa

图 4.2-42　不同黏聚力条件下锥头附近土体竖向应力分布图

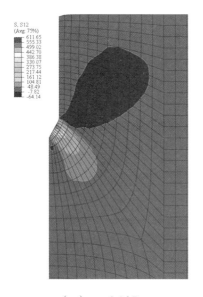
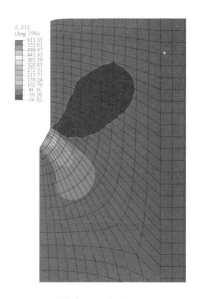

（a）$c = 0.1$ kPa　　　　　　　　　　　（b）$c = 0.2$ kPa

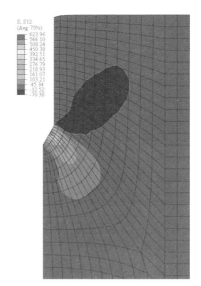

（c）$c = 0.3$ kPa

图 4.2-43　不同黏聚力条件下锥头附近土体剪应力分布图

　　图 4.2-44 为不同黏聚力条件下锥头附近土体等效塑性应变分布图。从图中可以看出，随着黏聚力增大，塑性应变区范围及最大等效塑性应变量值均逐渐降低。

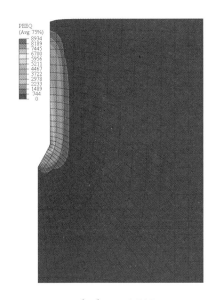
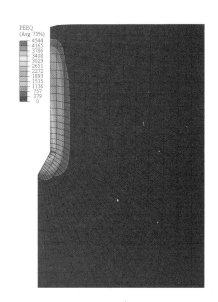

（a） $c = 0.1$ kPa　　　　　　　　　　（b） $c = 0.2$ kPa

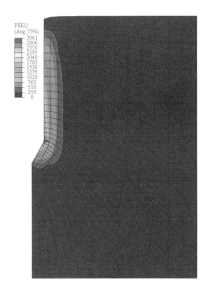

（c） $c = 0.3$ kPa

图 4.2-44　不同黏聚力条件下锥头附近土体等效塑性应变分布图

图 4.2-45 为黏聚力分别为 0.1 kPa、0.2 kPa 和 0.3 kPa 三种条件下比贯入阻力随锥头贯入深度变化关系。从图中可以看出，在此参数范围条件下，黏聚力变化对比贯入阻力几乎无影响。

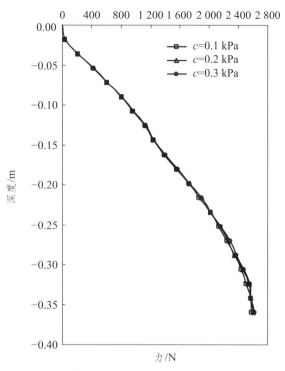

图 4.2-45　不同黏聚力条件下比贯入阻力随锥头贯入深度变化关系

（3）剪胀角的影响效应分析。

在相同触探速率情况下，地基土体剪胀角分别为 0°、5° 和 10°，锥头贯入 0.36 m 后周围土体径向应力、竖向应力和剪应力对比如表 4.2-5 所示。从表中可以看出，在此参数范围条件下，剪胀角变化对周围土体径向应力 σ_r、竖向应力 σ_z、剪应力 τ_{rz} 影响效应均较大，随着剪胀角增大，周围土体最大径向应力 σ_r、最大竖向应力 σ_z、最大剪应力 τ_{rz} 均逐渐增大。

表 4.2-5　不同剪胀角条件下周围土体应力对比

剪胀角 ψ /(°)	最大径向应力 σ_r /kPa	最大竖向应力 σ_z /kPa	最大剪应力 τ_{rz} /kPa
0	1 427.32	1 255.46	611.65
5	2 158.29	1 904.94	866.64
10	2 629.76	2 331.11	1 058.07

图 4.2-46 为不同剪胀角条件下锥头附近土体等效塑性应变分布

图。从图中可以看出，剪胀角增大对塑性应变区范围并无显著影响，且其变化与最大等效塑性应变量值改变之间也无明显规律可循。

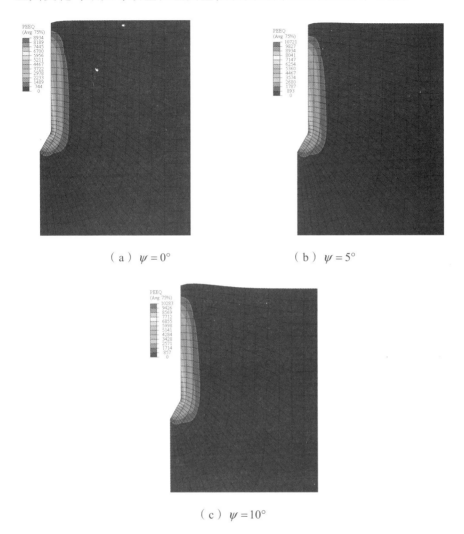

（a）$\psi=0°$ （b）$\psi=5°$

（c）$\psi=10°$

图 4.2-46　不同剪胀角条件下锥头附近土体等效塑性应变分布图

剪胀角分别为 0°、5° 和 10° 三种条件下比贯入阻力随探头贯入深度变化关系对比如图 4.2-47 所示。从图中可以看出：在此参数范围条件下，剪胀角对比贯入阻力影响效应较明显；随着剪胀角增大，比贯入阻力逐渐增大。一般情况下，超固结土和紧密砂土，具有受剪体积膨胀的特性，研究该类土中的岩土工程问题考虑土体的剪胀性是很有必要的。

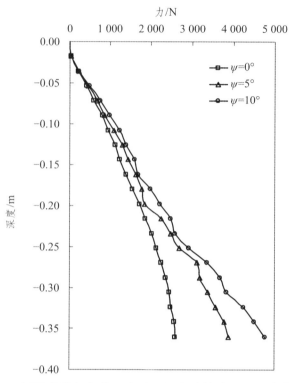

图 4.2-47 不同剪胀角条件下比贯入阻力随锥头贯入深度变化关系

4.3 仪器设备研发

深层静力触探采用的仪器设备是实现深部岩土测试的关键因素，主要包括贯入系统、给水系统、测试系统、标定系统等。经现场试验，深层静力触探与常规静力触探相比，贯入能力更强，测试深度更深，辅助功能齐全，适用地层更广。

4.3.1 贯入系统

静力触探是利用机械或液压作为动力，使用各类夹具将触探探头连同探杆以一定速率匀速压入地层中，从而获取岩土参数的方法。贯入系统在静力触探过程中，为探头测试提供动力和辅助作用，直接影响了触探中的贯入力和贯入速度，是影响触探测试深度和触探数据可靠性的关键因素。

贯入系统一般包括触探主机、探杆、减摩阻器、护管和附属工具等，其中常用的触探主机可分为车载型和轻便型两种。车载型触探主机具有机械化、集成化程度高等优点，适用于地形平坦、车辆易到位的工点。轻便型触探主机具有轻便、可拆解、易到位等优点，适用于地形复杂、障碍物多、车辆无法到达的工点。

减摩阻器的使用是实现深层静力触探的措施之一。减摩阻器的加设位置和外形结构，均通过理论分析和试验测试工作进行了验证，它在保证加设前后测试成果基本一致的前提下，可减小探杆侧壁摩阻力，增加有效贯入力。经过实践确认，在距探头锥底不小于 50 cm 处设置纺锤形减摩阻器，满足要求，效果最佳。

护管的使用也是实现深层静力触探的措施之一。采用高强度无缝管材，能够在探杆外侧形成约束，增大整体刚度，避免挠曲变形，可在预防探杆折断的同时增加有效贯入力。护管端部加设护管靴能够使下入护管的操作更易进行，且能起到剐蹭探杆壁，减小探杆后续贯入时的摩阻力。

1. 车载型触探主机

车载型静力触探主机是利用液力装置将探头以一恒定速率匀速压入地层中，用以探测地质结构的一种车载移动式勘察设备。深层静力触探车由液力触探装置、液压夹具、气动夹具、底板、支腿油缸及地锚装置等组成，安装在专用汽车底盘上，如图 4.3-1、图 4.3-2 所示。

液力触探装置由触探油缸、主轴箱、液压电动机、给水装置、冷却装置及安装板等组成。探杆安装在主轴上，由油缸和主轴箱带动，做压入、给水和提升等动作。

液压夹具和气动夹具分别安装在底板的上面和下面，各由液压油和压缩空气推动，对探杆进行夹紧或松开，两者配合使用，以便联结和拆卸探杆。

支腿油缸用来调整液力触探装置（触探车）的水平位置。

地锚液压系统用来驱动地锚钻入地层，使触探车与大地相连，克服触探时产生的反作用力。

静力触探车的液压动力和压缩空气是由汽车的发动机带动油泵和气泵而取得的。

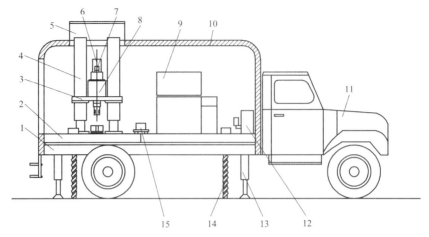

1—汽车底盘；2—承重底板；3—连接板；4—液压油缸；5—天窗；6—液压电动机；
7—旋转水龙头；8—旋转主轴箱；9—控制台；10—车篷；11—车头；
12—泥浆泵；13—液压支腿；14—地锚机；15—探杆架。

图 4.3-1　深层静力触探车结构

图 4.3-2　深层静力触探车控制台

中国铁设所研发的深层静力触探车具有如下特点：

（1）保持静力触探车原有的压入、提升、下锚及支腿功能，可进行有缆静力触探测试。当工作压力为 16.0 MPa 时，提升力为 492 kN，贯入力为 289 kN。

（2）具有快速提升和快速压入探杆的功能，可提高工作效率。

（3）增加了探杆浮动操作功能。这种操作使油缸上下腔相连并通于回油路中，使连接杆处于浮动状态。连接杆在主轴箱、油缸的自重带动下会渐近下面的探杆，到位后进行对接，这样可避免发生碰撞。

（4）增加了液压夹具和气动夹具装置。这样当加接或拆卸探杆时，可使探杆快速夹紧，便于探杆接头松开和拧紧，防止探杆滑落。

（5）触探机主轴箱安装在下中板上，与油缸牢固地连接在一起。由液压电动机与主轴箱齿轮传动，使主轴转动。旋转主轴可双向旋转，无级调速，调整液压系统的压力。

（6）在主轴箱的上面安装了旋转水龙头，从泥浆泵装置泵出的泥浆通过旋转水管接头、中空的主轴及探杆供给探头工作所需的泥浆，以满足深层静力触探工艺的需要。

（7）主轴箱下面的带方孔的套是松开探杆和拧紧探杆时所需的零件，工作时将专用扳手插入套的方孔中后，用多路阀中的主轴箱液压电动机控制手柄来操作探杆的旋转方向，实现探杆的松开和拧紧操作。

（8）设有刮泥装置（在汽车架体上），当探杆提升时以刮去探杆上的泥沙。

车载型触探主机主要技术指标如表 4.3-1 所示。

表 4.3-1　车载型触探主机主要技术指标

序号	项　目	技术指标
1	液压系统油泵	CBT-E550，油压 16 MPa
2	油缸规格	$\phi 140/\phi 90-1250$
3	提升力	$N_b = 492$ kN
4	贯入推力	$N_t = 289$ kN
5	提升速度	慢速 $v_{bm} = 0 \sim 2.27$ m/min，快速 $v_{bk} = 5.50 \sim 7.07$ m/min
6	贯入速度	工进 $v_{tg} = 0 \sim 3.87$ m/min，快速 $v_{tk} = 3.87 \sim 4.98$ m/min
7	主轴液压电动机	规格 2K-604-0048，排量 39 mL/r
8	主轴转速	$n = 0 \sim 30$ r/min
9	泥浆泵液压电动机	2K-604-0044，排量 16 mL/r
10	油压夹具	油缸规格 $\phi 100/\phi 45-30$，夹紧力 $N_j = 90$ kN
11	气动夹具	气缸规格 $\phi 100/\phi 25-30$，夹紧力 $N_j = 3.9$ kN

2．轻便型触探主机

车载型触探主机虽有较强的地层贯入能力，但由于采用车载式，其适用场地受到限制，只适用于地势平坦、场地开阔地区。为拓展深层静力触探设备的应用范围，研发轻便型深层静力触探仪显得尤为重要。

轻便型深层静力触探仪以 TSY 型静力触探机作为基础，并进行了功能升级和改进。该触探主机由各自独立的动力车、贯入车、探杆车、下锚器及反力装置等构成，通过液压传动系统的高压软管将各部分有机地贯连成整机，具有体积小、功率大、操作方便、自动化程度高等优点，如图 4.3-3 所示。

图 4.3-3　轻便型深层静力触探仪触探主机

轻便型深层静力触探仪所采用的 TSY 型静力触探触探主机主要技术规格和参数如表 4.3-2、表 4.3-3 所示。

表 4.3-2　轻便型触探主机规格类型

项　　目	主要技术规格
结构形式	散装形式，叉形车人力拉运
反　　力	地锚（直径 250~350 mm），下锚器液压自动下锚
下锚器	液压电动机，扭矩 2.8 kN·m 转速 10~18 r/min（可调）
卡杆形式	插板式
油缸行程	600 mm
工作油液	46#液压油，冬季也可用 32#液压油
规格类型	TSY-8B、TSY-10B、TSY-15B、TSY-20B、TSY-25B
配套探头	10 cm^2 或 15 cm^2 双桥静力触探头，亦可用单桥或孔压三用探头
量测仪表	静力触探计算机（或配自动记录仪，数字测力仪等）
探　　杆	可用 ϕ28、ϕ36、ϕ40、ϕ42 高强度合金无缝钢管

表 4.3-3　TSY 型静力触探机规格类型

规　格	TSY-8B	TSY-10B	TSY-15B	TSY-20B	TSY-25B
额定贯入力/kN	80	100	150	200	250
起拔力/kN	100	130	180	240	280
贯入速度/（m/min）	1.2	1.2	1.2	1.2	1.2
起拔速度/（m/min）　慢速	1.03	1.03	0.92	0.92	0.92
快速	2.06	2.06	1.84	1.84	1.84
系统油压/MPa	8	9	10	9	13
工作油缸　缸径/mm	63	100	110	125	125
活塞杆径/mm	35	50	50	60	60
油箱容/L	70	80	90	100	100
动　力　柴油机	190 型	195 型	1100 型	1105 型	1110 型

动力车和贯入车的外形结构如图 4.3-4、图 4.3-5 所示。

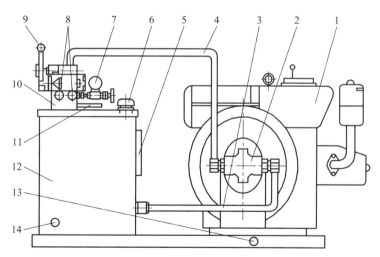

1—柴油机；2—齿轮油泵；3—泵进油软管；4—泵出油软管；5—液位液温计；
6—空气滤清器；7—压力表；8—快速接头接口座；9—手动换向阀手柄；
10—组合阀座；11—油箱回油接头；12—油箱；
13—叉形车挡柱；14—放油口。

图 4.3-4　动力车外形结构

107

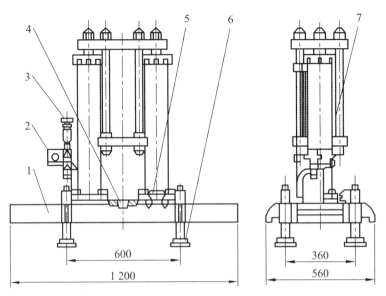

1—机座梁；2—差动油路换向阀开关；3—差动油路高低压开关；
4—导正瓦；5—水泡调平器；6—支承脚；
7—快速接头接座。

图 4.3-5　贯入车外形结构（单位：mm）

该触探主机具有如下特点：

（1）各构件结构紧凑、体积小、重量轻，可分别用叉形车拉运，能在 0.9 m 宽的窄道中自由通过，基本不受工作场地的限制。

（2）采用插板式卡杆，免除了卡不紧、打滑的现象。

（3）采用多路阀（含换向、节流、溢流），可灵活地控制油压与流量，操作十分简便，且易于更换。

（4）设置了差动油路，能实现快速回升与快速拔杆。

（5）右油缸旁设置了双回油系统，能节省人力和便捷操作。

（6）贯入车机座装有水泡调平器、支承调节杆、导正瓦等，利于机身调平、探杆贯入导向垂直。

（7）贯入车上部能装置十字板扭力箱总承，车架底孔能插入波速探头、孔压静力触探头、扁铲及十字板头等，可进行静力触探、孔压静力触探、十字板剪切、压入式波速及扁铲侧胀等试验，可实现一机多用。

3．护　　管

在深度过深或上部存在软层时，若仍按传统静力触探测试流程，探杆将出现弯曲失稳甚至折断的风险。为加强探杆稳定性、减小探杆摩阻力，我们提出了护管辅助方案，在车载型、轻便型触探主机上进行了多次试验，成功解决了上述难题。图 4.3-6 为护管及护管靴。护管靴的特殊结构，一方面可以减小下入阻力；一方面可以向上排水，防止润滑剂因上部堵塞而排水不畅。图 4.3-7 所示为护管与内部探杆、探头的结构关系。图 4.3-8 是现场操作人员下入护管，并安装卡板，利用触探机将护管压入地下。

图 4.3-6　护管及护管靴

图 4.3-7　护管与探杆安装

图 4.3-8　下入护管

4．反力装置

在静力触探中，探头被压入地层时，需要有足够的反力来稳定触探设备。反力装置的作用是固定触探主机，提供探头在贯入过程中所需反力。中国铁设研发的轻便型静力触探仪采用外挂地锚和配重作为反力装置。

1）地锚装置

地锚机为 QJM 型液压电动机，电动机上焊有 4 个接头，可接 4 个加力杆，用于人抬，可随意移动。地锚机将地锚旋入地层中，固定触探设备，在进行触探时提供反力，克服探头及探杆与土体的摩擦力，如图 4.3-9 所示。

图 4.3-9 增加地锚后布局

选用 QJM 型液压电动机与油泵、阀及液压组件组成液压传动装置作为地锚机的动力，该电动机排量为 315 mL/r，压力为 10 MPa，转速为 10~250 r/min。电动机最大输出转矩为 376 N·m。下锚螺杆的下锚速度不能过高，转速须小于 8 r/min，最大转矩为 3 800 N·m。

当地锚液压电动机工作需要供油时，启动地锚液压电动机油源的"地锚开"按钮。通过操作手动换向阀就可以使地锚液压电动机正反转运转，完成地锚的打入和收起。地锚操作结束后要及时启动"地锚停"按钮，结束地锚电动机操作。

2）配重装置

对于下地锚困难、不宜下地锚或者地锚反力不足等情况，采用吊载配重方法，可制作一些便于装卸及吊挂的铁块，随触探设备一起运往工作场地，随时准备吊载，解决触探设备的反力不足问题。

5. 探杆防溜器

静力触探在起拔探杆卸杆的过程中，当探杆的自重大于探杆与地层之间的摩擦力时，探杆会掉落于触探孔内，即发生溜杆事故。此外，采用深层静力触探新工艺后，由于给水润滑，更大大增加了发生溜杆事故的概率。然而，轻便型深层静力触探设备不具有液压夹瓦，针对此问题，中国铁设研究发明了静力触探自动防溜杆器。

该探杆防溜器由两部分组成，倒锥台形外套和两片式的带钢珠滑道的倒锥台形内套。其结构设计和实物分别如图 4.3-10、图 4.3-11 所示。

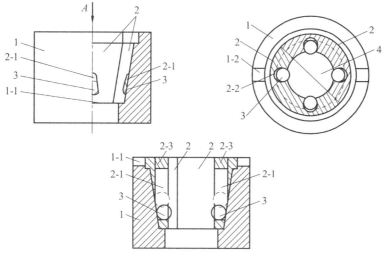

1—外套；1-1—凸台；1-2—抠取槽；2—卡瓦；2-1—钢珠斜向滚动通道；
2-2—钢珠垂直滚动通道；2-3—封堵；3—钢珠；4—中心孔。

图 4.3-10　探杆防溜器结构

图 4.3-11　探杆防溜器实物图

在触探终孔提杆卸杆时，将该探杆防溜器的内套从外套中取出，将外套穿过探杆置于孔口地面上，再将两片内套包裹探杆置于外套中。当向上起拔探杆时，内套中的钢珠受力随探杆一起向上运动，进入空间较大的滑道中，与探杆分离，探杆可以毫无阻碍地被向上提起；当停止操作放下探杆时，探杆在自重的作用下会向下运动，此时钢球也在重力的作用下向下滚动，将会与探杆在内套下部较狭窄的空间相互作用，便将探杆卡住，使其不能继续向下运动至坠落孔底，实现了对探杆的自动卡置功能。

6. 探杆导向套

静力触探测试时，为防止探杆受力弯曲，保证探杆顺直，一般在上、下压板及底板的过孔中放入两半瓦状的探杆导向套，导向套与探杆接触并滑配合。目前，常规静力触探机所配的探杆导向套在触探或起拔探杆时，由于探杆与导向套相互摩擦或在与探杆粘连的基土作用下，导向套或其中一半瓦易从探杆过孔中脱出，造成探杆偏斜。为此，中国铁设发明了一种防脱落的轻便型深层静力触探仪探杆导向套（图 4.3-12）。

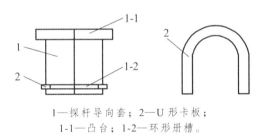

1—探杆导向套；2—U 形卡板；
1-1—凸台；1-2—环形册槽。

图 4.3-12　探杆导向套结构

轻便型深层静力触探仪探杆导向套包括构成探杆导向套的两半瓦和 U 形卡板，其特点是：由两半瓦对接构成的探杆导向套其底端部设有环形凹槽，环形凹槽中设有 U 形卡板，U 形卡板的 U 形开槽的内侧边和槽底与探杆导向套的环形凹槽插入接合。导向套的环形凹槽及其环形凹槽中的 U 形卡板，可以避免起拔探杆时附加于探杆的装置直接碰撞探杆导向套，解决探杆在触探或起拔时探杆导向套或其中一半瓦从静力触探机上、下压板和底板的探杆过孔中脱出的弊端，如图 4.3-13 所示。

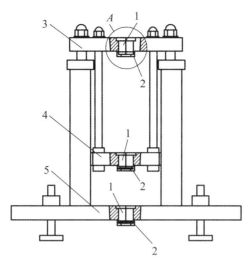

1—探杆导向套；2—U 形卡板；3—上压板；
4—下压板；5—底板。

图 4.3-13　探杆导向套与触探设备

4.3.2　给水系统

给水系统的作用是抽送冲洗液冲洗触探孔，给孔壁润滑，减小探杆与孔壁之间的摩擦力，加深触探深度。另外，它还为水冲静压下护管新工艺提供冲洗液，辅助护管下入到指定设计深度。

车载型触探主机配套使用 BWF160/10E 型泥浆泵和 INM05-60ID31 型液压电动机。在触探深孔时，为了保持泵量及压力，采用 BWF160/10E 型泥浆泵。该泥浆泵为卧式三缸往返单作用活塞泵，具有 4 种流量和 4 种压力，主要用于注浆、钻探等配套用泵。它采用液压电动机驱动，与同规格泵相比具有运转平稳、流量变化范围广、输出压力高、易损件寿命长、性能稳定等特点。其主要技术参数如表 4.3-4 所示，实物如图 4.3-14 所示。

液压电动机采用 INM05-60ID31，排量为 59 mL/r，额定压力为 25 MPa，额定转速为 700 r/min。通过调整泥浆泵油路中的叠加节流阀，可使泥浆泵的液压电动机转速满足≤600 r/min 要求。

轻便型深层静力触探仪采用无缆测试技术，在 TSY 型双缸液压静力触探机基础上，通过选择专用探头和探杆，设置扩孔器及出水口，研发轻便型深层静力触探注入润滑剂、起下护管的设备和工艺，增设

表 4.3-4　卧式三缸往返单作用活塞泵主要技术参数

指　标	技术参数			
行程/mm	70			
活塞直径/mm	$\phi 70$			
泵速/min^{-1}	200	132	83	55
流量/（L/min）	160	107	67	44
压力/MPa	2.5	4.0	6.5	10
输入扭矩/（N·m）	150			
输入转速/（r/min）	610			

图 4.3-14　泥浆泵

反力装置、探杆防溜器等措施，实现了深层静力触探测试。经生产实践检验，在天津地区最大静力触探深度达 64 m，满足了大部分基础勘探测试深度要求。

轻便型深层静力触探仪采用 BW-160 型泥浆泵（图 4.3-15）。该泵为卧式单缸双作用往复活塞式泵，采用曲轴连杆机构，主要传动系统为封闭状态，润滑良好，耐用度高，吸、排水阀采用球阀形式，阀的开启与关闭可靠，且耐用。该泵具有排量大、压力适中、结构简单、便于维护、体积小和重量轻等特点，可以泵送含砂量小于 5% 的泥浆或对金属和橡胶件无腐蚀作用的其他液体。其主要技术参数如表 4.3-5 所示。

图 4.3-15　轻便型深层静力触探仪泥浆泵

表 4.3-5　BW-160 型泥浆泵主要技术参数

指　　标	技术参数
水泵类型	卧式
缸套直径/mm	95
行程/mm	85
往复次数/（次/min）	165
排水量/（L/min）	160
工作压力/MPa	1.3
传动轴转速/（r/min）	951
三角皮带轮节径/mm	270
三角皮带轮类型及槽数	B 型×3 槽
吸水管直径/mm	$\phi45$
排水管直径/mm	$\phi38$
外形尺寸（长×宽×高）/mm	1 110×725×965
质量（包括动力机）/kg	190
柴油机 R180	功率 5.67 kW，转速 2 600 r/min

4.3.3 测试系统

1. 常用探头规格

目前，工程勘察中常用的静力触探探头有两种，分别是单桥探头和双桥探头[13]。单桥探头能测定土的比贯入阻力 p_s，双桥探头可测定土的端阻 q_c 和侧阻 f_s。单桥探头在我国拥有长期的经验积累和较大范围的工程应用，探头坚固耐用、稳定性好，但与国际上常用的双桥探头有较大差异，导致单桥探头在使用区域、工程项目上逐步减少。双桥探头将端阻和侧阻分开，很好地模拟了桩基础的受力状态，被广大技术人员所认可和推荐，使用范围越来越广。

单桥探头（图 4.3-16）的规格及其更新标准应符合表 4.3-6 的要求。

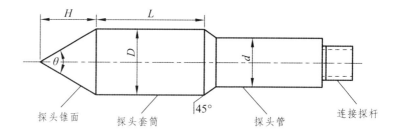

图 4.3-16　单桥探头外形

表 4.3-6　单桥探头规格及其更新标准

探头断面积 A /cm²	锥角 θ/(°)	探头直径		有效侧壁长		探头管直径 d/mm	更新标准		
		公称直径 D/mm	公差 /mm	公称长度 L/mm	公差 /mm		锥头直径 D/mm	锥高 H/mm	外形
10		35.7	+0.180	57	±0.28	$D > d \geqslant 30$	< 34.8	< 25	锥面及套筒变形明显，出现刻痕；锥尖压损；套筒活动不便
15	60±1	43.7	+0.220	70	±0.35	$D > d \geqslant 36$	< 42.6	< 31	
20		50.4	+0.250	81	±0.40	$D > d \geqslant 42$	< 49.2	< 37	

双桥探头和孔压探头（图 4.3-17）的规格及其更新标准应符合表 4.3-7 的要求。

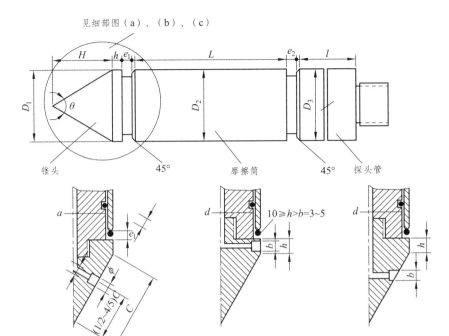

图 4.3-17 双桥探头和孔压探头形状

表 4.3-7 双桥探头和孔压探头规格及其更新标准

	锥底面积/cm²	10	15	20
锥头	锥角 θ/ (°)	60±1		
	公称直径 D_1/mm	35.7	43.7	50.4
	直径公差/mm	+ 0.18 0	+ 0.22 0	+ 0.25 0
	圆柱高度 h/mm	≤10		
	有效面积比 a	0.4±0.05		
	过滤片与土接触面积 s_1/cm²	≥1.7		
摩擦筒	公称直径 D_2/mm	35.7	43.7	50.4
	直径公差/mm	+ 0.35 + 0.20	+ 0.43 + 0.24	+ 0.50 + 0.27
	公称长度 L/mm	133.7	218.5	189.5
	长度公差/mm	+ 0.60 − 0.90	+ 0.90 − 1.10	+ 0.80 − 0.95
	有效表面积 s/cm²	150	300	300

锥头与摩擦筒间距 e_1/mm	$\leqslant 5$		
摩擦筒与探头管间距 e_2/mm	$\leqslant 3$		
孔压探头全长/mm	$h + e_1 + L + e_2 + l \geqslant 1\,000$		
探头管直径/mm	$D - 1.1 \leqslant D_3 \leqslant D - 0.3$		
更新标准	D_1/mm	< 34.8	< 42.6	< 49.2
	D_2/mm	$\leqslant 34.8$	$\leqslant 42.6$	$\leqslant 49.2$
	锥高 H/mm	< 25	< 31	< 37
	外形	锥面、套筒出现明显变形或多处刻痕; 摩擦筒活动不便; $D_2 < D_1$; 锥尖压损; 过滤片与土接触面凹于锥头表面或透水失效		

注:① $a = F_A / A$,$F_A = \pi d^2 / 4$,对孔压探头 a 值不受限制。

② e_1、e_2 为工作状态下的间距。

③ 对同一枚探头,D_2 必须大于 D_1。

2. 探头和探杆

现行规范要求,双桥标准探头底面积有 $10\ \text{cm}^2$、$15\ \text{cm}^2$、$20\ \text{cm}^2$ 三种,对应的探头直径分别为 35.7 mm、43.7 mm 和 50.4 mm。经大量试验发现,在贯入力相同的条件下,小直径探头贯入深度更大,贯入能力更强。分析原因发现,当采用小直径探头时,锥尖端面积小,在相同贯入力作用下,锥尖的破土压强更大,更易穿透土层;同时,小直径探头配套的探杆往往更细,在很大程度上减小了探杆的侧面积,这对减少贯入力在探杆侧壁的损耗是有利的,同时在一定程度上提高了分布在锥尖前端的有效贯入力。

在选定小直径双桥探头后,配合深层静力触探车或轻便型深层静力触探仪、反力配重、水冲下护管等设备工艺,经大量试验后发现,探头的量程范围成为制约触探深度的关键。目前,国内设备厂商提供的双桥探头最大量程为 30 MPa 左右,在较硬土层测试时,往往因锥尖阻力超限而终止试验,导致测试深度较浅。

为解决上述问题,大吨位高强探头成为主要研究方向。通过材质调研、结构优化、反复试验,中国铁设最终研制出最大量程为 80 MPa 的 $10\ \text{cm}^2$ 标准探头,如图 4.3-18 所示。

图 4.3-18　大吨位高强标准探头

深层静力触探探头采用大量程高强探头设计，配合无缆测试技术，可适用于较硬土层测试、实现润滑剂加注工艺等。

3．无缆测试系统

深层静力触探采用存储式无缆测试技术，详细参见本书 2.2 节，本处不再赘述。

4.3.4　标定设备

探头标定设备适用于探头的率定和检验，包括测力（压）计或力传感器和加、卸荷用的装置（标定架或压力罐）及辅助设备等。标定探头所用的测力（压）计或力传感器，其精度不得低于Ⅲ等标准测力计的精度。测力（压）计或力传感器的公称量程不宜大于探头特定荷载的两倍。

探头的标定装置（图 4.3-19）应符合下列要求：

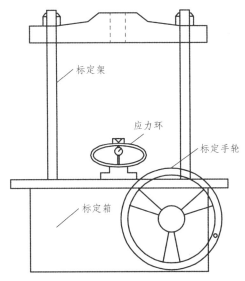

图 4.3-19　静力触探标定设备

（1）探头标定达到满量程时，标定架的各部杆件稳定；为孔压传感器标定用的压力罐，压力检测装置密封性能良好。

（2）标定装置作为力的传递机构，其力的传感误差应小于 0.5%。

（3）在工作状态下，标定架的压力作用线应与被标定的探头同轴，其同轴度公差为 Φ0.5。

4.4 工艺及试验研究

4.4.1 传感器标定

深层静力触探传感器的标定就是对压力传感器即静力触探探头的标定，应符合如下要求：

（1）未经标定的探头，严禁在生产中使用，且不得事后补做标定。

（2）探头标定系数的有效期不得大于 3 个月。若使用中发现触探数据异常，应及时重新标定。在重要工程使用过程中，尚应进行检验性标定。

（3）探头标定时，应连同实际使用的仪器、电缆一道参加标定。同型号的仪器、电缆经检验确认互换后不致引起探头该标定参数的变量大于 1% 时，可以调换使用。

（4）探头标定时的最大加载量应根据探头的额定荷载确定。新组装的探头，在正式标定前，应进行 3~5 次满负荷加载和卸载。

1. 探头标定方法

探头的标定方法按供桥电压对仪表、探头的输入和输出关系，分为下列两种：① 固定桥压法：固定仪器的供桥电压，标定施加于探头的荷载与仪表输出值之间的对应关系。此方法适用于电阻应变仪、数字显示仪及带电压表的自记式仪器。② 固定系数法：根据仪器性能和使用要求，先令定探头的标定系数为某一整数值（称令定系数），标定探头在施加令定系数对应的荷载时，仪器所需要的供桥电压值。此方法适用于桥压连续可调的自记式仪器。

（1）用固定桥压法标定探头时，应符合下列要求：

① 在固定的供桥电压下，对探头加荷和卸荷应逐级进行。每级荷

载增量可取探头最大加载量的 1/10～1/7；但在第一级荷载区间内，宜进一步细分成三级。

② 每级加荷或卸荷均应记录仪表输出值。

③ 每次标定，其加、卸荷不得少于 3 个循环。对于顶柱式传感器或传感器与传力垫可以相对转动的探头，每加、卸荷一个循环后，应转动顶柱或传力垫 90°～120°，再进入下一个加、卸荷循环过程。

（2）用固定系数法标定探头，应按下列步骤进行：

① 按下式计算记录纸中点荷载：

$$P_\mathrm{m} = \frac{1}{2} KAL$$

式中：P_m——笔尖自记录纸零位线到中位线所需的荷载（即中点荷载，kN）。

K——探头的令定系数（kPa/分度值）；

A——探头的工作面积（cm^2）；

L——记录纸的有效宽度（分度值）。

② 在 2～8 V 范围内先输入一个假定桥压，施加荷载为 P_m，调整桥压使笔尖对准中位线，然后卸荷，转动调零旋钮使笔尖对准零位线。复加 P_m，重复上述操作过程，直至探头在空载和中点荷载两种状态下，笔尖能移到指零和对中为止。此时的供桥电压值，即为在该令定系数下的标定桥压。

③ 在标定桥压下，以 $P_\mathrm{m}/5$ 为一级，逐级对探头加荷，直至纸带满幅荷载（$2P_\mathrm{m}$）。然后逐级卸荷回零，完成一个加、卸荷循环过程。与此同时，启动走纸机构，使标定曲线成梯状，以便读取数据。

在分级加荷（或卸荷）过程中，当出现加荷（或卸荷）过量时，应将荷载回复到预定荷载的前一级荷载，再加（或卸）至预定荷载。

2．探头标定结果计算

用钢环测力式探头标定装置进行压力传感器的标定。压力传感器标定的目的是求出测量仪表读数与荷载之间的关系——标定系数，将标定系数乘以仪表读数，即可求出各贯入阻力值的大小。

按下式计算传感器的标定系数：

$$K = \sum_{i=1}^{n}(\overline{x_i}\,P_i) \bigg/ A\sum_{i=1}^{n}\overline{x_i^2}$$

式中： K ——传感器压力标定系数；

P_i ——第 i 级荷载（kN）；

A ——探头的工作面积（cm^2）；

x_i ——第 i 级荷载下，仪表的平均输出值，$\overline{x_i}=(x_i^{+}+x_i^{-})/2$；

x_i^{+} ——第 i 级荷载加上后，仪表的平均输出值；

x_i^{-} ——卸至第 i 级荷后，仪表的平均输出值。

传感器的检测误差统一采取极差值，以满量程输出值的百分数表示，如图 4.4-1。

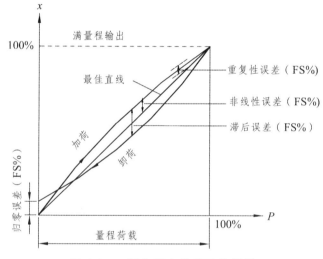

图 4.4-1　探头标定曲线及其误差

按下面公式计算传感器的各项误差：

非线性误差　　　　$\delta_1 = \dfrac{\left|x_i^{\pm}-\overline{x_i}\right|_{\max}}{FS}\times 100\%$

重复性误差　　　　$\delta_r = \dfrac{(\Delta x_i^{\pm})_{\max}}{FS}\times 100\%$

滞后误差　　　　　$\delta_s = \dfrac{\left|x_i^{+}-x_i^{-}\right|_{\max}}{FS}\times 100\%$

归零误差 $\qquad \delta_0 = \dfrac{|x_0|}{FS} \times 100\%$

式中： $x_i^{\pm}$ ——加荷（或卸荷）至第 i 级荷载时仪表的平均输出值；

$\qquad \Delta x_i^{\pm}$ ——重复加荷（或卸荷）至第 i 级荷载时仪表输出值的极差；

$\qquad x_0$ ——卸荷归零时仪表的平均不归零值；

$\qquad FS$ ——在额定荷载下仪表的满量程输出值；

其他符号意义同前。

当传感器的检测总误差不大于 3%FS，其中非线性误差、重复性误差、滞后误差、归零误差小于 1%FS 时，即认为该传感器符合精度要求。

探头的灵敏度可根据起始感量（ Y_0 ）按表 4.4-1 的规定标准分级；工作中应视场地地层情况和勘察要求，合理使用探头。

表 4.4-1　探头灵敏度分级

触探参数	灵敏度分级		
	Ⅰ	Ⅱ	Ⅲ
p_s 、 q_c	$\leqslant 20$	$20 < Y_0 \leqslant 50$	$50 < Y_0 \leqslant 100$
f_s	$\leqslant 1$	$1 < Y_0 \leqslant 3$	$3 < Y_0 \leqslant 5$
u_d 、 u_T	$\leqslant 2$	$2 < Y_0 \leqslant 5$	$5 < Y_0 \leqslant 10$

起始感量应按下式计算：

$$Y_0 = K \cdot \Delta x$$

式中： Y_0 ——起始感量；

$\qquad K$ ——探头的标定系数；

$\qquad \Delta x$ ——仪表的有效（最小）分度值。

当计算出的 Y_0 超过表 4.4-1 规定的数值时，应提高供桥电压或换用薄壁传感器探头，重新标定、计算。

4.4.2　现场测试

1．试验流程

深层静力触探现场测试流程可分为场地准备、无缆测试同步、下护管、触探作业、收尾工作等，如图 4.4-2 所示。

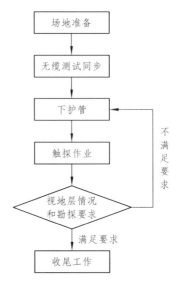

图 4.4-2　深层触探试验流程

2．试验要点

1）深层静力触探试验要点

（1）深层静力触探现场作业前应了解以下情况：

① 工程类型、名称、孔位分布和孔深要求。

② 作业区地形和交通情况。

③ 场地地层概况及勘探史（原有勘探孔位置及孔深、孔径等）。

④ 作业区地表有无杂物及地下设施（人防工程、地下电缆、管道等）以及它们的确切位置。

⑤ 作业区有无高压电线、强磁场源以及其他可能干扰测试的因素。

（2）触探孔位应避开地下电缆、管线及其他地下设施。当触探孔位附近已有其他勘探孔时，应将触探孔布置在距原勘探孔 25 倍孔径以外的范围；当进行平行试验时，要求两孔间距（中心到中心）不宜大于 3 m，并应先行触探而后进行其他勘探、试验。

（3）当拟定孔位处地面不平时，应平整场地，并使深层静力触探车（轻便型深层静力触探仪）的探杆定位圈对准孔位，打开深层静力触探车（轻便型深层静力触探仪）液压系统，进行深层静力触探车（轻便型深层静力触探仪）支腿调平。根据土层性质和预估静力触探贯入锥尖阻力，选择灵敏度合适的静力触探探头。静力触探探头在使用前，必须取得标定的数值。探头一般每三个月标定一次，当在规定期限内发现异常情况时，应重新标定。具体标定方法如 4.4.1 节所述。

（4）根据勘探深度和表层土的性质，确定下地锚或给深层静力触探车（轻便型深层静力触探仪）配重。

（5）挖好泥浆坑，注入水或泥浆，用水管连接泥浆泵的进水、出水、泄水管路，使泥浆泵的出水口和深层静力触探车（轻便型深层静力触探仪）的水龙头相连。

（6）触探作业前，在地面上将无缆静力触探杆件的地下数据存储器经其通信接口连接于地上读数仪，地上读数仪进入现场测试选项程序。现场测试程序主要检测地下数据存储器和电池组电源状态，选项程序包括输入孔号、采样间距、选择探头类型，并使无缆静力触探杆件的地下数据存储器与地上读数仪时钟同步。现场测试选项程序执行后断开地上读数仪与无缆静力触探杆件的连接，将地上读数仪与探头深度记录仪相接。

（7）通过深层静力触探车（轻便型深层静力触探仪）的探杆导向套加接探杆，探杆宜平直，丝扣完好无裂纹，5 m 探杆连接后的不直度宜小于 10 mm。开始触探时，触探机将无缆静力触探杆按一定速率匀速压入地层中（触探贯入速率应控制在 15～25 mm/s 范围内），同时地上探头深度记录仪记录静力触探头贯入深度；在探头贯入的过程中，打开泥浆泵，水或泥浆经探杆内腔从扩孔器出水孔注入无缆静力触探杆件和地层之间的间隙中，并经该间隙返回地面。

（8）触探到一定深度后，停止水或泥浆的注入，用一水堵将探杆上端内腔封堵。

（9）将深层静力触探车（轻便型深层静力触探仪）的探杆导向套换为护管导向套并置入护管，第一根护管下端沿口带有切削齿，护管套装于已触探地层的探杆外侧，深层静力触探车（轻便型深层静力触探仪）的动力头带动依次连接的护管向下旋转贯入，护管旋转贯入的同时打开泥浆泵，水或泥浆经护管与探杆之间的间隙从第一根护管下端流出，经护管与地层之间的间隙返回地面。

（10）贯入的第一根护管下端距无缆静力触探杆件底端不小于 1 m 时停止护管的旋转贯入操作，用护管夹板夹住护管，并将地面上的多余护管卸掉。

（11）将护管导向套换为探杆导向套，加接探杆继续进行注水或泥浆的静力触探操作。

（12）如需再下护管，则拆卸护管夹板，重复以上（8）~（11）步骤。

（13）遇下列情况之一时，应停止贯入，并应在记录表上注明：

① 触探主机负荷达到其额定荷载的 120% 。

② 贯入时探杆出现明显弯曲。

③ 反力装置失效。

④ 探头负荷达到额定荷载。

⑤ 记录仪器显示异常。

（14）触探到设计深度后，停止给水或泥浆注入操作，将探杆导向套拆下，加接护管，拆下护管夹板，在液压卡具配合下，将护管逐根起拔。

（15）护管起拔完成后，在探杆提头等器具配合下将探杆逐根起拔。起拔最初几根探杆时，应注意观察、丈量探杆表面干、湿分界线距地面的深度，填入记录表的备注栏内或标注于记录纸上，并应于收工前在触探孔内丈量地下水埋藏深度。有条件时，宜于次日核查地下水位。探头拔出地面后，应对探头进行检查、清理。探杆起拔完成后，需对探杆擦洗上油。

（16）用通信电缆将无缆静力触探杆件与地上读数仪连接，将无缆静力触探杆件存储的测试数据传输到该地上读数仪，浏览测试数据及测试曲线，地上读数仪退出系统，将地上读数仪转存的测试数据上传于上位计算机进行数据后处理。

（17）用清水冲洗泥浆泵，然后拆下进出水管路。

（18）起拔深层静力触探车（轻便型深层静力触探仪）地锚、落下油缸、收起支腿，关闭深层静力触探车（轻便型深层静力触探仪）液压系统。

2）深层静力触探日常维护要求

（1）在每日开始工作之前，应首先加注润滑油，以保证各部件的正常工作，保持设备的良好工作状况。

（2）必须熟知各个操作手柄的功能及所要控制的各自回路及功能。尤其是注意触探油缸的工进、工退、浮动下降、快速提升操作。

（3）对各种调整压力的旋钮一定要知道其功能和其在系统中的最高值，不应超出设定的压力值，否则会使液压系统发生故障，甚至造成设备事故。

（4）在调试完成后，应关闭各个压力表接头开关，避免由于压力油变化造成压力表损害。

（5）如有液压系统中无压力、压力不稳定或出现异常现象，应立即停车检查，待故障排除后，方可继续操作。

（6）保持液压系统中液压油的清洁度，使用 3 000 ~ 5 000 h 后应立即更换液压油，以免损坏液压元件。液压油为 N46 耐磨液压油。当液压油消耗至油标最低位置时，应及时补油。

（7）触探车在行车时，必须关闭气动夹具的供气气路，以保证行车时刹车用气，以确保行车安全。

（8）当进行探杆旋转、提升或贯入作业时，必须将气、液夹具的 V 形夹头松开后才能使主轴的液压电动机旋转并操纵两只油缸进行提升或贯入等程序的操作。

（9）探杆在接装时必须进行浮动操作。

（10）应及时更换或补充新的齿轮润滑油。

4.4.3　干湿对比研究

在深层静力触探过程中，采用了探头上端注水润滑措施，为检验注水润滑对静力触探测试结果的影响效应，在邯黄线、天津保税区、天津空港和临港工业区等地开展了 4 组现场对比试验，以分析注水润滑与不注水情况对静力触探测试结果的影响效应。测试结果对比曲线如图 4.4-3 ~ 图 4.4-6 所示。从对比试验结果中可以看出，采用注水润滑措施对静力触探测试结果无影响。

4.4.4　最大测试深度

以无缆测试技术为基础，通过研制专用扩孔器，采用小直径探头、高强度探杆、在触探孔壁间注入润滑剂、下护管和增加系统动力等技术，既保留了传统静力触探测试方法的优点，又能够在很大程度上解决穿透硬土层的难题，使静力触探测试深度得到增加。

采用深层静力触探试验方案，经不断改进完善，在天津南港铁路实现最大测试深度 74.9 m，实现了深层静力触探目的。图 4.4-7 为天津南港铁路静力触探柱状图，测试深度为 74.9 m。从静力触探曲线形态上看，测试结果和地层有很好的对应关系。

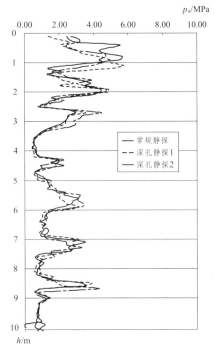

图 4.4-3　邯黄线深层静力触探干湿对比

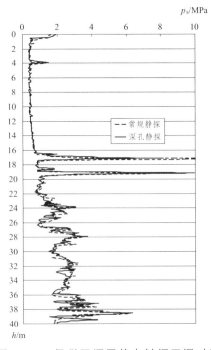

图 4.4-4　保税区深层静力触探干湿对比

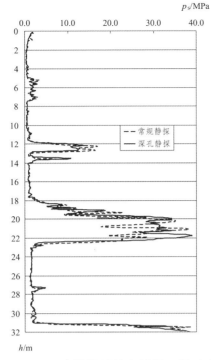

图 4.4-5　空港深层静力触探干湿对比

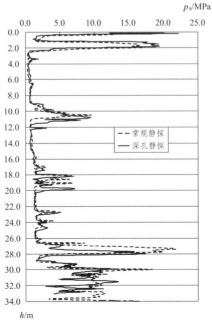

图 4.4-6　临港深层静力触探干湿对比

工程名称	新建铁路工程天津南港铁路		工程编号	×××特大桥	
钻孔编号		坐标 x=×××m	试验方法 双桥	探头编号	
孔口高程 ×××m		y=×××m	仪器型号	稳定水位	

时代成因	地层编号	层底高程/m	层底深度/m	地层名称	柱状图 1:250	锥头阻力 q_c/(0.1MPa) 234 468 702 侧壁摩阻力 f_s/kPa	摩阻比曲线 4 8	锥头阻力/MPa	侧壁摩阻力/kPa	摩阻比 F/%	承载力/kPa
Q_4^{ml}	①2	0.29	0.80	杂填土				4.73	132.11	2.79	
	③5			淤泥质粉质黏土				0.48	10.18	2.12	70
Q_4^m	③3	-6.91 / -7.61	8.00 / 8.70	粉土				1.86	60.45	3.25	120
	③5	-12.71	13.80	淤泥质粉质黏土				0.55	9.30	1.69	70
	③2	-15.41	16.50	粉质黏土				0.91	14.27	1.57	110
	④2	-17.41	18.50	粉质黏土				0.78	9.16	1.17	150
Q_4^{al}	④1	-19.71	20.80	黏土				2.57	70.39	2.74	160
	④3	-25.01	26.10	粉土				12.23	161.58	1.32	160
Q_3^{al}	⑤2	-31.91	33.00	粉质黏土				2.01	44.31	2.20	130
Q_3^m	⑥2	-37.11	38.20	粉质黏土				1.97	33.77	1.71	150
	⑦3	-40.91	42.00	粉土				13.30	244.85	1.84	200
	⑦2	-43.41	44.50	粉质黏土				3.49	147.15	4.22	180
Q_3^{al}	⑦3	-45.61	46.70	粉土				15.55	326.07	2.10	200
	⑦2	-47.71	48.80	粉质黏土				4.29	192.54	4.49	180
	⑦6	-49.91	51.00	粉砂 Ssi				26.11	396.69	1.52	200
	⑦2	-52.91	54.00	粉质黏土				5.50	174.64	3.18	180
Q_3^m	⑧2	-56.61	57.70	粉质黏土				3.33	71.09	2.13	200
	⑧3	-57.91	59.00	粉土				9.66	215.64	2.23	200
	⑨3	-60.41	61.50	粉土				8.73	206.96	2.37	220
Q_3^{al}	⑨2	-67.91	69.00	粉质黏土				3.53	87.38	2.48	200
	⑨6	-73.81	74.90	粉砂 Ssi				22.95	430.15	1.87	200

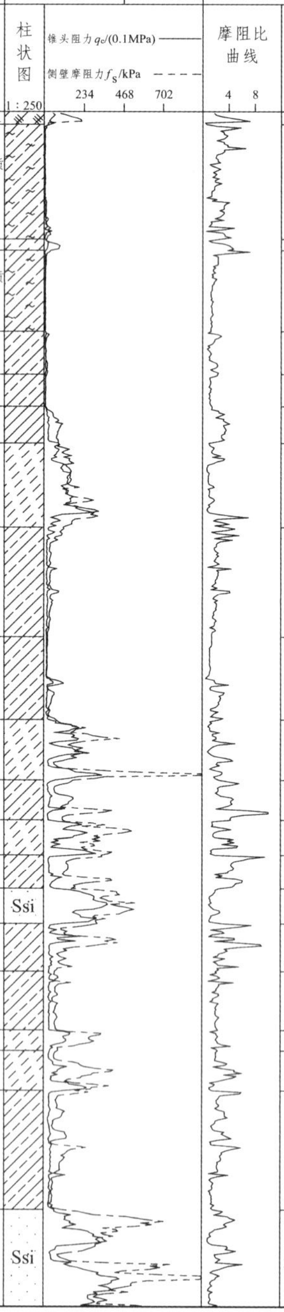

图 4.4-7　天津南港铁路静力触探地质柱状图

4.5 测试参数应用研究

在深层静力触探设备及工艺研发完成后，为解决工程化应用问题，中国铁设开展了系列的测试和对比试验工作。在京津冀地区，尤其是在天津地区开展了大量试验研究，并将所得深层静力触探试验结果与相应点位的钻孔化验资料、平板载荷试验资料、试桩资料和路基沉降观测资料等进行综合对比分析，总结出应用深层静力触探指标确定土体特殊物理力学指标、确定基床系数、确定地基基本承载力、确定钻孔灌注桩桩周土极限摩阻力和桩端土极限承载力、估算路基沉降变形等方法，所得结果为推动深层触探技术在工程勘察设计中的应用和推广奠定了重要基础。

4.5.1 土层划分与定名

1. 土层划分

（1）对每一个深层静力触探孔首先要绘制各种贯入阻力曲线图（$q_c\text{-}h$、$f_s\text{-}h$、$R_f\text{-}h$），然后根据相近的各曲线图特征图谱等（表 4.5-1），将触探孔分层，并计算每一分层参数的平均值。其计算公式可统一表示为：

$$\bar{x} = \frac{1}{n}\sum x_i$$

式中：$\bar{x}$——各触探参数每层平均值；

$\quad\quad x_i$——各层触探参数；

$\quad\quad n$——各触探参数统计数。

表 4.5-1　深层静力触探各土层曲线特征

土层名称	$q_c\text{-}h$ 曲线特征	曲线形状
淤泥和淤泥质黏性土	q_c 值极低的平缓曲线，无突变现象	
黏土及粉质黏土	q_c 值较高的平缓曲线，有缓慢的波形起伏；黏土层由于结核存在，有时呈个别突变现象；q_c 正负值差 10%～20%	

土层名称	$q_c\text{-}h$ 曲线特征	曲线形状
粉　土	曲线起伏较大（像驼背状），其波峰和波谷呈圆形（地下水位以下起伏较小），变化频率不很大，q_c 正负值差 30%～40%	
砂	曲线起伏较大，类似粉土，变化频率大，波峰和波谷呈现尖形，q_c 正负值差达 100%	
杂填土	曲线变化无规律，往往出现突变现象	
基岩风化层	曲线起伏较大，波峰和波谷呈圆形，变化频率较大	

应用上述公式求每层触探参数平均值时，应注意以下几点：

① 当分层厚度大于 1 m，且土质比较均匀时，应扣除其上部滞后深度和下部超前深度范围的触探参数值。

② 对于分层厚度不足 1 m 的均质土层，如为软层，应取其最小值为层平均值；如为硬层，应取其大值平均值（最大值上下各 20 cm 范围内的大值平均值）。

（2）工程地质分层：单独根据贯入阻力曲线或参数的分层为力学分层。但这不是目的，必须结合钻探取样资料或当地经验，进一步将力学分层变为工程地质分层，其办法如下：

① 根据贯入曲线特征和参数值大小，结合表 4.5-1 土类划分的具体标准进行下一步工程地质分层，对每层土进行定名。土层定名方法如所下节所述。

② 用临界深度概念准确确定各土层分界面：探头前后一定范围内的土层性质均对触探参数值有影响。因此，各参数是探头上下一定厚度土层的综合贯入阻力值。模型试验及实测表明，地表厚层均质土的贯入阻力自地面向下是逐渐增大的。当超过一定深度后，阻值才趋于近似常数值。这个土层表面下的"一定深度"，称为临界深度。如下层土硬，阻值随探头贯入深度增大而继续增大；如下层土软，则变小。

这一变化段称为滞后段。同样下层也有一个变化段，称为超前段。滞后段和超前段可统称为层面影响段。因此，每一层的阻值曲线都有超前段、近似常数段和滞后段。显然，近似常数段的平均阻值，才是该层土的真实阻力值。土层分界面应基本位于层面影响段（滞后段和超前段曲线）的中间位置。

经过以上两步，即可按力学分层将各触探孔连接成土层剖面。在有测试经验地区，精度很高；在无测试经验地区，或为慎重起见，应以少量钻孔取样，做室内试验进行验证。

2．土类定名标准

将深层静力触探测试所得曲线与表 4.5-1 中各类土性典型测试曲线进行对比，初判土名；之后，将测试所得各土层锥尖阻力平均值 q_c、摩阻比平均值 R_f 绘入图 4.5-1 中，进行数据辅助判别修正，以此综合判别确定土名。

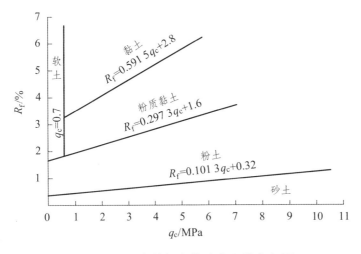

图 4.5-1　静力触探参数确定土类定名图

同一项工程或一个地貌单元有多孔深层静力触探曲线资料时，可按剖面孔位互相对照比较，将一个工程或地貌单元判别成标准剖面，以此进行土层分类定名，使土层分类定名统一。

对同一项工程，特别是新区或较大规模建筑场地，分层时应和钻探资料相互对照、相互参考，综合划分土层。

3．定名对比分析

依据触探参数判别土类是静力触探成果的重要应用，但现行规范中静力触探判别土类的标准（图 4.5-1）仍然是根据浅层静力触探成果统计结果得到的（深度范围 0～30 m，锥尖阻力范围 0～10 MPa），对深层静力触探判别土类（深度可达 70 m，锥尖阻力最大可达 70 MPa）的适用性需与土工试验结果做进一步对比分析和验证。

依托我国京雄铁路、雄商铁路、天津地铁 7 号线、天津滨海新区轨道交通 Z4 线、哈尔滨地铁、商合杭铁路、太焦铁路以及印度尼西亚雅万高铁等钻探与静力触探相结合的铁路勘察项目，中国铁设搜集了静力触探资料、钻探取样的土工试验报告，通过地层划分和土类定名对比，得到了以下成果：

（1）验证了原静力触探判别土类标准仍然具有较好的适应性，在软土、黏性土和粉土的定名上具有较好的准确度，但是在区分粉土以及砂类土时，存在粉土范围偏小的问题。

（2）统计了 169 孔-4455 组数据，得到了适用于深层静力触探土类划分的新标准，并在我国哈尔滨地铁、商合杭铁路、太焦铁路以及印度尼西亚雅万高铁项目中进行了验证。结果表明，新总结的土类划分标准在判定土类准确率方面优于现行规范。

现行规范中关于双桥静力触探划分土类的标准，使用的是中国铁路北京局集团有限公司（原北京铁路局）在北京、天津、唐山和石家庄等地区对 70 个静力触探孔及相应的钻孔资料共 270 组实验数据。规范对这些数据进行了分类整理，绘制了散点图，对 q_c、R_f、f_s 和双变量 q_c、R_f 作了多种形式的判别分析，最后推荐出了如图 4.5-1 所示的线性判别式，结果表明成功率大于 86%。同时考虑到当年静力触探孔深问题，深度普遍小于 20 m，但是目前静力触探孔深经常大于 40 m，用于桥梁勘探的设计孔深已经达到了 65 m；因此有必要对划分土类的标准重新进行验证和分析。

中国铁设通过近年来深层静力触探完成的工程项目进行触探和化验资料对比，整理完成 169 孔-4455 组数据，绘制了散点图，并依据散点分布情况，重新建立了土类界线新的判别标准（图 4.5-2）。

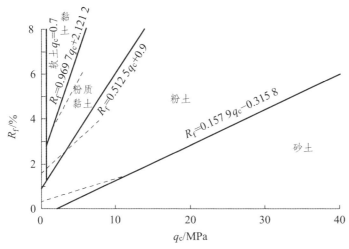

图 4.5-2　触探划分土类综合汇总统计

（--------原规范标准，——新统计归纳标准）

将原有的判别标准与最新统计结果放在同一张统计图中，比较后发现，原有的判别式与新的判别式存在一定的差异。例如：粉土和砂类土的分界线，新的界线比原来的界线靠右了，粉土的范围比原来更大。粉质黏土与粉土、黏土与粉质黏土都与原来的判别式都有一定的变化，相同点是：软土仍然主要集中在 $q_c < 0.7$ MPa 的范围内。

粉土与粉砂划分区域存在差异的可能原因是：本次统计的试验组比原规范增加了十几倍之多，而且在触探孔的深度上，差别也很大，粉土的密实度和承载力随着深度会发生变化，这就导致了粉土的分布范围随之发生变化，会与原来砂土区域有重合现象。

通过本次统计可以看出，静力触探在划分黏性土、粉土、砂类土上，分辨准确率很高，但是在区分黏性土中的黏土和粉质黏土时，会有一些偏差。究其原因，很有可能是原始的对比资料、钻探取样和室内试验的离散度比较高，存在一定的误判概率。比如，在天津地铁和北京机场地下段，布置了一定数量的取双样钻探孔，要求在同一地层连续取两个土样，一组做常规试验，一组送中心实验室做特殊试验，结果发现，在同一地层取出的两个土样，在不同的实验室做出的结果不尽相同。此外，现场取土样的质量、土样运输、土样保存、试验人员的操作等在一定程度上也影响了试验结果。

本次新判别标准的确定，试验点主要集中在华北地区。为了验证新判别式的准确率，也为了检验判别式在其他地区的适用性，我们又搜集了我国哈尔滨地铁、商合杭铁路、太焦铁路以及印度尼西亚雅万高铁项目的触探资料，确定土类后，分别进行统计，具体统计结果见表 4.5-2。结果表明，新总结的土类划分标准在判定土类准确率方面优于现行规范。

表 4.5-2　现行规范与新判别标准判断结果统计

项目名称		哈尔滨地铁	商合杭铁路	太焦铁路	雅万高铁
统 计 组 数 量		208	327	180	205
现行规范	准确数量	178	301	164	173
	准确率	85.58%	92.05%	91.11%	84.39%
新判别标准	准确数量	197	313	165	181
	准确率	94.71%	95.72%	91.67%	88.29%

4.5.2　压缩模量确定

压缩模量是评价土体压缩性的重要指标，也是基础沉降计算、隧道围岩变形计算及稳定性分析的重要参数。目前，虽然国内外已总结出许多压缩模量 E_s 与静力触探指标之间的经验公式，但现有经验公式都将压缩模量作为一定值，并未考虑应力对压缩模量的影响效应。这与实际工程中所采用的不同应力条件下的土体压缩模量存在较大差异，且我国目前所建立的压缩模量与静力触探之间的关系大多基于单桥静力触探所得比贯入阻力 p_s。近年来，深层触探技术在大量推广应用，因此，迫切需要建立符合我国区域特点、基于深层触探测试技术的不同应力条件下的土体压缩模量经验公式。

为此，中国铁设依托具体工程项目，在天津地区有针对性地开展了深层触探及其相应点位的土体固结试验，并将所得深层触探测试结果与相应点位的不同应力条件下的土体压缩模量进行了综合对比分析，初步总结出了天津地区应用深层触探测试结果确定不同应力条件下土体压缩模量的经验公式，所得成果可为相关工程提供参考并积极推动深层触探技术工程化应用进程。

1．基于触探技术的土体压缩模量理论计算公式

1）土体变形参数与触探测试指标之间回归分析的理论依据

在静力触探过程中，当施加的贯入压力未超过探头与周围土体之间的摩擦力时，探头锥尖部分与土层之间没有相对位移，$q_c = 0$，此时的"贯入量"实际上是下部未扰动的土层的压缩所导致的探头下沉量。当贯入压力继续增大而超过探头侧壁摩擦力时，开始在探头锥尖部分产生剪切变形和相对位移，从而使探头得以连续贯入。由此可见，探头的连续贯入是土的压缩变形和剪切变形双重作用的结果，每一瞬间土的压缩作用是剪切作用的开始，剪切作用又是压缩作用以另一种形式的继续。

当探头压力未能超过侧壁摩擦力时，土层主要为压缩变形，此时与"模桩"试验条件相同，传递到其下部土层中的应力分布，可视为与作用在探头（模桩）轴线上距其尖端为 z_0 处的集中荷载（贯入压力）P 所引起的应力分布，即相当于半无限体内部的集中荷载作用。采用明德林的地基内部集中力作用的三维课题的解，可找出瞬间贯入压力 P 与探头轴线上某点瞬间竖向位移 S_z 的关系：

$$S_z = \frac{P}{4\pi G(1-\nu)}\left[\frac{1-\nu}{z-c}+\frac{2(1-\nu)^2}{z+c}-\frac{cz}{(z+c)^2}\right]$$

$$= \frac{P(1+\nu)}{2\nu E_0}\left[\frac{1}{z-c}+\frac{2(1-\nu)}{z+c}-\frac{cz}{(z+c)^3(1-\nu)}\right] \tag{4.5-1}$$

且 $\qquad\qquad p < f_s F$

式中：z——集中荷载（贯入压力）作用轴线上某点的深度；

$\qquad c$——集中荷载（贯入压力）作用点的深度；

$\qquad G$——土的剪切模量，$G = E_0 / 2(1+\nu)$；

$\qquad \nu$——土的泊松比；

$\qquad E_0$——土体变形模量；

$\qquad f_s$——侧壁摩阻力；

$\qquad F$——探头摩擦筒面积。

某一瞬间探头贯入过程，可以近似地认为探头与侧壁的土层之间没有相对位移时，探头的下沉量等于其圆锥端点的竖向位移 S_{z_0}，而 $z_0 = z - c$ 则可换算：

$$z_0 = \frac{P(1+\nu)}{2\pi S_z}\left[\frac{1}{z_0} - \frac{2(1-\nu)}{2z-z_0} + \frac{z(z-z_0)}{(2z+z_0)^3(1-\nu)}\right] \tag{4.5-2}$$

各种土的弹性常数虽不相同，但它并不会改变探头侧面应力分布条件，在探头尺寸给定的条件下 z_0 值为常数，故可知静力触探锥尖阻力 q_c 与土体变形模量之间存在线性关系。

2）土体变形参数与触探测试指标之间的理论近似计算公式

Buisman（1935）研究了半球体形状的贯入器贯入土体的机理。他利用了 Boussinesq 解来确定土中应力，并假定在贯入器下只产生垂向弹性压缩。这样推得 E-q_c 关系如下式：

$$E = 1.5q_c \tag{4.5-3}$$

此公式数十年来在欧洲得到普遍采用，特别是荷兰、比利时等国家。

G. de Josselin de Jong 则研究了半球状体在半无限弹性体内部下压时下沉量 s 与球状体单位面积压力 q_c 之间关系为：

$$s = \frac{5-6\nu}{4(1-\nu)}\cdot\frac{(1+\nu)}{3E}q_c r_0 \tag{4.5-4}$$

式中：r_0——球状体半径；

E、ν——土的变形模量和泊松比。

采用式（4.5-4）来推求触探试验的 E-q_c 关系时，必须进行一次应力控制的贯入试验，以确定下沉量与贯入压力间直线段关系的极限 s 值，并应注意式（4.5-4）适合于土在贯入压力下达到完全固结状态的情况。这时，球状体的下沉量 s 可视为最终下沉量（$s = s_\infty$）。上面已提到触探等速贯入速率较高，饱水软黏土不可能产生固结。G. de Josselin de Jong 对此还推导了一个求瞬间下沉量 s_0 的公式：

$$s_0 = \frac{1+\nu}{3E}q_c r_0 \tag{4.5-5}$$

有了 s_∞ 和 s_0 可分别求得 E 值，前者适用于砂土，后者适用于饱水软黏土。

В.И.Ферронский（1969）在弹性空间内部施加力的开尔文解答的基础上也得出了球状探头压入无限弹性体的解答，当土的变形值等于探头半径时：

$$E = \frac{3\pi\alpha(1+\nu)(3-4\nu)}{32(1-\nu)}q_c \quad\quad (4.5\text{-}6)$$

式中：α——修正系数，在 1.0 ~ 2.0 间变化。

对于砂土，$\nu = 0.3$、$\alpha = 2.0$，则得砂土的 $E\text{-}q_c$ 关系近似为：

$$E \approx 2q_c \quad\quad (4.5\text{-}7)$$

Sheddon（1965）研究了锥体在土中的荷载和压入下沉量之间关系的轴对称布氏问题，得到了古典弹性理论的锥体位移理论解答。

湖北综合勘察院等 5 个单位的联合研究组和原建工部综合勘察院，也曾研究过用明德林的地基内部集中力作用下各点竖向位移的三维课题理论解来说明 $E\text{-}q_c$ 间的线性关系，但在确定圆锥端点竖向位移与压力的线性比例关系极限值时，仍需进行一次应力控制的贯入试验。

K. Sqéchy 则完全从另一条途径探求 $E\text{-}q_c$ 之间的关系。其基本原理是将圆锥贯入器比作一个特制的钻孔测压计。随着触探探头的下移，在任一水平面上，沿探头中心线上土体的孔洞半径逐渐被挤大（由 $0 \to r_0$，r_0 为圆锥半径），贯入器每下移 d_s 深度，即有厚度 d_z 的一薄土层中被挤出一个孔洞来，其半径为 r_0。应用钻孔测压计理论（一般用无限弹性体中圆孔内压膨胀的平面课题解）和贯入功与扩孔变形消耗能相等的原理求得：

$$E = 9\eta q_c \quad\quad (4.5\text{-}8)$$

式中：η——小于 1.0 的系数，称之为功能折减系数。K. Sqéchy 考虑到压入钻杆所做之功有一部分要损失在各个方面，但未作具体分析，也没有提出 η 值如何选用。从机理上分析，锥角愈小，锥体表面愈光滑，则 K. Sqéchy 的理论愈适用。对于静力触探，锥角固定为 60°，锥体周围土体运动规律与钻孔测压试验情况不一致，故 η 值一般采用较低值。

R. Haefeli 在分析桩模试验（与双桥静力触探摩擦套筒类似）时所作的 $E\text{-}q_c$ 机理理论分析，也应用了 Boussinesq 弹性理论解，不过是用假想的集中荷载来代替桩模实际上对土所产生的竖向压力，使反映在锥端平面上的竖向压力分布更接近于实际值。

上述几种理论方法，除 K. Sqéchy 理论之外，都反映了静荷载与稳定变形（或瞬间变形，如 G. de Josselin de Jong）之间的线性关系。它们一般适用于以静力触探仪作静载荷试验，根据荷载与下沉量直线段关系确定 E 值。对于等速贯入的触探过程，由于它在任何时刻都伴随着部分土体的破坏，这样就难于分解出触探贯入所做之功中，有多少部分转化为非塑性破坏性质的变形能。因此，理论推导的公式中需要加入一些经验的系数。

上述理论公式在具体应用到利用静力触探试验结果确定土体变形参数时存在两个需要解决的问题：其一，用触探仪做静荷载试验，所得的极限荷载是否与静力触探等速贯入测得的锥尖阻力 q_c 相同？或者是否两者相互成一定比例？如果回答是肯定的，那么用等速贯入测得的锥尖阻力 q_c 可以直接推算触探仪静荷载试验的变形参数 E 值。其二，触探仪静荷载试验中荷载与下沉量关系曲线的直线段切线坡角是否与 q_c 值成比例？或者其间有固定的函数关系？如果回答是肯定的，那么 E-q_c 间线性关系也就成立。

从一些现场桩荷载试验或桩模在钻孔底部的静荷载试验结果来看，第一个问题的回答是肯定的。W. G. Hodges 和 S. Pink 在 Portsmouth（朴次茅斯）地区强风化的石膏土中进行压入桩试验的资料表明：连续压入试验所得端阻力变化曲线和桩静荷载试验所得极限端阻力之间基本上成一个固定的比例关系，后者为前者的 80%。

至于第二个问题，从目前土力学发展趋势看，在土的强度试验过程中普遍对应力-应变特性曲线与强度特征两者之间的内在联系引起了注意。普遍认为黏土无侧限压缩试验中的初始切线模量与无侧限压缩强度是一个近似于线性的关系。某种土的三轴不排水剪的初始切线模量与其不排水剪强度，成固定函数关系。这种关系的存在进一步肯定回答了第二个问题。

2. 基于深层静力触探的不同应力条件土体压缩模量确定方法研究

为了探求各土性不同应力条件土体压缩模量 E_s 与静力触探测试指标之间的相关关系，中国铁设依托具体工程项目，在天津地区有针对性地开展深层静力触探及其相应点位的土体固结试验，共整理出天津地区粉土、粉质黏土、黏土及淤泥质土 4 种土性共计 2017 组试验数据，据此分析静力触探试验结果与土体压缩模量相关性，并建立各土性不同应力条件土体压缩模量与静力触探测试指标之间的经验公式。

1）试验方法及数据筛选原则

静力触探采用锥底截面积为 $10\ cm^2$ 的标准双桥静力触探探头，采用深度信号控制器记录触探深度并测记锥尖阻力 q_c 与侧壁摩阻力 f_s。试验过程中，以 20 mm/s 将探头匀速压入地层中，每隔 10 cm 测记 q_c 和 f_s 值。静力触探试验严格按照《铁路工程地质原位测试规程》（TB 10018—2018）执行。

为了保证压缩模量 E_s 与静力触探测试指标之间具有可比性，在静力触探孔附近布置原状土取样孔，并使取样点和测点深度相近。同时，为了保证原状试样和室内土工试验的质量，对原状土取样和室内土工试验严格按照现行《建筑工程地质勘探与取样技术规程》（JGJ/T87）和《铁路工程土工试验规程》（TB 10102）执行。

为了保证分析结果的合理性及准确性，在对原始数据进行选取时，当原位测试曲线不稳定，且局部呈较大突变时，考虑为夹层影响，该组数据予以剔除。在选取静力触探测试指标与室内试验结果进行对比分析时，静力触探测试指标取以原状土体取样深度为中心，30 cm 长度的测点的平均值，即 3 个测点的平均值。

2）不同应力条件土体压缩模量与静力触探测试指标相关性分析

整理天津地区各土性静力触探试验结果与相应点位的室内固结试验资料，经综合对比分析，发现各土性不同压力段土体压缩模量 E_s 与静力触探锥尖阻力 q_c 之间具有较好的线性相关性。

各土性不同压力段土体压缩模量 E_s 与静力触探锥尖阻力 q_c 关系如图 4.5-3 ~ 图 4.5-6 所示，对于粉土、粉质黏土、黏土和淤泥质土分别有 416 组、459 组、420 组和 722 组数据参与统计分析。基于静力触探的各土性不同压力段土体压缩模量经验公式及相应的 95% 概率置信区间如表 4.5-3 所示。

从图 4.5-3 ~ 图 4.5-6 中可以看出，对于粉土、粉质黏土及黏土，随着静力触探锥尖阻力 q_c 增大，土体压缩模量 E_s 均呈现出逐渐增大的趋势；且压力段越大，土体压缩模量 E_s 随静力触探锥尖阻力 q_c 增大效应越显著，即压力段越大，土体压缩模量 E_s 与锥尖阻力 q_c 之间回归曲线斜率越大。对于淤泥质土，随着静力触探锥尖阻力 q_c 增大，土体压缩模量 E_s 也呈现出逐渐增大的趋势，但土体压缩模量 E_s 随静力触探锥

尖阻力 q_c 变化效应并不显著，即各压力段土体压缩模量 E_s 与锥尖阻力 q_c 之间回归曲线斜率均较小。

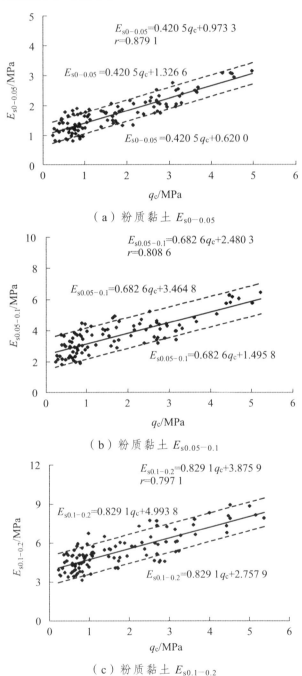

（a）粉质黏土 $E_{s0-0.05}$

（b）粉质黏土 $E_{s0.05-0.1}$

（c）粉质黏土 $E_{s0.1-0.2}$

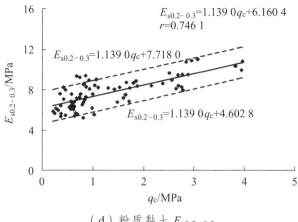

（d）粉质黏土 $E_{s0.2-0.3}$

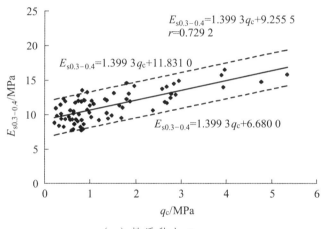

（e）粉质黏土 $E_{s0.3-0.4}$

图 4.5-3　粉质黏土压缩模量 E_s 与锥尖阻力 q_c 回归关系

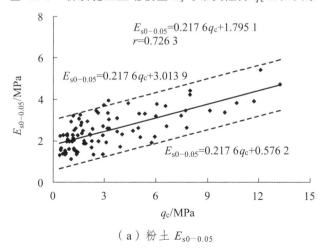

（a）粉土 $E_{s0-0.05}$

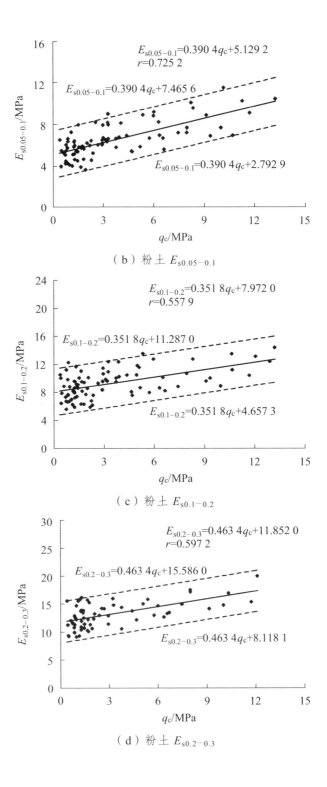

（b）粉土 $E_{s0.05-0.1}$

（c）粉土 $E_{s0.1-0.2}$

（d）粉土 $E_{s0.2-0.3}$

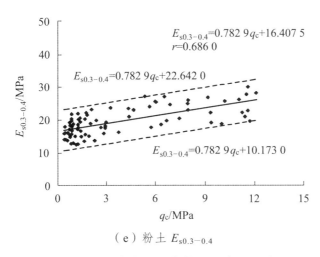

（e）粉土 $E_{s0.3-0.4}$

图 4.5-4　粉土压缩模量 E_s 与锥尖阻力 q_c 回归关系

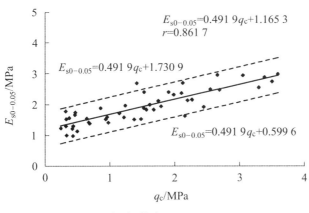

（a）黏土 $E_{s0-0.05}$

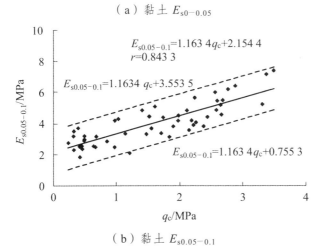

（b）黏土 $E_{s0.05-0.1}$

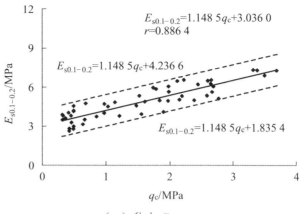

（c）黏土 $E_{s0.1-0.2}$

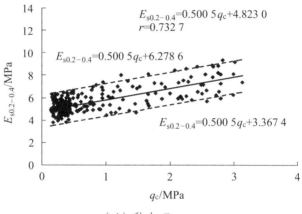

（d）黏土 $E_{s0.2-0.4}$

图 4.5-5　黏土压缩模量 E_s 与锥尖阻力 q_c 回归关系

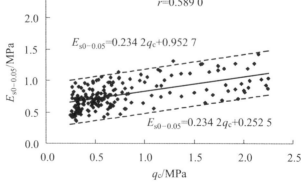

（a）淤泥质土 $E_{s0-0.05}$

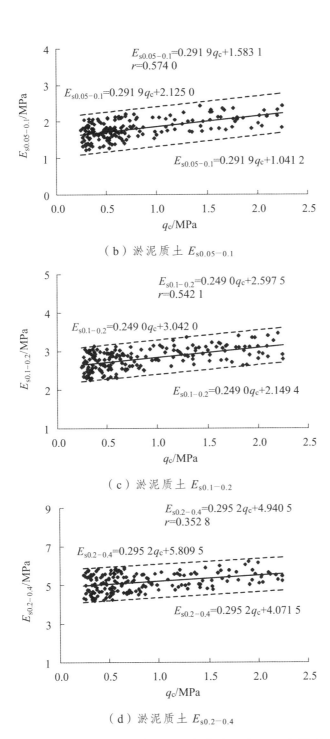

（b）淤泥质土 $E_{s0.05-0.1}$

（c）淤泥质土 $E_{s0.1-0.2}$

（d）淤泥质土 $E_{s0.2-0.4}$

图 4.5-6　淤泥质土压缩模量 E_s 与锥尖阻力 q_c 回归关系

表 4.5-3　基于静力触探的不同压力段土体压缩模量经验公式及其概率置信区间

土性	压缩模量 E_s/MPa	回归公式	q_c 值域/MPa	相关系数	95% 概率置信区间	
					上　限	下　限
粉质黏土	$E_{s0-0.05}$	$E_{s0-0.05}=0.420\,5q_c+0.973\,3$	$0.23\sim4.95$	0.879 1	$E_{s0-0.05}=0.420\,5q_c+1.326\,6$	$E_{s0-0.05}=0.420\,5q_c+0.620\,0$
	$E_{s0.05-0.1}$	$E_{s0.05-0.1}=0.682\,6q_c+2.480\,3$	$0.23\sim5.21$	0.808 6	$E_{s0.05-0.1}=0.682\,6q_c+3.464\,8$	$E_{s0.05-0.1}=0.682\,6q_c+1.495\,8$
	$E_{s0.1-0.2}$	$E_{s0.1-0.2}=0.829\,1q_c+3.875\,9$	$0.23\sim5.37$	0.797 1	$E_{s0.1-0.2}=0.829\,1q_c+4.993\,8$	$E_{s0.1-0.2}=0.829\,1q_c+2.757\,9$
	$E_{s0.2-0.3}$	$E_{s0.2-0.3}=1.139\,0q_c+6.160\,4$	$0.23\sim3.97$	0.746 1	$E_{s0.2-0.3}=1.139\,0q_c+7.718\,0$	$E_{s0.2-0.3}=1.139\,0q_c+4.602\,8$
	$E_{s0.3-0.4}$	$E_{s0.3-0.4}=1.399\,3q_c+9.255\,5$	$0.23\sim5.35$	0.729 2	$E_{s0.3-0.4}=1.399\,3q_c+11.831\,0$	$E_{s0.3-0.4}=1.399\,3q_c+6.680\,0$
粉土	$E_{s0-0.05}$	$E_{s0-0.05}=0.217\,6q_c+1.795\,1$	$0.39\sim13.23$	0.726 3	$E_{s0-0.05}=0.217\,6q_c+3.013\,9$	$E_{s0-0.05}=0.217\,6q_c+0.576\,2$
	$E_{s0.05-0.1}$	$E_{s0.05-0.1}=0.390\,4q_c+5.129\,2$	$0.38\sim13.23$	0.725 2	$E_{s0.05-0.1}=0.390\,4q_c+7.465\,6$	$E_{s0.05-0.1}=0.390\,4q_c+2.792\,9$
	$E_{s0.1-0.2}$	$E_{s0.1-0.2}=0.351\,8q_c+7.972\,0$	$0.38\sim13.23$	0.557 9	$E_{s0.1-0.2}=0.351\,8q_c+11.287\,0$	$E_{s0.1-0.2}=0.351\,8q_c+4.657\,3$
	$E_{s0.2-0.3}$	$E_{s0.2-0.3}=0.463\,4q_c+11.852$	$0.38\sim12.09$	0.597 2	$E_{s0.2-0.3}=0.463\,4q_c+15.586\,0$	$E_{s0.2-0.3}=0.463\,4q_c+8.118\,1$
	$E_{s0.3-0.4}$	$E_{s0.3-0.4}=0.782\,9q_c+16.408$	$0.38\sim12.09$	0.686 0	$E_{s0.3-0.4}=0.782\,9q_c+22.642$	$E_{s0.3-0.4}=0.782\,9q_c+10.173$
黏土	$E_{s0-0.05}$	$E_{s0-0.05}=0.491\,9q_c+1.165\,3$	$0.24\sim3.59$	0.861 7	$E_{s0-0.05}=0.491\,9q_c+1.730\,9$	$E_{s0-0.05}=0.491\,9q_c+0.599\,6$
	$E_{s0.05-0.1}$	$E_{s0.05-0.1}=1.163\,4q_c+2.154\,4$	$0.24\sim3.50$	0.843 3	$E_{s0.05-0.1}=1.163\,4q_c+3.553\,5$	$E_{s0.05-0.1}=1.163\,4q_c+0.755\,3$
	$E_{s0.1-0.2}$	$E_{s0.1-0.2}=1.148\,5q_c+3.036\,0$	$0.32\sim3.69$	0.886 4	$E_{s0.1-0.2}=1.148\,5q_c+4.236\,6$	$E_{s0.1-0.2}=1.148\,5q_c+1.835\,4$
	$E_{s0.2-0.4}$	$E_{s0.2-0.4}=0.500\,5q_c+4.823\,0$	$0.28\sim6.26$	0.732 7	$E_{s0.2-0.4}=0.500\,5q_c+6.278\,6$	$E_{s0.2-0.4}=0.500\,5q_c+3.367\,4$
淤泥质土	$E_{s0-0.05}$	$E_{s0-0.05}=0.234\,2q_c+0.602\,6$	$0.24\sim2.25$	0.589 0	$E_{s0-0.05}=0.234\,2q_c+0.952\,7$	$E_{s0-0.05}=0.234\,2q_c+0.252\,5$
	$E_{s0.05-0.1}$	$E_{s0.05-0.1}=0.291\,9q_c+1.583\,1$	$0.24\sim2.25$	0.574 0	$E_{s0.05-0.1}=0.291\,9q_c+2.125\,0$	$E_{s0.05-0.1}=0.291\,9q_c+1.041\,2$
	$E_{s0.1-0.2}$	$E_{s0.1-0.2}=0.249\,0q_c+2.597\,5$	$0.24\sim2.25$	0.542 1	$E_{s0.1-0.2}=0.249\,0q_c+3.042\,0$	$E_{s0.1-0.2}=0.249\,0q_c+2.149\,4$
	$E_{s0.2-0.4}$	$E_{s0.2-0.4}=0.295\,2q_c+4.940\,5$	$0.24\sim2.25$	0.352 8	$E_{s0.2-0.4}=0.295\,2q_c+5.809\,5$	$E_{s0.2-0.4}=0.295\,2q_c+4.071\,5$

4.5.3　基床系数确定

在土木工程建设中，建立基础与地基之间的作用模型至关重要，选择的模型要尽量反映地基、基础的物理力学性质及上部结构、基础、地基之间的共同作用，体现地基与基础的沉降以及地基反力和沉降之间的关系。1867 年，捷克工程师 E. Winkler 在研究铁路路基上部结构时提出了弹性地基的假设：地基上任意一点所受的压力强度 P 与该点的地基沉降量成正比，即 Winkler 地基模型：

$$P = Ks$$

式中：P 为地基土所受的压应力（MPa）；s 为地基沉降量（m）；K 为弹性抗力系数或地基反力系数，简称基床系数（MPa/m）。在 Winkler 地基模型应用中，基床系数 K 的选取，具有非常重要的意义。

1．影响地基土基床系数的因素

基床系数的大小除与土体的类别、物理力学性质、结构物基础部分的形状、大小、刚度、位移有关以外，还和埋深、应力水平、应力状态、地下水、时间效应等因素有关，这些因素共同决定了基床系数是一个不容易确定的指标。这就要求对影响基床系数 K 值的主要因素有个较全面的了解，才能制定出反映工程实际的测试方法，才能确定符合实际的地基土基床系数。下面就基床系数的主要影响因素进行讨论。

1）土性的影响

土的类别、含水量、稠度状态、密实程度是土体本身对压缩变形影响最大的因素。对于细粒土来说，一方面，含水量小，可以被排出的水的体积就小，压缩性就小；另一方面，含水量小，细粒土稠度增加，抵抗变形的能力增加，基床系数相应增加。对粗粒土来说，含水量小，密实程度高，土颗粒之间的可压缩的孔隙小，在外力的作用下排出的液体、气体相对较少，所以随粗粒土的密实程度越高，基床系数就越大。因此，细粒土与粗粒土之间所表现的特性有显著的差异性，细粒土稠度增加，粗粒土密实程度的提高都会使基床系数增加。

2）时间效应的影响

在实际工程中，基床系数在确定后就一直把它作为一个固定不变的值处理。而软塑、流塑的黏性土具有很明显的流变性，所以在土的本构关系中，不仅仅是应力、应变两者的关系，而是应力、应变、时间三者的关系，即土不仅应该作为弹性体来研究，同时也应该作为黏弹性体来研究。但是由于土层的分层性及各向非均质性，不同的开挖施工顺序和土体暴露时间引起的土体流变系数难以确定。可以采用弹性理论，通过改变基床系数的值来模拟不同时刻的挡土结构的实测位移，得到基床系数与时间的关系，即基床系数的时间效应。

3）地下水的影响

地下水的存在对基床系数的影响十分明显：（1）从微观的、土的机理角度看，地下水对土的强度参数有弱化作用，水和土之间的相互作用削弱了颗粒之间的连接，从而增加了土的压缩性，基床系数减小。（2）从宏观的、土与结构物的相互作用的角度看，地下水和土共同对结构物产生直接的力学作用。在计算挡土结构物的荷载时，除了土压力以外，还必须考虑地下水位以下的水压力，水压力加大了结构物在土体中发生位移的束缚。所以从这一点来看，地下水对基床系数有正面的影响，影响程度随着地下水的排泄、补给量的变化、施工降水的速度和施工方法的变化而变化。

4）基础尺寸的影响

基床系数与基础尺寸密切相关，基础尺寸越大，基床系数就相应减小。有关试验研究表明，因土的复杂性，土体的变形量与基础尺寸并不完全是呈线性关系变化，即基床系数与基础尺寸的关系不一定是线性关系。Terzaghi 和 Peck 曾经在砂土和黏性土中用不同宽度的载荷板进行试验，得出了砂土的变形与基础宽度的非线性关系：

$$\frac{s}{s_1} = \frac{4B^2}{(B+0.305)^2}$$

对黏性土，变形与基础宽度基本上呈线性关系：

$$\frac{s}{s_1} = \frac{B}{0.305}$$

式中：s 为土体的变形量（mm）；s_1 为基础宽度为 0.305 m 时土体的变形量（mm）；B 为基础直径或边长（m）。

2．现有地基土基床系数确定方法

基床系数的确定方法通常用原位载荷板试验或 K_{30} 试验现场测定。由于原位载荷板试验或 K_{30} 试验受场地的局限，勘察阶段适合测定表层土和施工阶段基坑开挖深度范围内土体的基床系数，在勘察阶段对不开挖的表层以下各土层很难直接通过实测方法测定。具体岩土勘察过程中常用原位测试、室内试验、结合经验值等方法综合分析确定基床系数，但是基床系数试验及数值选取还有一些值得探讨的问题。

1）K_{30} 载荷板试验

现行《铁路工程土工试验规程》（TB 10102）规定采用直径为300 mm、板厚为 25 mm 的圆形钢板为承载板，测试土的压力-变形曲线，取变形为 1.25 mm 时的压力 $P_{1.25}$ 与变形的比值为基床系数，以 K_{30} 表示

$$K_{30} = P_{1.25} / 0.001\,25$$

式中：K_{30} 为基床系数（MPa/m）；$P_{1.25}$ 为土变形为 1.25 mm 时所受的压力（MPa）。

2）平板载荷试验

平板载荷试验是在一定面积的刚性承压板上加荷，通过测定天然埋藏条件下地基土的变形来计算地基土基床系数的方法。一般情况下，承压板的面积为 2 500 ~ 5 000 cm^2，因此，应将载荷试验基床系数 K 换算成标准基床系数 K_1。

由不同尺寸载荷试验结果得到的基床系数，分不同土类，按下列公式换算成标准基床系数：

对于砂土，采用的公式为：$K_1 = \dfrac{4B^2}{(B+0.305)^2} \times K$

对于黏性土，采用的公式为：$K_1 = \dfrac{B}{0.305} \times K$

平板载荷试验得到的基床系数能真实反映地基土的特性，在有条件的情况下应尽可能采用该方法确定地基土的基床系数。由于平板载荷试验主要适用于地表浅层地基土，其适用性受到限制。

3）螺旋板载荷试验

螺旋板载荷试验是将螺旋板旋入地下预定深度，通过传力杆向螺旋板施加竖向荷载，同时量测螺旋板沉降，可用来计算地基土垂直基床系数的原位测试方法。

在进行螺旋板载荷试验时，如旋入螺旋板深度与螺距不相协调，土层也可能发生较大扰动；当螺距过大时，竖向荷载作用大，可能发生螺旋板本身的旋进，影响沉降的量测；加荷方式的不同试验结果也会产生较大差别。

4）旁压试验

预钻式旁压试验（PMT）是在预先钻好的钻孔中通过旁压器对孔壁施加压力，使土体产生横向变形，测出压力与变形的关系，进而用弹塑性理论计算地基土的承载力与变形参数的一种原位测试方法，适用于黏性土、粉土、砂土等。旁压试验计算水平基床系数的公式为：

$$K_h = (P_f - P_0)/(R_f - R_0)$$

式中：P_f 为临塑压力（kPa）；P_0 为初始压力（kPa）；R_f 为临塑压力时旁压器的径向位移（mm）；R_0 为初始压力时旁压器的径向位移（mm）。

按上式计算得出的水平基床系数比规范和实际值偏大较多，这主要是因为用该公式计算的是旁压试验弹性阶段的值，而实际工程中土体多处于弹塑性阶段或塑性阶段。

5）扁铲侧胀试验

扁铲侧胀试验（DMT）是一种侧向受力试验，扁平状插板避免了土体的拱效应，相对于圆柱探头和其他原位测试对土体扰动小得多，并且可得到近乎连续的地层剖面，试验结果与人们熟悉的土工参数相关联，这为通过现场试验有效获得水平基床系数提供了可能。根据现行《铁路工程地质原位测试规程》（TB 10018），其计算公式为：

$$K_h = 0.2 \times 1\,817(1 - A)(p_1 - p_0)$$

式中，K_h 为水平基床系数（kPa）；p_1 为扁铲侧胀试验中模片膨胀 1.10 mm 时的膨胀压力（kPa）；p_0 为扁铲侧胀试验中模片向土中膨胀之前作用在膜片上的接触压力（kPa）；A 为孔隙压力参数（m^{-1}）。

6）三轴试验法

室内三轴试验法是把土样沿土层沉积方向或垂直于土层沉积方向制成三轴试验样品，然后将试样饱和处理后，使试样在一定围压下固结。为了使土样受力状态与天然状态下相似，通常采用 K_0 状态下固结，即根据土性及埋深确定自重应力，取轴向应力 $\sigma_1 = \gamma h$，侧向围压为

$\sigma_3 = K_0 \sigma_1$，待固结稳定后，进行不同应力路径下（即 $\Delta\sigma_3 / \Delta\sigma_1 = 0$, 0.1, 0.2, 0.3…）的三轴固结排水剪试验（慢剪），得到 $\Delta\sigma_1 - \Delta h_0$ 试验曲线，取曲线初始切线模量或某一割线模量为对应应力状态下的基床系数。

室内三轴试验法与原位载荷板试验存在着试验尺寸、侧向变形和压缩层厚度方面的差异，室内三轴试验法的基床系数可根据土试样直径大小进行部分修正。

7）固结试验法

根据固结试验中测得的应力与变形关系来确定基床系数：

$$K = \frac{\sigma_2 - \sigma_1}{e_1 - e_2} \times \frac{1 + e_m}{h_0}$$

式中：$\sigma_2 - \sigma_1$ 为应力增量（MPa）；$e_1 - e_2$ 为相应的孔隙比减量；$e_m = (e_1 + e_2)/2$；h_0 为土样的试验高度（m）。

为了能直观地看出 K 值大小，将上式转换成基床系数与压缩模量之间的关系：

$$K = \frac{\sigma_2 - \sigma_1}{e_1 - e_2} \times \frac{(1 + e_1) - (e_1 - e_2)/2}{h_0}$$

$$= (1 + e_1) \times \frac{\sigma_2 - \sigma_1}{e_1 - e_2} \times \frac{1}{h_0} - \frac{\sigma_2 - \sigma_1}{2h_0}$$

$$= \frac{E_{s0.1-0.2}}{h_0} - \frac{\Delta p}{2h_0}$$

式中：$E_{s0.1-0.2}$ 为土的压缩模量（MPa），$E_{s0.1-0.2} = (1 + e_1) \times \frac{\sigma_2 - \sigma_1}{e_1 - e_2}$；$\Delta p$ 为应力增量（MPa），$\Delta p = \sigma_2 - \sigma_1$；$h_0$ 为土样的试验高度（m）。

固结试验土样高度即为环刀高度 20 mm，加荷级别为 100 kPa，可得近似估算式：

$$K = 50E_{s0.1-0.2} - 2.5$$

8）沉降计算方法

根据建筑物沉降观测资料，用基底平均压力 P 和实测沉降量 s 计算基床系数。

$$K = P/s$$

9）经验值方法

国内外通过对基床系数的试验研究，在许多文献、手册、规范等资料中给出了基床系数经验值，例如现行《城市轨道交通岩土工程勘察规范》（GB 50307）给出了表 4.5-4 所示经验值。

表 4.5-4　现行《城市轨道交通岩土工程勘察规范》基床系数经验值

岩土类别		状态/密实度	基床系数 K/（MPa/m）	
			水平基床系数 K_h	垂直基床系数 K_v
新近沉积土	黏性土	软塑	10～20	5～15
		可塑	12～30	10～25
	粉土	稍密	10～20	12～18
		中密	15～25	10～25
软土		—	1～12	1～10
黏性土		流塑	3～15	4～10
		软塑	10～25	8～22
		可塑	20～45	20～45
		硬塑	30～65	30～70
		坚硬	60～100	55～90
粉土		稍密	10～25	11～20
		中密	15～40	15～35
		密实	20～70	25～70
砂类土		松散	3～15	5～15
		稍密	10～30	12～30
		中密	20～45	20～40
		密实	25～60	25～65
圆砾、角砾		稍密	15～40	15～40
		中密	25～55	25～60
		密实	55～90	60～80

岩土类别	状态/密实度	基床系数 K/（MPa/m）	
		水平基床系数 K_h	垂直基床系数 K_v
卵石、碎石	稍密	17～50	20～60
	中密	25～85	35～100
	密实	50～120	50～120
新黄土	可塑、硬塑	30～50	30～60
老黄土	可塑、硬塑	40～70	40～80
软质岩石	全风化	35～39	41～45
	强风化	135～160	160～180
	中等风化	200	220～250
硬质岩石	强风化或中等风化	200～1 000	
	未风化	1 000～15 000	

3．现有地基土基床系数确定方法评述

基床系数确定方法可概括为四类：第一类方法为原位直接测试法，即原位载荷板试验（或 K_{30} 试验）；第二类方法为原位间接测试法，包括扁铲侧胀试验法、旁压试验法、标准贯入法；第三类方法为室内试验法，包括室内固结试验法、室内三轴试验法；第四类方法为规范经验值法。

第一类方法（原位 K_{30} 载荷板试验），具有原位、不扰动土、直接实测的优点，适合测定表层土及施工阶段基坑开挖深度范围内土体基床系数，但在勘察阶段很难测定表层以下各土层基床系数，测试周期长、费用高。特别是在地下水位较高的地区，地下水位以下基本无法实施，即使采取降水开挖和试坑支护措施实施测试，由于降水的影响，测试点土的状态变化较大，测试结果代表性也较差。

第二类和第三类方法，能够测试不同深度的各土层基床系数，测试过程较快、测试方便易行、可操作性强，在勘察阶段均可实施，但需要修正。

第四类方法简便，是工程实践经验的积累，但规范经验值范围较大，难于准确选取。

4．基于触探测试指标确定基床系数方法

现行《城市轨道交通岩土工程勘察规范》（GB 50307）规定，基床系数宜采用 K_{30} 试验结合原位测试和室内试验以及当地经验综合确定。

由于基床系数与土体压缩模量之间在土的力学性质表述上具有一定的共性，触探测试指标与土体压缩模量之间也具有良好关系，因此，利用深层触探试验解决基床系数的想法值得深入探讨。

1）土体压缩模量与基床系数关系

基床系数是地基土在外力作用下产生单位变位时所需的应力，也称弹性抗力系数或地基反力系数，用于模拟地基土与结构物的相互作用，用于计算结构物内力和变位。一般可表示为：

$$K = P / s$$

式中，K 为基床系数（MPa/m）；P 为地基土所受的应力（MPa）；s 为地基土体变形（m）。

从基床系数的定义分析可知：第一，载荷板单位下沉量所对应的单位面积的压力不是一个常数，载荷板面积越大，对应单位面积压力越小；第二，大量载荷试验结果表明，试验压力和变形曲线并不是线性特征关系，而是非线性特征关系，因此，下沉量 s 的取值比例对 K 值的影响不能忽视。

由以上分析可知，基床系数 K 这个指标，根据不同的试验方法、不同的试验条件以及不同的取值比例，其结果均会有较大的差别。显然固结试验方法和试验条件与原位平板载荷试验存在着显著的差异。

由于存在上述原因，现行《城市轨道交通岩土工程勘察规范》（GB 50307）规定，为便于统一和比较，建议将 K_{30} 载荷板（0.305 m 宽标准载荷板）试验值作为标准基床系数 $K_{标}$ 值，如果试验载荷板尺寸与标准尺寸不同，应进行换算，求出标准基床系数。

Terzaghi 认为，基床系数与载荷板的尺寸有关。因此，由不同尺寸载荷试验结果得到的基床系数，分不同土类，按下列公式换算成标准基床系数 $K_{标}$：

对于砾石、砂土，采用的公式为：$K_{标} = \dfrac{4B^2}{(B+0.305)^2} \times K$

对于黏性土，采用的公式为：$K_{标} = \dfrac{B}{0.305} \times K$

式中：$K_{标}$ 为标准基床系数（MPa/m）；K 为试验求得的基床系数（MPa/m）；B 为载荷板直径或宽度（m）。

利用上述原理，对基于压缩模量求得的基床系数进行修正，经修正后的基床系数定义为似标准基床系数 $K'_{标}$。压缩模量测试时试样直径即环刀内径，为 61.8 mm，透水板直径取 61.5 mm，代入 Terzaghi 基床系数尺寸修正公式得：

对于砾石、砂土：$K'_{标} = K \times \left(\dfrac{2 \times 0.061\,5}{0.061\,5 + 0.305} \right)^2 = 0.113K$

对于黏性土、粉土：$K'_{标} = K \times \dfrac{0.061\,5}{0.305} = 0.202K$

由于原位平板载荷试验与室内固结试验除存在上述差异外，尚存在如下差异：第一，原位平板载荷试验有侧向变形，而室内固结试验侧向受限，无侧向变形；第二，原位平板载荷试验的压缩层厚度为影响深度范围内的土层厚度，而室内固结试验的土试样高度 h_0 即为压缩层厚度。显然，在假定相同压板面积的情况下，室内固结试验下沉量要小。综合考虑上述因素，经试验资料对比，室内固结试验下沉量放大系数 β 近似取值为：

$$\beta = B / h_0 = 0.061\,5 / 0.02 = 3.075$$

因此，对于砾石、砂土，

$$K_{标} = \frac{K'_{标}}{\beta} = \frac{K}{\beta} \times \left(\frac{2 \times 0.061\,5}{0.061\,5 + 0.305} \right)^2$$

$$= 0.037K = 0.037 \times \frac{\sigma_2 - \sigma_1}{e_1 - e_2} \times \frac{1 + e_{\mathrm{m}}}{h_0}$$

对于黏性土、粉土：

$$K_{标} = \frac{K'_{标}}{\beta} = \frac{K}{\beta} \times \frac{0.061\,5}{0.305} = 0.066K = 0.066 \times \frac{\sigma_2 - \sigma_1}{e_1 - e_2} \times \frac{1 + e_{\mathrm{m}}}{h_0}$$

目前，对采用原位平板载荷试验现场测定基床系数时，许多规范尚未明确规定计算基床系数时载荷板的下沉量，而只有部分规范作了规定，如铁路常用的 K_{30} 载荷板试验是用直径为 30 cm 的承载板，测定土的 K_{30} 值，其 K_{30} 值是指在 $P\text{-}s$ 曲线上对应地基土变形为 1.25 mm 时的 P 值与变形的比值。

同样用室内固结试验方法确定基床系数时，现行《城市轨道交通岩土工程勘察规范》（GB 50307）对计算参数 σ_1、σ_2 的取值也未作出明确规定。从基床系数含义和土的受力状态分析，σ_1 应取土所受到的原位有效应力，σ_2 可取固结试验中大于 σ_1 的后一级压力。在进行固结试验时，施加的压力可采用下列两种方法中的一种：（1）计算土所受到的原位有效应力作为其中施加的一级压力。（2）适当加密每一级压力，取接近于土所受到的原位有效应力的那一级压力。

当采用压缩模量 $E_{s0.1-0.2}$ 近似估算不同土类的基床系数时，可采用如下公式：

对于砾石、砂土，计算公式为：

$$K_{标} = 0.037 \times (50E_{s0.1-0.2} - 2.5) = 1.85E_{s0.1-0.2} - 0.09$$

对于黏性土、粉土，计算公式为：

$$K_{标} = 0.066 \times (50E_{s0.1-0.2} - 2.5) = 3.3E_{s0.1-0.2} - 0.165$$

2）基于压缩模量确定的基床系数与 K_{30} 结果对比分析

结合天津地铁项目，中国铁设开展了基于压缩模量确定的基床系数与 K_{30} 平板载荷试验确定的土体基床系数的对比分析，对比结果如表 4.5-5、表 4.5-6 所示。

表 4.5-5　基于压缩模量确定的基床系数与 K30 平板载荷试验结果对比（工点 1）

地层名称	取样深度/m	液性指数	$E_{s0.1-0.2}$/MPa	固结修正法 K/（MPa/m）	标准法 K_{30}/（MPa/m）	偏差/%
粉土	1.5	0.44	7.924	26.0	28	7.2
粉质黏土	3	0.94	7.308	24.0	24	0.2
黏土	4.5	0.5	4.73	15.4	17	9.2
粉土	6	0.5	12.63	41.5	44.2	6.1
粉土	7.5	0.61	13.304	43.7		1.0

地层名称	取样深度/m	液性指数	$E_{s0.1-0.2}$/MPa	固结修正法 K/(MPa/m)	标准法 K_{30}/(MPa/m)	偏差/%
黏土	2.3	0.56	5.798	19.0	20	5.2
黏土	3.8	0.8	5.314	17.4		13.1
粉质黏土	5.3	0.57	10.41	34.2	35	2.3
粉土	6.5	0.62	9.726	31.9		8.8
粉土	8	1.35	8.432	27.7	31.5	12.2
粉土	9.5	1.37	8.14	26.7		15.2
粉土	11	1.06	6.772	22.2	25	11.3
粉土	12.5	0.89	7.012	23.0		8.1
粉质黏土	14	0.96	7.208	23.6	25.5	7.4
粉质黏土	15.5	0.72	6.922	22.7		11.1
粉质黏土	16.7	0.63	7.174	23.5		7.8

表 4.5-6　基于压缩模量确定的基床系数与 K_{30} 平板
载荷试验结果对比（工点 2）

地层名称	取样深度/m	液性指数	$E_{s0.1-0.2}$	固结法修正 K/(MPa/m)	标准法 K_{30}/(MPa/m)	偏差/%
粉质黏土	1.2	0.77	4.898	16.0	17.2	7.0
	2.2	0.81	5.228	17.1	18	5.1
	3.2	0.84	4.998	16.3		9.3
淤泥质土	4.2	1.19	4.378	14.3	15.3	6.7
	5.2	1.05	4.49	14.7		4.2
黏土	6.2	0.77	4.794	15.7	18.8	16.7
粉质黏土	7.2	0.6	6.294	20.6	24	14.1
	8.2	0.58	6.53	21.4		10.9
黏土	9.2	0.54	5.78	18.9	21	10.0
	10.2	0.46	5.706	18.7		11.1
粉质黏土	11.2	0.82	5.052	16.5	18.2	9.3
黏土	12.2	0.79	5.372	17.6	19.5	9.9
	13.2	0.64	5.602	18.3		6.0
粉质黏土	14.2	0.6	5.214	17.0	17.8	4.3
粉土	15.2	0.72	14.904	49.0	50	2.0
	16.2	0.76	13.666	44.9		10.1

从上述对比分析表中可见，基于压缩模量所得基床系数与 K_{30} 平板载荷试验所得基床系数一致性较好，二者之间最大偏差为 16.7%、最小偏差为 0.2%、平均偏差为 8.22%，且固结修正法所得基床系数与现行《城市轨道交通岩土工程勘察规范》（GB 50307）推荐经验值一致性好，基本在规范所推荐的经验值范围内。

3）基于深层静力触探确定基床系数

通过前节可知，土体压缩模量 $E_{s0.1-0.2}$ 与基床系数之间具有较好的线性关系，基于土体压缩模量确定的基床系数与 K_{30} 平板载荷试验所得基床系数一致性较好。本章 4.5.2 节通过理论和实测数据证明了土体压缩模量 $E_{s0.1-0.2}$ 与深层静力触探测试指标 q_c 之间存在较好的线性相关性。基于此，可建立基于深层静力触探测试指标确定基床系数的经验公式，如表 4.5-7 所示，在应用中尚需结合工程实际进一步检验。

表 4.5-7　基于静力触探测试指标确定基床系数

岩土类别	基床系数 K/（MPa/m）	锥尖阻力 q_c 值域/MPa
软土	$K = 2.984\ 2q_c + 8.381\ 7$	$0.12 \sim 2.43$
黏土	$K = 2.863\ 7q_c + 11.265\ 2$	$0.30 \sim 4.41$
粉质黏土	$K = 2.463\ 5q_c + 13.664\ 3$	$0.09 \sim 3.92$
粉土	$K = 0.653\ 7q_c + 25.966\ 1$	$0.31 \sim 20.61$

4.5.4　地基承载力确定

地基承载力是地基土在强度和变形允许的范围内，单位面积上所能承受荷载的能力。建筑物荷载是通过基础传递到地基土中去的，作用于地基表层单位面积上的压力称为基底压力。只有基底压力小于或等于地基的容许承载力时，才能保证地基土不致发生强度破坏或产生超过建筑物所能容许的沉降。因此，合理确定地基承载力，是工程地质勘察中的关键问题之一。地基承载力的确定方法较多，主要有理论公式计算法、土工试验参数规范查表法和原位测试法。原位测试确定地基承载力主要有平板载荷试验、螺旋板载荷试验、静力触探、旁压试验等。

1．现有基于触探测试指标的地基承载力经验计算公式

静力触探法求地基承载力一般依据的是经验公式。这些经验公式建

立在静力触探和载荷测试的对比关系上。但载荷测试原理是使地基土缓慢受压，先产生压缩（似弹性）变形，然后为塑性变形，最后剪切破坏，受荷过程慢，内聚力和内摩擦角同时起作用。静力触探加荷快，土体来不及被压密就产生剪切破坏，同时产生较大的超孔隙水压力，对内聚力影响很大；这样，主要起作用的是内摩擦角，内摩擦角越大，锥头阻力（或比贯入阻力）也越大。砂土内聚力小或为零；黏性土内聚力相对较大，内摩擦角相对较小。因此，用静力触探法求地基承载力要充分考虑土质的差别，特别是砂土和黏土的区别。为了在确定基础尺寸以前能表达地基土的强度，我国规范习惯采用较小尺寸的浅埋基础作为统一的衡量标准，称之为基本承载力。当超过规定的埋置深度（h）和宽度（B）时，在设计中应进行基础宽度和埋置深度的修正。例如，现行《铁路桥涵地基和基础设计规范》（TB 10093）规定当 $B > 2\text{ m}$，$h > 3$ 时，现行《建筑地基基础设计规范》（GB 50007）规定 $B > 3\text{ m}$、$h > 0.5\text{ m}$ 时，地基承载力需进行基础宽度和埋置深度的修正。静力触探法提供的就是这种基本承载力值，可满足一般建筑物的要求。

1）国外方法

桑格列拉（G.Sanglerat）根据多年的经验，认为对硬黏土、亚黏土（和粉土质砂土）可按以下公式确定其容许承载力：

$$[R] = q_c / 10$$

国外一般采用下式计算砂土容许承载力：

$$[R] = q_c / 30 - 40$$

2）国内方法

地基土的成因、时代及含水量的差别对用静力触探法求地基承载力的经验式也很有影响，如老黏土（$Q_1 \sim Q_3$）和新黏土（Q_4）的区别。

我国用 p_s 求 f_0 已积累了相当丰富的经验，经验公式很多。由于土类、成因及时代等的不同，不能用同一个经验式来表达两者的关系；但所有的经验式，相关性均较高，其相关系数一般在 0.8 以上。这是因为 p_s（q_c）和由载荷试验确定的 f_0 均反映了土的力学强度，有内在的联系。用 p_s（q_c）确定地基承载力是一种简便易行且可靠的方法。

在众多的依据触探测试指标确定地基承载力的经验式中，应首推《工业与民用建筑工程地质勘察规范》（TJ 21—77）中所采用的经验式：

砂土：$f_0 = 0.019\,7P_s + 0.065\,6$（MPa）

一般黏性土：$f_0 = 0.104P_s + 0.026\,9$（MPa）

老黏土：$f_0 = 0.1P_s$（MPa）

表 4.5-8 汇总了一些有代表性的经验关系式。

表 4.5-8　地基基本承载力 f_0 与 p_s（q_c）经验关系式

序号	提出者	经验关系式	范围值 p_s（q_c）/MPa	土　层
①	武汉联合试验组	$f_0 = 0.104\,3p_s + 0.026\,9$	0.3～6.0	黏性土
②	交通部三航院	$f_0 = 0.1p_s + 0.025$	0.5～2.5	长江三角洲土
③	兖州煤矿设计院	$f_0 = 0.101\,2p_s + 0.059$	0.35～3.0	淮北黏性土
④	江苏省建筑设计院	$f_0 = 0.084p_s + 0.025$	0.35～5.7	南京黏性土
⑤	青岛城建局	$f_0 = 0.074p_s + 0.082\,4$	1.0～5.0	青岛黏性土
⑥	连云港规划建筑设计院	$f_0 = 0.080\,7p_s + 0.049$		滨海软土
⑦	铁三院	$f_0 = 0.183\,4\sqrt{p_s} - 0.046$	0～5.0	$I_p > 7$ 黏性土
⑧	铁四院	$f_0 = 0.112p_s + 0.005$	0.085～0.9	软土
⑨	武汉冶金勘察公司	$f_0 = 0.02p_s + 0.05$	≥5.0	长江中下游粉细砂土
⑩	铁一、四院等	$f_0 = 0.044p_s + 0.05$	1.0～11.0	中粗砂
⑪	同济大学等	$f_0 = 0.055p_s + 0.045$		上海粉土
⑫	陕西综合勘察院	$f_0 = 0.087\,8p_s + 0.024$		湿陷性黄土
⑬	原一机部勘测公司	$f_0 = 0.098p_s + 0.019$		黄土地基
⑭	大庆油出、长春地院（1996）	$f_0 = 0.089\,4q_c + 0.075$ $f_0 = 0.108q_c + 0.064\,4$ $f_0 = 0.081\,3q_c + 0.069$		大庆黏性土、粉土

从表中可以看出，全国各地土质差别很大，各家经验式也有差别。有人总结了以往众多的经验式，进行统计分析后，建议采用下述统一的经验式：

$$f_0 = 0.1\beta p_s + 0.032\alpha$$

式中：β 与 α 为土类修正系数，可参见表 4.5-9。

表 4.5-9　各土类修正系数

系数	砂土			黏性土								特殊土	
	粉细砂	细中砂		粉土			粉质黏土			黏土		黄土	红土
I_p	< 3			3~5	6~8	9~10	11~12	13~15	16~17	18~20	> 21	9~12	> 17
β	0.2	0.3	0.4	0.3	0.4	0.5	0.6	0.7	0.8	0.9	1.0	0.5~0.6	0.9
α	2.0			1.5			1.0			1.0		1.5	3.0

在依据触探测试指标确定地基承载力的众多经验式中，线性关系占绝大多数，说明静力触探贯入阻力和地基承载力有很好的相关关系。

3）查表法

除了用经验公式求 f_0 外，也常用列表的办法，如表 4.5-10 所示。

表 4.5-10　用静力触探 p_s 确定天然地基基本承载力 f_0（kPa）

土类型		p_s														
		0.1	0.3	0.5	0.8	1	1.5	2	3	4	5	5.5	6	6.5	10	16	24
老黏性土 (Q₁—Q₃)									300	400	500	550	600				
一般黏性土(Q₄)					115	135	180	210	270	320	365						
粉土及饱和砂土(Q₄)						80	100	120	150	180	200	210	220	230	300	410	520
软土		20	40	60	95												
新近堆积土 (Q₄²)	$I_p > 10$			60	80	95	120	140	180	215	250	265	275				
	$I_p \leqslant 10$			50	63	75	100	120	150	180	210	225	235	250	325		
新黄土 (Q₃、Q₄)	东南带			90	105	115	140	165	215	265	315						
	西北带					85	110	135	185	235	285	310					
	北部边缘带					80	100	120	160	200	240	260	280	300			
老黄土(Q₁、Q₂)									215	265	315	340	365	390	565		

注：表内数值可以线性内插，不可外推。

4）现行《铁路工程地质原位测试规程》（TB 10018）的承载力算式

利用静力触探确定地基基本承载力和极限承载力时，应综合考虑场地土的工程性质和建筑物特点。无地区使用经验可循时，可据土层类别和比贯入阻力 p_s 按表 4.5-11、表 4.5-12 列经验公式计算，但 p_s 的取值应符合下列规定：

表 4.5-11 天然地基基本承载力（ σ_0 ）计算式

土层名称		σ_0/kPa	p_s 值域/kPa	相关系数	标准差	变异系数
黏性土（ $Q_1 \sim Q_3$ ）		$\sigma_0 = 0.1 p_s$	2 700 ~ 6 000	—	—	—
黏性土（ Q_4 ）		$\sigma_0 = 5.8\sqrt{p_s} - 46$	≤ 6 000	0.920	26	0.095
软土		$\sigma_0 = 0.112 p_s + 5$	85 ~ 800	0.850	16.7	0.259
砂土及粉土		$\sigma_0 = 0.89 p_s^{0.63} + 65$	≤ 24 000	0.945	31.6	0.154
新黄土（ Q_4 、 Q_3 ）	东南带	$\sigma_0 = 0.05 p_s + 65$	500 ~ 5 000	0.878	33	0.204
	西北带	$\sigma_0 = 0.05 p_s + 35$	650 ~ 5 500	0.930	23.4	0.148
	北部边缘带	$\sigma_0 = 0.05 p_s + 40$	1 000 ~ 6 500	0.823	26.2	0.151

表 4.5-12 天然地基极限承载力（ p_u ）计算式

土层名称		p_u/kPa	p_s 值域/kPa	相关系数	标准差	变异系数
黏性土（ $Q_1 \sim Q_3$ ）		$p_u = 0.14 p_s + 265$	2 700 ~ 6 000	0.810	153	0.203
黏性土（ Q_4 ）		$p_u = 0.94 p_s^{0.8} + 8$	700 ~ 3 000	0.818	60.2	0.199
软土		$p_u = 0.196 p_s + 15$	< 800	0.827	36.5	0.310
粉、细砂		$p_u = 3.89 p_s^{0.58} - 65$	1 500 ~ 24 000	0.874	137.6	0.256
中、粗砂		$p_u = 3.6 p_s^{0.58} + 80$	800 ~ 12 000	0.670	236.6	0.336
砂类土		$p_u = 3.74 p_s^{0.58} + 47$	1 500 ~ 24 000	0.710	217	0.350
粉土		$p_u = 1.78 p_s^{0.63} + 29$	≤ 8 000	0.945	63.2	0.139
新黄土（ Q_4 、 Q_3 ）	东南带	$p_u = 0.1 p_s + 130$	500 ~ 4 500	0.878	66.0	0.204
	西北带	$p_u = 0.1 p_s + 70$	650 ~ 5 300	0.930	46.8	0.148
	北部边缘带		1 000 ~ 6 000	0.823	52.4	0.204

（1）对于扩大基础，p_s 值取基础底面下 $2b$（b 为矩形基础短边长度或圆形基础直径）深度范围内的比贯入阻力平均值。

（2）由粉砂（或粉土）与粉质黏土（或黏土）组成的交错层，应根据大值平均值和小值平均值，在表 4.5-11、表 4.5-12 中分别按其所属土类计算地基承载力，然后根据建筑物特点和重要程度，酌取小值、中小值或中值。

地基基本承载力用于设计时，应进行基础宽度和埋置深度的修正。

2．基于深层静力触探测试指标确定地基承载力经验公式

为研究深层静力触探确定地基承载力的方法，针对中北部松散堆积层沉积特点，中国铁设结合京九线、津霸线、石德线、朔黄线、保霸线、邯济线、济邯线、京沪高速、朔港线、京津城际等铁路勘察设计实践，采用静力触探、载荷试验综合对比方法，开展了较为深入的研究。

1）研究区域概况

研究区位于太行山以东华北平原中北部，地势西高、东低，由西向东倾斜。研究区内平原成因类型主要为三种：山前冲洪积倾斜平原、内陆冲湖积平原及滨海平原。

根据沉积物及古地理、古生物特征，研究区由西向东，划为 3 个工程地质分区：

（1）山前倾斜平原区Ⅰ：位于研究区西部及北部，包括安阳、石家庄、邯郸、邢台、保定、唐山中北部等地。该区域为冲积洪积形成，分布形态在山前呈扇状，扇群状，沉积物具有自冲积-洪积扇顶部至前缘及轴心至两侧边缘粒度由粗渐细、层次由单层变为多层、厚度由薄变厚等特点，扇间多为洼地、牛轭湖堆积。水平分带性明显。冲积洪积堆积相颜色一般比内陆平原偏红，钙质结核含量较多。河漫滩洼地堆积相，颜色多为青色、蓝绿灰色、有植物根孔、虫孔鹤螺片化石。该地质分区分布有 Q_4 全新世中晚期新近堆积形成的土，一般呈欠压密状态，强度低，常含有瓦片、木炭渣、陶瓷片等人类活动产物。

（2）内陆平原区Ⅱ：位于研究区中部，包括德州、济南、淄博、莱芜、潍坊、东营、沧州、衡水、廊坊东部、任丘等地。该区域为冲积湖积形成，主要由河床、河漫滩、牛轭湖、河间洼地、湖泊沉积的砂、粉土、粉质黏土、黏土组成，以棕、棕红色及灰、灰绿色等为主，含多量锈染及铁锰结核，具水平层理，湖相沉积一般颜色深。

（3）滨海平原区Ⅲ：位于东部沿海地区，包括秦皇岛、京唐港、黄骅、盐山、海兴等地。该区域主要由冲积、海陆交互、海进海退沉积形成。在较大河流如滦河、海河、黄河河口地带形成冲积-海积过渡三角洲相堆积，同时具有冲积相和海相特点，从河口三角洲堆积很快过渡为海相。平面上构成宽阔的不规则三角洲地带，从剖面上三角洲堆积与海相堆积交互出现。滨海相沉积岩性主要为黄灰色、灰色粉质黏土、粉土、粉细砂互层，浅海相沉积岩性主要为灰黑色、灰黄色粉质黏土、粉土、细砂，具波浪状层理，含小砾石及海螺、蜗牛。

具体工程地质分区说明如表 4.5-13 所示。

2）基于深层静力触探测试指标确定的地基承载力经验公式

课题研究过程中，我们收集了铁三院自 1990—2004 年京九线、津霸线、石德线、朔黄线、朔港线、保霸线、邯济线、济邯线、京沪高速、京津城际等平板载荷试验及静力触探试验对比资料及区内其他设计院承载力对比试验共计 1 000 余组。据此分析静力触探测试指标与地基承载力之间相关关系，建立了基于深层静力触探测试指标确定地基承载力的经验公式，如表 4.5-14、图 4.5-7 所示。

4.5.5 单桩承载力计算

1. 桩周土极限侧摩阻力与触探测试指标之间理论计算公式

Vesic 认为：土体内若存在一初始半径为零的球形或圆柱形孔穴，当内部承受一逐渐增加的均匀压力时，孔穴周围土体将会因压力的逐渐增加而达到塑性状态，此塑性区域随孔径加大而逐渐向外扩展；当压力无法再继续增加时，则达到极限应力；在塑性区域以外的土体仍属弹性变形，如图 4.5-8 所示。图中：R_p 为影响区或塑性区半径；R_u 是扩张孔穴的半径，亦即为探头半径；R_r 为土体处于弹性状态的扩张半径；r 为所求应力点与扩张孔中心的距离；p_u 为圆柱孔穴侧壁上的总径向应力，即扩张应力；σ_r 为径向总挤土应力；σ_θ 为环向总挤土应力；u_p 为影响区边界的径向位移。

表 4.5-13　工程地质分区说明表

分区	位置	成因	地貌特点	岩性特点	岩性名称	e	I_L	w	E_s/MPa	q_c/MPa
Ⅰ	山前倾斜平原区	Q_4^{al+pl}	山前呈扇状、扇群状、水平带分布明显,山间多为洼地	①山前冲积、洪积堆积:颜色偏红,钙质结核含量较多。②河漫滩洼地多为青色、蓝绿灰色,有虫孔鹤螺片化石。③岩性为黏性土、粉土及粗颗粒土。	黏性土	0.77	0.349		7.248	1.566
					粉土	0.72		18.08	9.075	2.412
Ⅱ～Ⅲ	内陆及滨海平原区	Q_4^{al+pl}	低阶地、漫滩、低洼地、古河道	新近沉积土:Q_4全新世中晚期新近堆积成的土,一般呈欠压密状态,强度低,常含瓦片、木炭渣、陶瓷片等人类活动产物。	黏性土	0.753	0.404		5.739	1.198
					粉土	0.723		21.55	6.28	1.367
		Q_4^{al}、Q_4^{al+m}、Q_4^{al+h+l}	河床、河漫滩、牛轭湖、河间洼地及冲积-海积、海积三角洲堆积	①冲积堆积:黄灰色、浅灰色,有多量锈染及铁锰结核,具水平层理。②冲积-海积过渡:黄灰、深灰,具波浪状,含小砾石及海螺、蜗牛。③岩性为黏性土、粉土及粗颗粒土。	黏性土	0.946	0.543			1.189
					粉土	0.85		22.8		2.134

表 4.5-14　基于静力触探指标确定的地基承载力经验公式

土层名称		地基基本承载力	q_c 值域/MPa
山前倾斜平原区 Q_4	冲、洪积 黏性土	$\sigma_0 = 39.06q_c + 87.73$	$0.5 \sim 4$
	粉　土	$\sigma_0 = 99.14q_c^{0.513\,7} + 13.91$	$0.5 \sim 6$
	新　近 沉积土 黏性土	$\sigma_0 = 106.66q_c^{0.479\,8} - 6.01$	$0.2 \sim 3$
	粉　土	$\sigma_0 = 85.74q_c^{0.592\,6} + 7.20$	$0.5 \sim 3$
内陆及滨海 平原区 Q_4	黏性土	$\sigma_0 = 112.25q_c^{0.447\,5} + 5.27$	$0.3 \sim 4.5$
	粉　土	$\sigma_0 = 52.35q_c + 47.96$	$0.5 \sim 6$

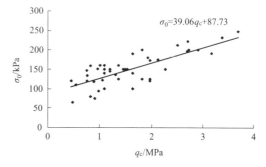

（a）山前倾斜平原区 Q_4 冲、洪积黏性土

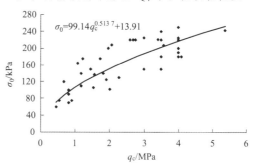

（b）山前倾斜平原区 Q_4 冲、洪积粉土

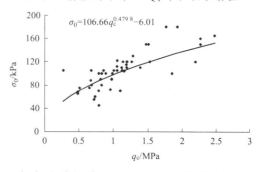

（c）山前倾斜平原区 Q_4 新近沉积黏性土

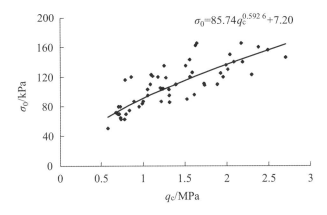

（d）山前倾斜平原区 Q_4 新近沉积粉土

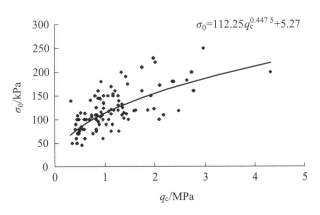

（e）内陆及滨海平原区 Q_4 黏性土

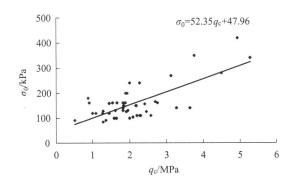

（f）内陆及滨海平原区 Q_4 粉土

图 4.5-7　基于静力触探指标确定地基承载力经验公式

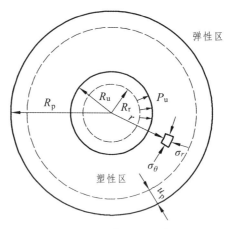

图 4.5-8　圆柱形孔穴扩张

对于静力触探探头在饱和软土中的贯入问题，依然采用 Vesic 假设：① 土体初始孔穴半径为零，且受一初始等向有效应力；② 在均质、各向同性的无限体中忽略重力；③ 对圆柱形孔穴而言为平面应变问题。

圆柱孔穴扩张问题是轴对称问题，在平面问题中采用极坐标表达较为方便。假定饱和软土服从 Coulomb 屈服条件，以极坐标表达为：

$$\sigma_r - \sigma_\theta = (\sigma_r + \sigma_\theta)\sin\phi + 2c\cos\phi \tag{4.5-9}$$

式中：ϕ 为黏性土的内摩擦角；c 为黏性土的黏聚力；σ_r 与 σ_θ 分别为径向应力与环向应力。

探头贯入土体是在不排水条件下进行的，其周围土体受到挤压产生超静孔隙水压力。饱和软土的内摩擦角很小，且渗透系数较低；在探头贯入的初始阶段，土中超静孔隙水压力来不及消散，此时土体受力与无侧限抗压强度试验时的土体受力情况相似。因此，从工程应用角度可假设这一时刻软土内摩擦角 $\phi = 0$。于是，式（4.5-9）可简化为：

$$\sigma_r - \sigma_\theta = 2c \tag{4.5-10}$$

探头在饱和软土中贯入时由于对称性，σ_r 随 θ 几乎不变，可视为常量；于是将上式代入平衡方程可得：

$$\frac{\mathrm{d}\sigma_r}{\mathrm{d}r} + \frac{2c}{r} = 0 \tag{4.5-11}$$

将上式积分得：

$$\sigma_r = d - 2c \ln r \tag{4.5-12}$$

式中：d 为定积分常数，可由边界条件确定。

对于服从 Mohr-Coulomb 屈服准则的饱和完全塑性材料，在塑性区边界上满足材料屈服准则，考虑平面应变状态微分方程的解，可以求得塑性区内任意一点的总应力增量：

$$
\begin{aligned}
\Delta\sigma_r &= 2c\left\{\ln\left(\frac{R_p}{r}\right)+1\right\} \\
\Delta\sigma_\theta &= 2c\left\{\ln\left(\frac{R_p}{r}\right)-1\right\}
\end{aligned}
\tag{4.5-13}
$$

而弹性区内任意一点相应的应力增量为：

$$
\begin{aligned}
\Delta\sigma_r &= c\left(\frac{R_p}{r}\right)^2 \\
\Delta\sigma_\theta &= -c\left(\frac{R_p}{r}\right)^2
\end{aligned}
\tag{4.5-14}
$$

圆柱孔穴扩张后，内侧半径 $r = R$，内侧压力 $\sigma_r = p_u$。将这一边界条件代入式（4.5-12），得：

$$d = p_u + 2c \ln R_u \tag{4.5-15}$$

结合式（4.5-12）和式（4.5-15）得：

$$\sigma_r = p_u - 2c \ln\frac{r}{R_u} \tag{4.5-16}$$

将式（4.5-16）代入式（4.5-10）得：

$$\sigma_\theta = p_u - 2c\left(\ln\frac{r}{R_u}+1\right) \tag{4.5-17}$$

已知圆柱孔穴扩张后的半径 R_u 及相应的内压力 p_u，可由式（4.5-16）、式（4.5-17）计算平面应变问题塑性区内各点的应力。

由于同一位置开始阶段的弹性体变远远小于探头贯入后的塑性体

变，故可忽略塑性区内介质在弹性阶段的体积变化；则圆孔体积变化等于塑性区体积变化，由此可推出孔穴内压力最终值和塑性区最大半径 R_p。由图 4.5-8 可见：

$$\pi R_u^2 - \pi R_r^2 = \pi R_p^2 - \pi (R_p - u_p)^2 \tag{4.5-18}$$

式（4.5-18）中 R_r^2 和 u_p^2 为高阶小量，可忽略不计，得：

$$2u_p \frac{R_p}{R_u^2} = 1 \tag{4.5-19}$$

在弹塑性区交界处（$r = R_p$），$\sigma_r = \sigma_p$（图 4.5-8）。由圆柱孔穴扩张问题弹性阶段的径向位移解 $u = \frac{(1+\nu)}{E} r \sigma_r$，得现阶段径向位移 u_p 为：

$$u_p = \frac{(1+\nu)}{E} R_p \sigma_p \tag{4.5-20}$$

弹塑性区交界处的径向应力 σ_p 可由塑性区应力表达式（4.5-16）得到：

$$\sigma_p = p_u - 2c \ln \frac{R_p}{R_u} \tag{4.5-21}$$

将式（4.5-21）代入式（4.5-20）可得：

$$u_p = \frac{1+\nu}{E} R_p \left(p_u - 2c \ln \frac{R_p}{R_u} \right) \tag{4.5-22}$$

在 $r = R_p$ 处，在给定条件下 $\sigma_r = \sigma_p$ 满足：

$$\sigma_p - \sigma_\theta = 2c \tag{4.5-23}$$

同时满足式（4.5-16），即：

$$\sigma_\theta = -\sigma_r = -\sigma_p \tag{4.5-24}$$

结合式（4.5-23）和式（4.5-24），在 $r = R_p$ 处：

$$\sigma_p = c \tag{4.5-25}$$

根据该理论前述假定，不考虑土中初始自重应力，结合式（4.5-19）和式（4.5-20），消去 u_p 得：

$$\frac{2R_p^2}{R_u^2} \cdot \frac{1+v}{E} \sigma_p = 1 \qquad (4.5\text{-}26)$$

将式（4.5-25）代入得：

$$\frac{R_p^2}{R_u^2} = \frac{E}{2c(1+v)} \qquad (4.5\text{-}27)$$

令

$$I_r = \frac{E}{2c(1+v)} \qquad (4.5\text{-}28)$$

于是式（4.5-27）可改写为：

$$\frac{R_p}{R_u} = \sqrt{I_r} = \sqrt{\frac{E}{2c(1+v)}} \qquad (4.5\text{-}29)$$

即有：

$$R_p = R_u \cdot \sqrt{I_r} \qquad (4.5\text{-}30)$$

结合式（4.5-21）、式（4.5-25）和式（4.5-29）可得到在孔穴半径扩张到 $r = R_u$ 时的扩张应力 p_u：

$$p_u = c(\ln I_r + 1) \qquad (4.5\text{-}31)$$

在孔穴半径扩张到 $r = R_u$ 时，若土为正常固结，土中初始应力仅为土体自重应力 $p_0 = \gamma h$（γ 为土体重度；h 为计算点处上覆土厚度；对于多层土，则将其自重应力叠加）。静力触探双桥探头的侧摩阻力由摩擦力决定，则由式（4.5-31）可以得到：

$$f_s = (p_u + K_0 \gamma h)\mu = [c(\ln I_r + 1) + K_0 \gamma h]\mu \qquad (4.5\text{-}32)$$

式中： μ ——探头侧壁与土体之间摩擦系数，与土体性质及探头粗糙度有关；

K_0 ——土体侧压力系数。

2. 现有桩周土极限侧摩阻力经验计算公式

在单桩承载力计算过程中，对于桩侧摩阻力 q_s 常用库仑强度表达式分析计算，即：

$$q_s = c_a + \sigma_n \cdot \tan \delta$$

式中：c_a——黏着力；

$\quad\quad\sigma_n$——桩土界面上的法向应力；

$\quad\quad\delta$——桩土界面的外摩擦角。

q_s 的计算分为总应力法和有效应力法两类，主要有 α 法、β 法、λ 法、Flaate 法。

1）α 法

对于饱和的黏性土，可假定土的内摩擦角 $\phi = \phi_u = 0$，则外摩擦角 δ 也等于零，而黏着力 $c_a = \alpha c_u$（c_u 为土的不排水抗剪强度）；α 为黏着系数，与土类、桩型、桩的设置方法、时间效应等有关。

Bjerrun（1953）、Fellenius（1955）、Bergfelt（1957）、Tomlinson（1957，1970）等按各自的经验提出了 α-c_u 的关系。

美国石油协会规定（API，RP2A，1980）：

对于低—中等塑性黏土，α 值如表 4.5-15 所示：

表 4.5-15 $\quad$ α 值（API，RP2A，1980）

土　类	c_u/kPa	α
软黏土	< 25	1.0
硬黏土	25 ~ 75	0.5 ~ 1.0
	> 75	0.5

对于高塑性黏土，正常固结土 $\alpha = 1.0$；超固结黏土，$\alpha = 1$，$q_s < c_u$ 或 $q_s < 50\text{ kPa}$。

（1）Tomlinson 在 1957 年提出 $\alpha = 0.2 \sim 1.5$，1994 年提出黏土的 α 值还与穿过土层和桩的入土长度有关，如图 4.5-9 所示。

图 4.5-9 中第 1 种情况，桩穿过砂土层或砂质砾石进入黏土层，会将粗粒土带入黏土层，故黏着系数 α 值最大，并随着入土深度 l 的增大，α 值降低。

图 4.5-9 中第 2 种情况，桩穿过软黏土进入硬黏土层。这时 α 值的变化出现相反的规律，α 值随入土深度的增大而增加。

图 4.5-9 中第 3 种情况，桩直接进入硬黏土，上面无任何土层覆盖。在桩的上部由于桩土间存在间隙，无桩侧摩阻力出现。随着桩的入土深度的增大，α 值增加。

图 4.5-9 是 Tomlinson 依据 78 根试桩资料分析所得，桩型为挤土桩。桩端阻力 q_p 计算时采用 $N_c = 9$。图 4.5-9 不适用于管桩。

对于钻孔灌注桩，Tomlinson 认为 α 值的变化，对于硬黏土为 0.3 ~ 0.6，对各类黏性土 α 值可采用 0.45，并且 c_a 不超过 100 kPa。

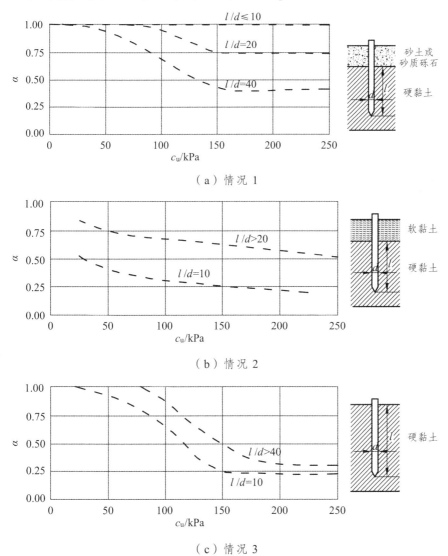

（a）情况 1

（b）情况 2

（c）情况 3

图 4.5-9　黏性土中打入桩的 α 值（Tomlinson，1994）

（2）Meyerhof（1976）认为在黏性土中 α 值变动范围大，它随 c_u 的增大而降低。

对于打入桩，α 的平均值对软黏土取为 1，对硬黏土取 ≤ 0.5；对于钻孔灌注桩在硬黏土中 α 平均取 0.5（最大的 $c_u < 100$ kPa）。

2）β 法（有效应力法）

当采用有效应力法来表达时，$q_s = c' + \sigma'_n \cdot \tan \delta$，对于正常固结黏性土、砂土，$c' \approx 0$，则桩侧阻力可表示为：

$$q_s = \sigma'_n \cdot \tan \delta = K\sigma'_r \cdot \tan \delta$$

令 $\beta = K \cdot \tan \delta$，则 $q_s = \beta \cdot \sigma'_r$

式中：K ——土的侧压力系数；

σ'_r ——桩侧土的竖向有效自重应力。

（1）Burland（1973）认为，δ 可用重塑性土的排水内摩擦角 ϕ' 表示，并认为对于黏性土中的钻孔桩和打入桩，$K \approx K_0$（K_0 为静止土压力系数），则 $K = K_0 = 1 - \sin \phi'$。

$$\beta = (1 - \sin \phi') \tan \phi'$$

对于正常固结黏性土：当 $\phi' = 15° \sim 40°$ 时，$\beta = 0.2 \sim 0.3$，平均值 $\beta = 0.25$。

对于超固结黏性土：$\beta = (1 - \sin \phi') \tan \phi' \sqrt{OCR}$。

式中：OCR——超固结比。

（2）Meyerhof（1976）认为 β 值随桩入土长度增加而降低：

对正常固结黏土：

$l < 15$ m 时，$\beta = 0.25 \sim 0.5$，平均 $\beta = 0.3$；

$l > 60$ m 时，$\beta = 0.1 \sim 0.25$，平均 $\beta = 0.15$。

对超固结黏土：

打入桩：$\beta = 1.5(1 - \sin \phi') \tan \phi' \sqrt{OCR}$；

钻孔桩：$\beta = 0.75(1 - \sin \phi') \tan \phi' \sqrt{OCR}$。

（3）Flaate 和 Selnes（1977）根据 44 根试桩结果，得 $\beta = 0.2 \sim 0.4$，并认为 β 值与桩长有关：

$$\beta = 0.4\sqrt{OCR}\mu_l$$

式中：μ_l ——与桩长有关的函数，$\mu_l = \dfrac{0.5l + 10}{l + 10}$ [l 为桩入土长度（m）]。

3）λ 法

Vijayvergiye 和 Forht（1972）根据墨西哥湾在正常固结和微超固结黏土中 47 根打入黏性土钢管桩的实测数据，假设桩端阻力 $q_p = c \cdot N_c$（N_c 取 9），桩侧阻力由极限荷载减桩端阻力得（即 $Q_{su} = Q_u - Q_{pu}$）。桩长为 3 ~ 100 m，桩径为 15 ~ 75 cm，认为平均桩侧摩阻力 $\bar{q}_s$ 为土的有效上覆压力及不排水抗剪强度的函数，即：

$$\bar{q}_s = \lambda(\bar{\sigma}_r' + 2\bar{c}_u)$$

式中：$\bar{\sigma}_r'$——桩长范围平均有效上覆压力；

$\bar{c}_u$——桩长范围土的平均不排水抗剪强度；

λ——系数，是桩长 l 的函数。

4）Flaate 和 Selnes（1977）有效应力法

Flaate 等认为桩侧摩阻力可以用近桩土界面处的不排水强度控制，而不是由土的不排水强度控制。根据 Bjerrun（1973）的建议，桩侧摩阻力可用下式表示：

$$q_s = \mu_t(\sigma_h' \cdot \tan \varphi_e' \cdot D_m + x\sigma_c')$$

式中：φ_e'、x——Hvorslev 强度参数；

μ_t——时间速率影响系数；

σ_h'——有效水平应力系数；

D_m——摩阻力发挥系数；

σ_c'——等值固结应力。

假定打桩后经过一段时间，打桩所产生的超孔隙水压力已消散，土中初始应力已恢复，固结压力则与打桩引起的最大孔隙水压力（平均约为 $5c_u$ ~ $7c_u$）相当，$\bar{\sigma}_c'$ 为初始应力 $K \cdot \bar{\sigma}_r'$ 与 $5c_u$ 之和。同时考虑摩阻力的发挥与桩长有关，则上式可改写成：

$$q_s = \mu_l \cdot \mu_t[K \cdot \sigma_r' \cdot \tan \varphi_e' + x(K \cdot \sigma_r' + 5c_u)]$$

式中：μ_l——与桩长有关的函数，$\mu_l = \dfrac{l+20}{2l+20}$，$l$ 为桩长（m）；

K——侧压力系数，按 Meyerhof 建议 $K = K_0\sqrt{OCR}$；

c_u——土的不排水抗剪强度。

上式可简化为：

$$q_s = \mu_l[(0.3 - 0.001I_p)\sigma'_r\sqrt{OCR} + 0.008I_p c_u]$$

上式的近似计算为：

$$q_s = 0.4\mu_l\sqrt{OCR}\sigma'_r$$

3. 我国现行规范对桩周土极限侧摩阻力取值的相关规定

1)《建筑桩基技术规范》（JGJ 94）

（1）根据单桥探头静力触探资料确定混凝土预制桩单桩极限侧摩阻力，具体方法如图 4.5-10 所示。

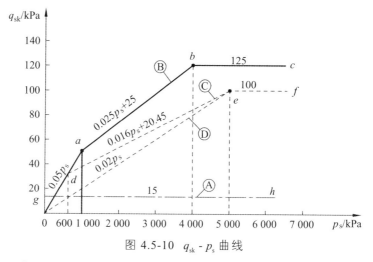

图 4.5-10　q_{sk} - p_s 曲线

注：① q_{sik} 值结合土工试验资料，根据土的类别、埋藏深度、排列次序，按图 4.5-10 中折线取值。图中，直线Ⓐ（线段 gh）适用于地表下 6 m 范围内的土层；折线Ⓑ（线段 oabc）适用于粉土及砂土土层以上（或无粉土及砂土土层地区）的黏性土；折线Ⓒ（线段 odef）适用于粉土及砂土土层以下的黏性土；折线Ⓓ（线段 oef）适用于粉土、粉砂、细砂及中砂。

② 采用的单桥探头，圆锥底面积为 15 cm², 底部带 7 cm 高滑套，锥角 60°。

③ 当桩端穿过粉土、粉砂、细砂及中砂层底面时，折线Ⓓ估算的 q_{sik} 值需乘以表 4.5-16 中的 η_s 值。p_{sk} 为桩端穿过的中密—密实砂土、粉土的比贯入阻力平均值；p_{sl} 为砂土、粉土的下卧软土层的比贯入阻力平均值。

表 4.5-16　系数 η_s 值

p_{sk}/p_{sl}	≤5	7.5	≥10
η_s	1.00	0.50	0.33

（2）当根据双桥探头静力触探资料确定混凝土预制桩单桩极限承载力标准值时，对于黏性土、粉土和砂土，如无当地经验，桩周土体极限摩阻力 q_{sik} 取值方法如下：

$$q_{sik} = \beta_i \cdot f_{si}$$

式中： f_{si}——第 i 层土的探头平均侧阻力（kPa）；

β_i——第 i 层土桩侧阻力综合修正系数，黏性土、粉土为 $\beta_i = 10.04 f_{si}^{-0.55}$，砂土为 $\beta_i = 5.05 f_{si}^{-0.45}$。

（3）根据土的物理指标与承载力参数之间的经验关系，确定土层极限侧摩阻力，如无当地经验时，桩侧第 i 层土的极限侧摩阻力标准值按表 4.5-17 取值：

表 4.5-17　桩的极限侧摩阻力标准值 q_{sik}　　　单位：kPa

土的名称	土的状态		混凝土预制桩	泥浆护壁钻（冲）孔桩	干作业钻孔桩
填　土	—		22～30	20～28	20～28
淤　泥	—		14～20	12～18	12～18
淤泥质土	—		22～30	20～28	20～28
黏性土	流塑	$I_L > 1$	24～40	21～38	21～38
	软塑	$0.75 < I_L \leqslant 1$	40～55	38～53	38～53
	可塑	$0.50 < I_L \leqslant 0.75$	55～70	53～68	53～66
	硬可塑	$0.25 < I_L \leqslant 0.50$	70～86	68～84	66～82
	硬塑	$0 < I_L \leqslant 0.25$	86～98	84～96	82～94
	坚硬	$I_L \leqslant 0$	98～105	96～102	94～104
红黏土	$0.7 < a_w \leqslant 1$		13～32	12～30	12～30
	$0.5 < a_w \leqslant 0.7$		32～74	30～70	30～70
粉土	稍密	$e > 0.9$	26～46	24～42	24～42
	中密	$0 < e \leqslant 0.25$	46～66	42～62	42～62
	密实	$e < 0.75$	66～88	62～82	62～82
粉细砂	稍密	$10 < N \leqslant 15$	24～48	22～46	22～46
	中密	$15 < N \leqslant 30$	48～66	46～64	46～64
	密实	$N > 30$	66～88	64～86	64～86

土的名称	土的状态		混凝土预制桩	泥浆护壁钻（冲）孔桩	干作业钻孔桩
中砂	中密	$15 < N \leqslant 30$	54～74	53～72	53～72
	密实	$N > 30$	74～95	72～94	72～94
粗砂	中密	$15 < N \leqslant 30$	74～95	74～95	76～98
	密实	$N > 30$	95～116	95～116	98～120
砾砂	稍密	$5 < N_{63.5} \leqslant 15$	70～110	50～90	60～100
	中密（密实）	$N_{63.5} > 15$	116～138	116～130	112～130
圆砾、角砾	中密、密实	$N_{63.5} > 10$	160～200	135～150	135～150
碎石、卵石	中密、密实	$N_{63.5} > 10$	200～300	140～170	150～170
全风化软质岩	—	$30 < N \leqslant 50$	100～120	80～100	80～100
全风化硬质岩	—	$30 < N \leqslant 50$	140～160	120～140	120～150
强风化软质岩	—	$N_{63.5} > 10$	160～240	140～200	140～220
强风化硬质岩	—	$N_{63.5} > 10$	220～300	160～240	160～260

注：① 对于尚未完成自重固结的填土和以生活垃圾为主的杂填土，不计算其侧阻力。

② a_w 为含水比，$a_w = w/w_l$，w 为土的天然含水量，w_l 为土的液限。

③ N 为标准贯入击数，$N_{63.5}$ 为重型圆锥动力触探击数。

④ 全风化、强风化软质岩和全风化、强风化硬质岩系指母岩分别为 $f_{rk} \leqslant 15$ MPa、$f_{rk} > 30$ MPa 的岩石。

⑤ 对于大直径桩，桩侧阻力尺寸效应系数 $\psi_{si} = (0.8/d)^{1/5}$（黏性土、粉土），$\psi_{si} = (0.8/d)^{1/3}$（砂土、碎石类土）。

（4）根据土的物理指标与承载力参数之间的经验关系，确定大直径桩的极限侧摩阻力标准值时，乘以相应的尺寸效应系数：

$$q'_{sik} = \psi_{si} q_{sik}$$

式中：q_{sik}——桩侧第 i 层土极限侧阻力标准值，如无当地经验，则按表 4.5-17 取值，对于扩底桩斜面及变截面以上 $2d$ 长度范围不计侧阻力；

ψ_{si}——大直径桩侧阻力尺寸效应系数，按表 4.5-18 取值。

表 4.5-18　大直径桩侧阻力尺寸效应系数 ψ_{si}

土类型	黏性土、粉土	砂土、碎石类土
ψ_{si}	$(0.8/d)^{1/5}$	$(0.8/d)^{1/3}$

2)《公路桥涵地基与基础设计规范》（JTG D63）

（1）钻（挖）孔灌注桩桩侧摩阻力标准值，宜采用单桩摩阻力试验确定，当无试验条件时按表 4.5-19 确定：

表 4.5-19　钻孔桩桩侧土摩阻力标准值 q_{ik}

土　类		q_{ik}/kPa
中密炉渣、粉煤灰		$40 \sim 60$
黏性土	流塑 $I_L > 1$	$20 \sim 30$
	软塑 $0.75 < I_L \leqslant 1$	$30 \sim 50$
	可塑、硬塑 $0 < I_L \leqslant 0.75$	$50 \sim 80$
	坚硬 $I_L \leqslant 0$	$80 \sim 120$
粉土	中密	$30 \sim 55$
	密实	$55 \sim 80$
粉砂、细砂	中密	$35 \sim 55$
	密实	$55 \sim 70$
中砂	中密	$45 \sim 60$
	密实	$60 \sim 80$
粗砂、砾砂	中密	$60 \sim 90$
	密实	$90 \sim 140$
圆砾、角砾	中密	$120 \sim 150$
	密实	$150 \sim 180$
碎石、卵石	中密	$160 \sim 220$
	密实	$220 \sim 400$
漂石、块石		$400 \sim 600$

注：挖孔桩的标准值可参照本表采用。

（2）沉桩桩侧摩阻力标准值，宜采用单桩摩阻力试验确定，当无试验条件时按表 4.5-20 取值确定：

表 4.5-20　沉桩桩侧土摩阻力标准值 q_{ik}

土 类	状 态	q_{ik} /kPa
黏性土	$1.5 \geqslant I_L \geqslant 1$	$15 \sim 30$
	$1 > I_L \geqslant 0.75$	$30 \sim 45$
	$0.75 > I_L \geqslant 0.5$	$45 \sim 60$
	$0.5 > I_L \geqslant 0.25$	$60 \sim 75$
	$0.25 > I_L \geqslant 0$	$75 \sim 85$
	$0 > I_L$	$85 \sim 95$
粉土	稍密	$20 \sim 35$
	中密	$35 \sim 65$
	密实	$65 \sim 80$
粉、细砂	稍密	$20 \sim 35$
	中密	$35 \sim 65$
	密实	$65 \sim 80$
中砂	中密	$55 \sim 75$
	密实	$75 \sim 90$
粗砂	中密	$70 \sim 90$
	密实	$90 \sim 105$

注：表中土的液性指数 I_L，系按 76 g 平衡锥测定的数值。

（3）当采用静力触探试验测定时，沉桩承载力容许值计算中的桩侧土摩阻力标准值为：

$$q_{ik} = \beta_i \overline{q}_i$$

式中：$\overline{q}_i$——桩侧第 i 层土由静力触探测得的局部侧摩阻力的平均值（kPa），当 $\overline{q}_i$ 小于 5 kPa 时，采用 5 kPa。

β_i——侧摩阻力综合修正系数，当土层的 $\overline{q}_r$ 大于 2 000 kPa（$\overline{q}_r$ 为桩端标高以上和以下各 $4d$ 范围内静力触探端阻的平均值，若桩端标高以上 $4d$ 范围内端阻的平均值大于桩端标高以下 $4d$ 的端阻平均值，则取桩端以下 $4d$ 范围内端端阻的平均值），且 $\overline{q}_i/\overline{q}_r$ 小于或等于 0.014 时，$\beta_i = 5.067\overline{q}_i^{-0.45}$；如不满足上述 $\overline{q}_r$ 和 $\overline{q}_i/\overline{q}_r$ 条件时，$\beta_i = 10.045\overline{q}_i^{-0.55}$。

3)《铁路桥涵地基和基础设计规范》(TB 10002.5)

(1)打入、震动下沉和桩尖爆扩桩。

① 根据土的物理性质,查表 4.5-21 确定桩周土极限摩阻力。

表 4.5-21 桩周土的极限摩擦阻力

土的名称	土的状态	极限摩阻力 f_i /kPa
黏性土	$1 \leqslant I_L < 1.5$	15 ~ 30
	$0.75 \leqslant I_L < 1$	30 ~ 45
	$0.5 \leqslant I_L < 0.75$	45 ~ 60
	$0.25 \leqslant I_L < 0.5$	60 ~ 75
	$0 \leqslant I_L < 0.25$	75 ~ 85
	$I_L < 0$	85 ~ 95
粉土	稍密	20 ~ 35
	中密	35 ~ 65
	密实	65 ~ 80
粉、细砂	稍松	20 ~ 35
	稍、中密	35 ~ 65
	密实	65 ~ 80
中砂	稍、中密	55 ~ 75
	密实	75 ~ 90
粗砂	稍、中密	70 ~ 90
	密实	90 ~ 105

② 采用静力触探试验确定桩周土极限摩阻力:

$$f_i = \beta_i \overline{f}_{si}$$

式中:$\overline{f}_{si}$ 为桩侧第 i 层土静力触探测得的平均侧摩阻力(kPa)。当 $\overline{f}_{si} < 5$ kPa 时,可采用 5 kPa;当桩侧第 i 层土的 $\overline{q}_{ci} > 2\,000$ kPa,且 $\overline{f}_{si} / \overline{q}_{ci} \leqslant 0.014$ 时(式中的 $\overline{f}_{si}$ 和 $\overline{q}_{ci}$ 均以 kPa 计),$\beta_i = 5.067 \overline{f}_{si}^{-0.45}$。当不满足上述 $\overline{q}_{ci}$ 和 $\overline{f}_{si} / \overline{q}_{ci}$ 条件时,$\beta_i = 10.045 \overline{f}_{si}^{-0.55}$。

(2)钻(挖)孔灌注桩。

对于钻(挖)孔灌注桩,按土类及土性状态查表 4.5-22 确定桩周极限摩阻力。

表 4.5-22 钻孔灌注桩桩周极限摩阻力

土的名称	土性状态	极限摩阻力/kPa
软土		12 ~ 22
黏性土	流塑	20 ~ 35
	软塑	35 ~ 55
	硬塑	55 ~ 75
粉土	中密	30 ~ 55
	密实	55 ~ 70
粉砂、细砂	中密	30 ~ 55
	密实	55 ~ 70
中砂	中密	45 ~ 70
	密实	70 ~ 90
粗砂、砾砂	中密	70 ~ 90
	密实	90 ~ 150
圆砾土、角砾土	中密	90 ~ 150
	密实	150 ~ 220
碎石土、卵石土	中密	150 ~ 220
	密实	220 ~ 420

注：① 漂石土、块石土极限摩阻力可采用 400 ~ 600 kPa。
② 挖孔灌注桩的极限摩阻力可参照本表采用。

4）《铁路工程地质原位测试规程》（TB 10018）

（1）打入钢筋混凝土预制桩。

这类桩采用的静力触探试验测定方法与《铁路桥涵地基和基础设计规范》（TB 10002.5）方法相同。

（2）混凝土钻孔灌注桩。

桩周土极限摩阻力：

$$f_i = \beta_i \overline{f}_{si}$$

其中： $\beta_i = 18.24 \overline{f}_{si}^{-0.75}$ 。

沉管灌注桩桩周土极限摩阻力：

$$f_i = \beta_i \overline{f}_{si}$$

其中 $\beta_i = 4.14 \overline{f}_{si}^{-0.4}$。

4. 国外有关基于触探确定桩周土极限侧摩阻力的相关规定

1）LCPC（法国路桥实验中心）方法

法国路桥实验中心规定，基于静力触探的桩周土极限侧摩阻力取值如下式所示。

$$q_s = \frac{1}{k_s} q_c$$

式中：q_c——相应土层的锥尖阻力平均值；

k_s——桩侧摩阻力系数，与土性和桩型有关，具体如表 4.5-23 所示。

表 4.5-23　k_s 取值表

土　性	q_c /MPa	k_s				最大 q_s/kPa					
		桩型									
		I_A	I_B	II_A	II_B	I_A	I_B	II_A	II_B	III_A	III_B
淤泥质软土	< 1	30	30	30	30	15	15	15	15	35	—
中等密实度黏土	1 ~ 5	40	80	40	80	35 (80)	35 (80)	35 (80)	35	80	≤ 120
粉土、松散砂	≤ 5	60	150	60	120	35	35	35	35	80	—
硬黏土、密实砂	> 5	60	120	60	120	35 (80)	35 (80)	35 (80)	35	80	≤ 200
软白垩土	≤ 5	100	120	100	120	35	35	35	35	80	—
中等密实度砂、砂砾	5 ~ 12	100	200	100	200	80 (120)	35 (80)	80 (120)	80	120	≤ 200
风化石灰质土	> 5	60	80	60	80	120 (150)	80 (120)	120 (150)	150	150	≤ 200
紧密砂石、极紧密砂石	> 12	150	300	150	200	120 (150)	80 (120)	120 (150)	150	150	≤ 200

注：I_A：普通钻孔桩、泥浆钻孔桩、中空螺旋钻钻孔桩、螺纹管桩、低压喷射微型桩；

I_B：钢管桩及打入式管桩；

II_A：静压预制桩或预应力混凝土桩；

II_B：静压钢桩；

III_A：驱动灌浆桩、驱动夯桩；

III_B：具有较高注射压力的直径大于 250 mm 的高压注浆桩，高压注射压力微型桩。

2）Schmertmann 方法

Schmertmann 分别给出了基于双桥静力触探测试指标锥尖阻力 q_c 和侧摩阻力 f_s 确定桩周土极限侧摩阻力取值方法。

（1）基于锥尖阻力 q_c 确定桩周土极限侧摩阻力：

$$f_i = c_s q_c$$

式中：c_s 为桩侧摩阻力系数。对于开口钢管桩 $c_s = 0.008$，混凝土预制桩或钢桩 $c_s = 0.012$，打入或震动下沉钢桩、木桩 $c_s = 0.018$。

（2）基于侧摩阻力 f_s 确定桩周土极限侧摩阻力：

$$f_i = c_{sf} f_s$$

式中：c_{sf} 为桩侧摩阻力系数，根据桩型和测试所得侧摩阻力取值按表 4.5-24 确定。

表 4.5-24　c_{sf} 取值表

f_s / kPa	c_{sf}	
	钢桩	混凝土桩或木桩
25	0.97	0.97
50	0.70	0.76
75	0.48	0.58
88	0.40	0.52
100	0.36	0.47
150	0.27	0.43
200	0.20	0.40

5．基于静力触探的钻孔灌注桩桩周土极限侧摩阻力取值方法研究

桩基的承载力因桩的种类、施工设备及土质的不同而千变万化，是非常复杂的问题，估算方法也有多种。自从 20 世纪 30 年代荷兰首次将静力触探用于推算桩的承载力以来，该法在西欧等许多地区得到推广，我国从 70 年代以来也取得了部分成果。美国的 Robertson 等（1988）汇总了 13 种静力触探确定桩承载力的方法。这些方法多数属

地区性或某工程部门提出的经验方法，预制桩方面成果较多，灌注桩方面相对较少。国内外各种方法均认为桩的承载力分为桩端阻力和桩侧摩阻力，以不同方法将静力触探的端阻、侧阻和桩的端阻、侧阻分别建立转换关系。各方法的区别主要是在计算桩端的取值范围、土类的分层、分类和修正系数等方面，其中关键的问题是修正系数的取值。

国外桩的受力性状现场试验资料较多，但灌注桩方面的资料却较少。从这些资料可以看出，灌注桩承载力与打入桩承载力之间的关系，可以归纳如下：

（1）苏联在同一场地做打入桩、打入式灌注桩和钻孔灌注桩的载荷试验，结果表明：在 4~10 m 内打入式和打入式灌注桩的单位面积承载力随桩长增加而减少，而灌注桩保持为一定值；在干土中打入桩承载力比灌注桩高一倍，在饱和土中高 2~2.5 倍，而与打入式灌注桩相同。

（2）Meyerhof 的试验表明：土的内摩擦角受土压缩性和桩设置方法的影响，钻孔灌注桩桩端阻力为打入桩的 1/2~1/3，桩侧壁阻力随被挤土体面积增大而增大。在黏土中，灌注桩约为打入桩的 1/2。

（3）Meyerhof 和 Vesic 汇总了众多的室内试验认为：在均匀砂土中或桩穿过压缩性土进入厚持力层时，桩端阻力和单位侧壁阻力随深度增加而增加，达到临界深度后，该值为常数；超过临界深度后，端阻与覆盖压力无关。这一现象打入桩与灌注桩相同。

1）试桩及相应工点静力触探测试资料收集与整理

为提高拟合数据的可靠性，解决传统试桩资料只根据极限承载力采用经验方法划分桩侧阻力和桩端阻力的不足，中国铁设依托天津及周边地区试桩资料，特别是京沪高速铁路试桩资料，共收集到 30 根桩身埋设应变计的静载试桩资料，桩长 35~60 m，桩径 0.6~1.5 m。每根试桩的桩侧主要土层分界面处埋设有电阻应变计式钢筋计，以便计算不同土层的桩侧摩阻力。对于较薄的土层，将其归并为邻近的土层，同一土层厚度超过 10.0 m 时，在土层中间增设测试断面。每个断面采用 4 只钢筋计，对称布置，以有效补偿，并提高测试精度。同时，为采集到与之相匹配的静力触探数据，在试桩点附近共完成 37 孔（2 孔未达到桩底深度）深层静力触探试验。试桩资料统计数据如表 4.5-25 所示。

表 4.5-25 试桩资料统计

序号	工点名称	试桩编号	桩长/m	桩径/m	极限承载力/kN
1	天津特大桥	S1	53	1	11 400
2	天津特大桥	S2	53	1	9 500
3	天津特大桥	S3	53	1	11 400
4	青沧特大桥	S1	47.9	1.25	9000
5	青沧特大桥	S2	47.9	1.25	12 000
6	青沧特大桥	S3	47.9	1.25	12 000
7	沧德特大桥	S1	59	1.5	16 500
8	沧德特大桥	S2	59	1.5	18 150
9	沧德特大桥	S3	59	1.5	16 500
10	德济特大桥	S1	47.9	1	10 400
11	德济特大桥	S2	47.9	1	10 400
12	德济特大桥	S3	47.9	1	9 600
13	外环北路北延线	ZK-Q3	60	0.8	10 000
14	外环北路北延线	ZK-Q4	60	0.8	10 000
15	科技档案中心	26#	37.3	0.8	6 000
16	科技档案中心	60#	37.3	0.8	6 000
17	滨海站	KYS-5	35	0.6	5 150
18	滨海站	KYS-6	35	0.6	5 579
19	滨海站	KYS-7	35	0.6	5 579
20	滨海站	KYS-8	35	0.6	5 150
21	滨海站	KYS-9	35	0.6	5 150
22	滨海站	KYS-10	35	0.6	5 150
23	滨海站	KYS-11	35	0.6	5 579
24	滨海站	KYS-12	35	0.6	5 150
25	滨海站	KYS-13	35	0.6	5 150
26	滨海站	KYS-15	35	0.6	5 150
27	滨海站	KYS-17	35	0.6	5 579
28	滨海站	KYS-18	35	0.6	5 579
29	滨海站	KYS-20	35	0.6	5 579
30	滨海站	KYS-21	35	0.6	5 579

2）基于静力触探的桩周土极限侧摩阻力取值经验公式

为充分利用试桩资料中桩侧阻力分布测试成果，取试桩资料中两应力计中间测试段为对比段（在进行应力计设置时，尽量将其安置在土层分界处）。对于试桩资料，在极限荷载作用下认为桩侧阻力已经充分发挥，取此级荷载下对比段桩侧阻力为目标值 F_{si}；对于触探资料，在对应深度测试段内，先进行力学分层，得出测试段内各土层触探侧摩阻力平均值，根据测试段内土层接触关系和厚度关系，加权平均后，得到对比段触探侧摩阻力估算值 $\overline{f_{si}}$。

引入侧阻修正系数 β_i：

$$\beta_i = F_{si} / \overline{f_{si}}$$

将得到的侧阻修正系数 β_i 与对比段触探侧摩阻力估算值 $\overline{f_{si}}$ 进行回归分析，粉砂、粉土、粉质黏土和黏土分别整理得到 36 组、38 组、97 组和 30 组对比数据，通过绘制散点图、拟合回归曲线(图 4.5-11 ~ 4.5-14)，得到基于静力触探的桩周土极限侧摩阻力取值经验公式，如表 4.5-26 所示。

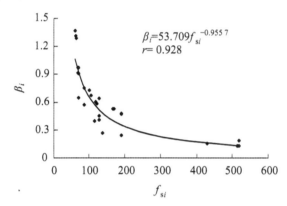

图 4.5-11　粉砂侧阻修正系数 β_i 回归曲线

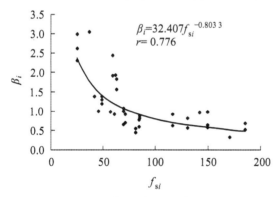

图 4.5-12　粉土侧阻修正系数 β_i 回归曲线

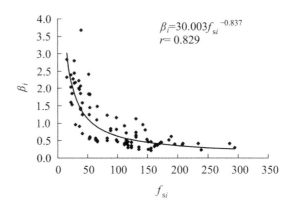

图 4.5-13 粉质黏土桩侧阻修正系数 β_i 回归曲线

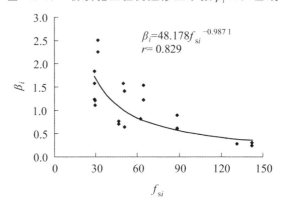

图 4.5-14 黏性土侧阻修正系数 β_i 回归曲线

表 4.5-26 基于静力触探的钻孔灌注桩桩周土极限侧摩阻力取值

土性	极限侧摩阻力计算公式/kPa	极限侧摩阻力综合修正系数		$\overline{f}_{si}$ 值域/kPa
		回归公式	相关系数	
粉砂	$f_i = \beta_i \overline{f}_{si}$	$\beta_i = 53.709 \overline{f}_{si}^{-0.955\ 7}$	$r = 0.928$	$61.04 \sim 519.68$
粉土		$\beta_i = 32.407 \overline{f}_{si}^{-0.803\ 3}$	$r = 0.776$	$25.96 \sim 185.31$
粉质黏土		$\beta_i = 30.003 \overline{f}_{si}^{-0.837}$	$r = 0.829$	$15.66 \sim 239.80$
黏土		$\beta_i = 48.178 \overline{f}_{si}^{-0.987\ 1}$	$R = 0.829$	$28.94 \sim 142.04$

3）推荐经验公式与现有规范经验公式对比分析

本节所推荐的各土性桩侧阻力修正系数与现行《铁路工程地质原位测试规程》（TB 10018）中所推荐的经验公式对比如图 4.5-15 所示。从对比图中可以看出：在本经验公式值域范围内，对于粉土、粉质黏土，本节所推荐的经验公式侧阻修正系数大于现行规范；对于粉砂和黏土，当侧摩阻力较小时，推荐经验公式侧摩阻力修正系数大于现行规范，当 $f_{si} > 190.6$ kPa 和 $f_{si} > 108.3$ kPa 时，本节所推荐的经验公式侧摩阻力修正系数小于现行规范方法。

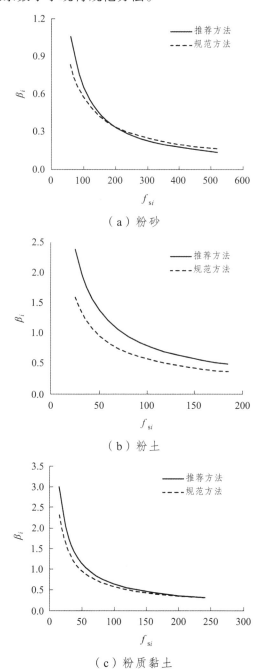

（a）粉砂

（b）粉土

（c）粉质黏土

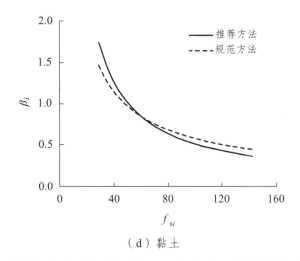

（d）黏土

图 4.5-15　推荐经验公式与现行《铁路工程地质原位测试规程》方法对比

6．基于触探技术的桩尖土极限承载力理论计算公式

1）塑性区特征流线位移增量衰减方程

魏杰在人工均匀填筑的平潭标准砂中进行了较大数量的室内不同填筑密度的砂土中模型桩的贯入试验，利用读数显微镜详细地对数百个观测点进行了桩周土体变形场的观测，结合试验提出了增量形式的弹塑性计算模式。该模式反映了砂土塑性区大应变下的增量剪胀特征和外围弹性区小应变下的压缩特征。

将模型探头贯入均匀砂土中至 h_{cr} 以下，设继续将探头下贯一个小量 Δh，在 $r = r_1 = 2B/3$ 处的位移增量为 ΔS_1，在 $r < r_p$ 处的位移增量为 ΔS。根据试验观测，如图 4.5-16 所示，ΔS 比较符合指数衰减方程：

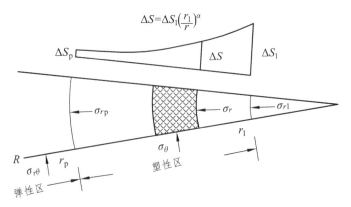

图 4.5-16　等效扩张模式

$$\Delta S = \Delta S_1 (r_1 / r)^{\alpha} \quad\quad\quad (4.5\text{-}33)$$

式中：α 为塑性区位移增量衰减指数，也可称为塑性区体变增量特征参数；B 为锥径。

对于三种密度的平潭标准砂处于 h_{cr} 附近的 α 值由试验测得如表4.5-27 所示。

表 4.5-27　α 值

相对密实度 D_r	0.3	0.5	0.75
α	1.5	1.3	1.2

2）塑性区应力分布衰减方程

如图 4.5-16 所示，平面应变条件下柱孔扩张静力平衡方程为：

$$\frac{\mathrm{d}\sigma_r}{\mathrm{d}r} + 2\frac{\sigma_r - \sigma_\theta}{r} = 0 \quad\quad\quad (4.5\text{-}34)$$

式中：σ_r、σ_θ 分别为径向应力和环向应力。

空间准滑动面破坏准则在砂土（$c=0$）中可表示为：

$$\sigma_r = R_{PS} \cdot \sigma_\theta \quad\quad\quad (4.5\text{-}35)$$

式中：$R_{PS} = \frac{1}{4}\left(\sqrt{8\tan^2\phi + 9} + \sqrt{8\tan^2\phi + 6 - 2\sqrt{8\tan^2\phi + 9}} - 1\right)^2$，$\phi$ 为砂土的内摩擦角。将式（4.5-35）代入式（4.5-34）并引入 $r = r_1$ 处应力边界值 $\sigma_r = \sigma_{r1}$，则有

$$\sigma_r = \sigma_{r1} (r_1 / r)^{1 - \frac{1}{R_{PS}}} \quad\quad\quad (4.5\text{-}36)$$

式中：$\left(1 - \dfrac{1}{R_{PS}}\right)$ 为塑性区径向应力衰减指数。

3）塑性区外边界应力边界条件

根据对探头周围土体应力场的观测，如图 4.5-16 所示，在 $r = r_p$ 处，设

$$\sigma_{\theta p} = (1 + \sin\phi)\gamma h \qu\quad\quad\quad (4.5\text{-}37)$$

式中：h 为土层深度；γ 为上覆土层平均容重，将式（4.5-37）代入式（4.5-35）得到：

$$\sigma_{\mathrm{rp}} = R_{\mathrm{PS}}(1 + \sin\phi) \cdot \gamma h \qquad (4.5\text{-}38)$$

令上式中

$$R_{\mathrm{PS}}(1 + \sin\phi) = K(\phi) \qquad (4.5\text{-}39)$$

则式（4.5-38）简记为：

$$\sigma_{\mathrm{rp}} = K(\phi) \cdot \gamma h \qquad (4.5\text{-}40)$$

4）弹性区内边界（即塑性区外边界）位移增量

在弹性区范围内，当探头下贯 Δh，在 $r = r_1$ 处发生 ΔS_1 时，弹性区径向应力增量为：

$$\Delta\sigma_r = \Delta S_1\left(-\frac{\mathrm{d}\sigma_r}{\mathrm{d}r}\right) \qquad (4.5\text{-}41)$$

应用弹性理论 Lame 解，弹性区 r 处发生应力增量所引起的压缩位移增量为：

$$\Delta u_r = \frac{1+\nu}{2E}r\Delta\sigma_r \qquad (4.5\text{-}42)$$

在 r 与 $r+\mathrm{d}r$ 之间的位移增量差值为 $\mathrm{d}\Delta u_r = \frac{1+\nu}{2E}[r - (r+\mathrm{d}r)]\Delta\sigma_r$。

将式（4.5-41）引入上式，则有：

$$\mathrm{d}\Delta u_r = \frac{1+\nu}{2E}(-\mathrm{d}r)\Delta S_1\left(-\frac{\mathrm{d}\sigma_r}{\mathrm{d}r}\right) = \frac{1+\nu}{2E}\Delta S_1\mathrm{d}\sigma_r \qquad (4.5\text{-}43)$$

于是可得到弹性区内边界处位移增量为：

$$\Delta S_{\mathrm{p}} = \int_{\infty}^{r_{\mathrm{p}}} \mathrm{d}\Delta u_r = \int_{\infty}^{r_{\mathrm{p}}} \frac{1+\nu}{2E}\Delta S_1\mathrm{d}\sigma_r = \frac{1+\nu}{2E}\Delta S_1\sigma_{\mathrm{rp}} \qquad (4.5\text{-}44)$$

5）弹性区内边界与塑性区外边界的位移增量协调方程

由式（4.5-33）得到塑性区外边界位移增量边界条件：

$$\Delta S_{\mathrm{p}} = \Delta S_1 \cdot (r_1 / r_{\mathrm{p}})^{\alpha} \qquad (4.5\text{-}45)$$

联立式（4.5-45）与式（4.5-44），即得到位移增量协调方程：

$$\left(\frac{r_1}{r_{\mathrm{p}}}\right)^{\alpha} = \frac{1+\nu}{2E} \cdot \sigma_{\mathrm{rp}} \qquad (4.5\text{-}46)$$

6）极限锥头阻力解析解

将式（4.5-40）代入式（4.5-44）可得到塑性区范围解：

$$r_\mathrm{p} = \left(\frac{1}{K(\phi) \cdot \gamma h} \cdot \frac{2E}{1+\nu} \right)^{\frac{1}{\alpha}} \cdot r_1 \qquad (4.5\text{-}47)$$

由式（4.5-36）得到：

$$\sigma_{r1} = \sigma_{rp} (r_\mathrm{p}/r_1)^{1-\frac{1}{R_\mathrm{PS}}} \qquad (4.5\text{-}48)$$

再将式（4.5-45）和式（4.5-46）代入上式即得：

$$\sigma_{r1} = K(\phi) \cdot \gamma h \cdot \left(\frac{1}{K(\phi) \cdot \gamma h} \cdot \frac{2E}{1+\nu} \right)^{\frac{1}{\alpha}\left(1-\frac{1}{R_\mathrm{PS}}\right)} \qquad (4.5\text{-}49)$$

设极限锥头阻力 $q_\mathrm{c} = \xi \sigma_{r1}$，在此取 $\xi = 1$，则有：

$$q_\mathrm{c} = K(\phi) \cdot \gamma h \cdot \left(\frac{1}{K(\phi) \cdot \gamma h} \cdot \frac{2E}{1+\nu} \right)^{\frac{1}{\alpha}\left(1-\frac{1}{R_\mathrm{PS}}\right)} \qquad (4.5\text{-}50)$$

若采用传统的表达形式

$$q_\mathrm{c} = \gamma h N_q \qquad (4.5\text{-}51)$$

则承载力因数 N_q 为：

$$N_q = K(\phi) \cdot \left(\frac{1}{K(\phi) \cdot \gamma h} \cdot \frac{2E}{1+\nu} \right)^{\frac{1}{\alpha}\left(1-\frac{1}{R_\mathrm{PS}}\right)} \qquad (4.5\text{-}52)$$

为更清楚地表达深度影响特征，式（4.5-50）可表达为：

$$q_\mathrm{c} = [K(\phi) \cdot \gamma h]^{1-\frac{1}{\alpha}\left(1-\frac{1}{R_\mathrm{PS}}\right)} \cdot \left(\frac{2E}{1+\nu} \right)^{\frac{1}{\alpha}\left(1-\frac{1}{R_\mathrm{PS}}\right)} \qquad (4.5\text{-}53)$$

7）极限锥头阻力临界深度解析解

由式（4.5-47）可知，随着深度 h 增大，塑性区范围 r_p 是逐渐减小的。当 h 与 r_p 的比值达到一定的数值 η 时，上自由界面的影响将消失，q_c 呈现稳值或似稳值，即：

$$h_{\mathrm{cr}} = \eta r_{\mathrm{p}} \qquad (4.5\text{-}54)$$

据试验观测，η 的数值可近似表示为

$$\eta = 1 + \sin \varphi \qquad (4.5\text{-}55)$$

将式（4.5-54）代入式（4.5-47）并考虑到 $r_1 = 2B/3$，则有

$$h_{\mathrm{cr}} = \left(\frac{2}{3}\eta\right)^{\frac{\alpha}{1+\alpha}} \cdot B^{\frac{\alpha}{1+\alpha}} \cdot \left(\frac{1}{\gamma \cdot K(\phi)} \cdot \frac{2E}{1+\nu}\right)^{\frac{1}{1+\alpha}} \qquad (4.5\text{-}56)$$

将上式代入式（4.5-53）（其中 $h = h_{\mathrm{cr}}$），消去 $\dfrac{2E}{1+\nu}$，可得到：

$$h_{\mathrm{cr}} = \left(\frac{2}{3}\eta\right)^{\frac{R_{\mathrm{PS}}-1}{2R_{\mathrm{PS}}-1}} \cdot [K(\phi)]^{-\frac{R_{\mathrm{PS}}}{2R_{\mathrm{PS}}-1}} B^{\frac{R_{\mathrm{PS}}-1}{2R_{\mathrm{PS}}-1}} \cdot \left(\frac{q_{\mathrm{c}}}{\gamma}\right)^{\frac{R_{\mathrm{PS}}}{2R_{\mathrm{PS}}-1}} \qquad (4.5\text{-}57)$$

为简化，取系数

$$F(\phi) = \left(\frac{2}{3}\eta\right)^{\frac{R_{\mathrm{PS}}-1}{2R_{\mathrm{PS}}-1}} \cdot [K(\phi)]^{-\frac{R_{\mathrm{PS}}}{2R_{\mathrm{PS}}-1}} \qquad (4.5\text{-}58)$$

则式（4.5-57）可表达为：

$$h_{\mathrm{cr}} = F(\phi) B^{\frac{R_{\mathrm{PS}}-1}{2R_{\mathrm{PS}}-1}} \cdot \left(\frac{q_{\mathrm{c}}}{\gamma}\right)^{\frac{R_{\mathrm{PS}}}{2R_{\mathrm{PS}}-1}} \qquad (4.5\text{-}59)$$

7. 桩尖土极限承载力经验计算公式

对桩端阻力 q_{p}，常用承载力理论分析计算。用承载力理论计算 q_{p}，均假设土为刚塑性体，假设在桩端以下发生一定形态的剪切破坏滑动面，不同学者对剪切破坏滑动面形态有不同的假设，便可以导出不同的桩端阻力的极限承载力理论表达式。图 4.5-17 所示为假设的破坏滑动面的不同形态。

Terzaghi（1943）、Meyerhof（1976）、Vesic（1963）所提出的单位面积极限桩端阻力公式，可以统一表达为如下形式：

$$q_{\mathrm{pu}} = \zeta_c c N_c + \zeta_\gamma \gamma_1 b N_\gamma + \zeta_q \gamma h N_q$$

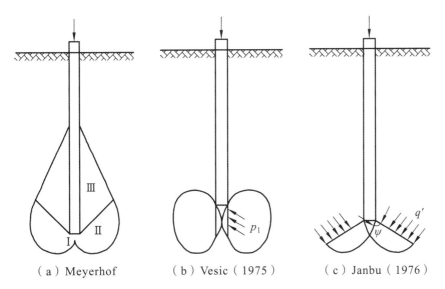

| （a）Meyerhof | （b）Vesic（1975） | （c）Janbu（1976） |

图 4.5-17　桩端破坏滑动面的不同假说

式中：N_c、N_γ、N_q 分别为无量纲承载力系数，与土的内摩擦角 ϕ 有关；ζ_c、ζ_γ、ζ_q 是桩端的形状系数；b、h 分别为桩端底宽（直径）和桩的入土深度；c 为土的黏聚力；γ_1 为桩端平面以下土的有效重度；γ 为桩端平面以上土的有效重度。

由于 N_γ 与 N_q 接近，而桩径 b 远小于桩深 h，故可将计算式中第二项略去，于是

$$q_{\mathrm{pu}} = \zeta_c c N_c + \zeta_q \gamma h N_q$$

当桩端土为饱和黏性土（$\phi_{\mathrm{u}} = 0$）时，极限端阻力公式可进一步简化。此时 $N_q = 1$，当桩径 $d < 30\ \mathrm{cm}$ 时，$\zeta_c N_c = N_c^* = 1.3 N_c = 9$；当 $d = 30 \sim 60\ \mathrm{cm}$ 时，$N_c^* = 7$；当 $d > 60\ \mathrm{cm}$ 时，$N_c^* = 6$。因此，对于桩端为饱和黏性土的极限端阻力公式为

$$q_{\mathrm{pu}} = (6 \sim 9) c_{\mathrm{u}} + \gamma h$$

1）Meyerhof（1976）公式

假设基底下土体发生整体剪切破坏，滑动面由直线与螺旋曲线组成，滑动面的终点交于桩身侧面。对于桩端阻力 q_{p} 建议用下式计算：

$$q_{\mathrm{p}} = c \cdot N_c' + q \cdot N_q'$$

式中：c 为桩尖以上 $4d$ 至桩尖以下 $1d$ 范围内土的平均黏聚力；N_c'、N_q' 为承载力系数；q 为桩底处的上覆压力。

Meyerhof 推荐确定承载力系数的方法如下：

（1）算出实际的深度比 $R_1 = h/d$，根据给定的 ϕ，查表得出临界深度比 $R_2 = h_c/d$。其中：h 为桩基进入持力层深度；h_c 表示临界深度。

（2）如果 $R_1 > 0.5R_2$、$\phi < 30°$，根据相应的 ϕ 从曲线上直接得出 N_c'、N_q'；如 $R_1 < 0.5R_2$，根据 N_c、N_q 按直线比例增加得到 N_c'、N_q'。

（3）如果 $\phi > 30°$，作相应于 h/d 的修正曲线，按 h/d 在曲线之间近似内插。

N_c'、N_q'、h_c/d 均随 ϕ 而变化。Meyerhof 通过试验还认为在临界深度以下，N_c' 还随土的灵敏度和土的压缩性变化。对极灵敏的正常固结软黏土 N_c' 约为 5，对坚硬的非灵敏性超固结黏土 N_c' 约为 10，一般情况下，可用 $N_c' = 9$ 来估算 q_p。Meyerhof 公式中几者的关系如图 4.5-18 所示。

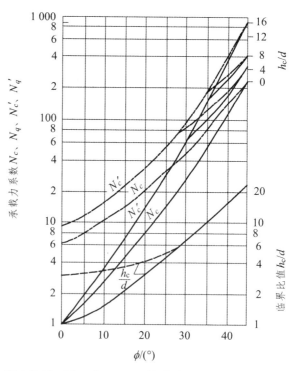

图 4.5-18　N_c'、N_q'、h_c/d-ϕ 关系（Meyerhof，1976）

2）Vesic（1975）极限端阻力公式

Vesic（1972）发展了圆球形和圆柱形孔穴扩张理论，把土作为可压缩的塑性体，并导出了孔穴内极限压力的表达式。Vesic（1975）假设在桩底端以下有一压密核，压密核外为剪切过渡区，随着荷载的增加，剪切区竖直圆柱面向周围扩张，出现塑性区，用圆柱孔穴扩张理论，可计算极限桩端阻力 q_p：

$$q_p = cN_c^* + \overline{q} \cdot N_q^*$$

式中：$N_c^* = (N_q^* - 1)\cot\phi$；

$N_q^* = \dfrac{3}{3 - \sin\phi} e^{\left(\frac{\pi}{2} - \phi\right)\tan\phi} \tan^2\left(\dfrac{\pi}{4} + \dfrac{\phi}{2}\right)(I_{rr})^{4\sin\phi/[3(1+\sin\phi)]}$；

$\overline{q}$——平均应力，$\overline{q} = \dfrac{1 + 2K_0}{3}\gamma \cdot l$，$K_0$ 为静止土压力，$\gamma \cdot l$ 为桩端处的自重应力；

I_{rr}(土的刚度系数) $= \dfrac{I_r}{1 + I_r \cdot \Delta}$，$I_r = \dfrac{E}{2(1+\nu)(c + q\tan\phi)}$，$\Delta$—塑性区的平均体积应变，近似地可取 $I_{rr} \approx 3/R_f$（R_f——静力触探摩阻比）。

刚度指数 I_r 反映土的压缩性影响，该刚度指数与土的变形模量成正比，与平均法向压力成反比。这使得极限端阻力计算值随土的压缩体变增大而减小，与按刚塑体理论求得的与土压缩性无关的极限端阻公式相比有所改进。

3）Janbu（1976）公式

Janbu 认为桩端以下的塑性区范围与土的压缩性有关，如图 4.5-17（c）中的夹角 ψ 所示。为了工程上计算式的简化，Janbu 把土的抗剪强度 s_f 改写成：

$$s_f = (\sigma' + \alpha)\tan\phi$$

式中：α——表观吸引力，$\alpha = c/\tan\phi$。

极限桩端阻力 q_p 由下式计算：

$$q_p = (N_q - 1)(q' + \alpha) + q'$$

式中：$N_q = N \cdot e^{2\psi\nu}$，$N = (\nu + \sqrt{1+\nu})^2$，$\nu = \tan\phi$；

q'——桩端深度处有效上覆压力。

N_q 与 $\tan\phi$、ψ 的关系如表 4.5-28 所示。

表 4.5-28 N_q

ν	ψ								
	180	150	120	105	90	75	60	30	0
0	1.0	1.0	1.0	1.0	1.0	1.0	1.0	1.0	1.0
0.1	2.29	2.06	1.86	1.76	1.67	1.59	1.51	1.36	1.22
0.2	5.23	4.24	3.44	3.10	2.79	2.51	2.26	1.83	1.49
0.3	11.90	8.69	6.35	5.42	4.64	3.96	3.39	2.47	1.81
0.4	26.93	17.72	11.65	9.45	7.67	6.22	5.04	3.32	2.18
0.5	60.58	35.89	21.26	16.36	12.59	9.69	7.46	4.42	2.62
0.6	135.31	72.19	38.51	28.13	20.54	15.01	10.96	5.85	3.12
0.7	299.93	144.10	69.23	47.99	33.26	23.06	15.98	7.68	3.69
0.8	659.76	285.47	123.52	81.25	53.44	35.15	23.12	10.01	4.33
0.9	1 440.29	561.23	218.69	136.51	85.21	53.19	33.20	12.94	5.04
1.0	3 121.07	1 095.25	384.34	277.68	134.87	79.90	47.33	16.61	5.83

当桩端为高压缩性软土时，桩底端易于贯入，塑性区不发展，$\psi \leqslant 60°$。对于密实砂土，塑性区发展范围大，ψ 值较大，可达 105°。

由于各家对基底破坏滑动面的假设不同，故所得到的极限桩端阻力往往有很大差异。Vesic、Janbu 在评定极限桩端阻力时，除土的抗剪强度外，还考虑了土的压缩性，这是比较合理的。

8．我国现行规范对桩尖土极限承载力取值的相关规定

1)《建筑桩基技术规范》(JGJ 94)

（1）根据单桥探头静力触探资料确定混凝土预制桩桩尖土极限承载力：

$$q_p = \alpha p_{sk}$$

当 $p_{sk1} \leqslant p_{sk2}$ 时，$p_{sk} = \dfrac{1}{2}(p_{sk1} + \beta \cdot p_{sk2})$；当 $p_{sk1} > p_{sk2}$ 时，$p_{sk1} = p_{sk2}$。

式中：p_{sk1}——桩端全截面以上 8 倍桩径范围内的比贯入阻力平均值；

p_{sk2}——桩端全截面以下 4 倍桩径范围内的比贯入阻力平均值，如桩端持力层为密实的砂土层，其比贯入阻力平均值超过 20 MPa 时，则需乘以表 4.5-29 中系数 C 予以折减后，再计算 p_{sk}。

表 4.5-29　系数 C

p_{sk}/MPa	20～30	35	>40
系数 C	5/6	2/3	1/2

α——桩端阻力修正系数，如表 4.5-30 取值：

表 4.5-30　桩端阻力修正系数 α 值

桩长/m	$l<15$	$15\leqslant l\leqslant 30$	$30<l\leqslant 60$
α	0.75	0.75～0.90	0.90

注：桩长 15 m$\leqslant l\leqslant$30 m，α 值按 l 值直线内插；l 为桩长（不包括桩尖高度）。

β——折减系数，如表 4.5-31 取值：

表 4.5-31　折减系数 β 取值

p_{sk2}/p_{sk1}	$\leqslant 5$	7.5	12.5	$\geqslant 15$
β	1	5/6	2/3	1/2

（2）根据双桥静力触探资料确定混凝土预制桩桩尖土极限承载力（双桥探头的圆锥底面积为 15 cm^2，锥角 60°，摩擦套筒高 21.85 cm，侧面积 300 cm^2）：

$$q_p = \alpha q_c$$

式中：q_c——桩端平面上、下探头阻力，取桩端平面以上 $4d$ 范围内按土层厚度加权的探头阻力平均值（kPa），然后再和桩端平面以下 $1d$ 范围内的探头阻力值进行平均；

　　　α——桩端阻力修正系数，黏性土、粉土取 2/3，饱和砂土取 1/2。

（3）根据土的物理指标与承载力参数之间的经验关系，确定桩的极限端阻力标准值，如无当地经验，极限端阻力标准值 q_{pk} 可按表 4.5-32 取值。

（4）根据土的物理指标与承载力参数之间的经验关系，确定大直径桩单桩极限承载力标准值时，乘以相应的尺寸效应系数：

$$q_p = \psi_p q_{pk}$$

式中：q_{pk}——桩径为 800 mm 的极限端阻力标准值，对于干作业挖孔（清底干净）可采用深层载荷板试验确定；当不能进行深层载荷板试验时，按表 4.5-33 取值。

　　　ψ_p——大直径桩端阻力尺寸效应系数，按表 4.5-34 取值。

单位：kPa

表 4.5-32 桩的极限端阻力标准值 q_{pk}

土名称	桩型 土的状态	混凝土预制桩桩长 l/m				泥浆护壁钻（冲）孔桩桩长 l/m				干作业钻孔桩桩长 l/m		
		l≤9	9<l≤16	16<l≤30	l>30	5≤l<10	10≤l<15	15≤l<30	30≤l	5≤l<10	10≤l<15	15≤l
粘性土	软塑 0.75<I_L≤1	210~850	650~1400	1200~1800	1300~1900	150~250	250~300	300~450	300~450	200~400	400~700	700~950
	可塑 0.50<I_L≤0.75	850~1700	1400~2200	1900~2800	2300~3600	350~450	450~600	600~750	750~800	500~700	800~1100	1000~1600
	硬可塑 0.25<I_L≤0.50	1500~2300	2300~3300	2700~3600	3600~4400	800~900	900~1000	1000~1200	1200~1400	850~1100	1500~1700	1700~1900
	硬塑 0<I_L≤0.25	2500~3800	3800~5500	5500~6000	6000~6800	1100~1200	1200~1400	1400~1600	1600~1800	1600~1800	2200~2400	2600~2800
粉土	中密 0.75≤e≤0.9	950~1700	1400~2100	1900~2700	2500~3400	300~500	500~650	650~750	750~850	800~1200	1200~1400	1400~1600
	密实 e<0.75	1500~2600	2100~3000	2700~3600	3600~4400	650~900	750~950	900~1100	1100~1200	1200~1700	1400~1900	1600~2100
粉砂	稍密 10<N≤15	1000~1600	1500~2300	1900~2700	2100~3000	350~500	450~600	600~700	650~750	500~950	1300~1600	1500~1700
	中密、密实 N>15	1400~2200	2100~3000	3000~4500	3800~5500	600~750	750~900	900~1100	1100~1200	900~1000	1700~1900	1700~1900

土名称	土的状态	混凝土预制桩桩长 l/m				泥浆护壁钻（冲）孔桩桩长 l/m				干作业钻孔桩桩长 l/m		
		$l\le9$	$9<l\le16$	$16<l\le30$	$l>30$	$5\le l<10$	$10\le l<15$	$15\le l<30$	$30\le l$	$5\le l<10$	$10\le l<15$	$15\le l$
细砂	中密、密实 $N>15$	2 500~4 000	3 600~5 000	4 400~6 000	5 300~7 000	650~850	900~1 200	1 200~1 500	1 500~1 800	1 200~1 600	2 000~2 400	2 400~2 700
中砂	$N>15$	4 000~6 000	5 500~7 000	6 500~8 000	7 500~9 000	850~1 050	1 100~1 500	1 500~1 900	1 900~2 100	1 800~2 400	2 800~3 800	3 600~4 400
粗砂	$N>15$	5 700~7 500	7 500~8 500	8 500~10 000	9 500~11 000	1 500~1 800	2 100~2 400	2 400~2 600	2 600~2 800	2 900~3 600	4 000~4 600	4 600~5 200
砾砂	$N>15$	6 000~9 500		9 000~10 500		1 400~2 000		2 000~3 200		3 500~5 000		
角砾、圆砾	$N_{63.5}>10$	7 000~10 000		9 500~11 500		1 800~2 200		2 200~3 600		4 000~5 500		
碎石、卵石	$N_{63.5}>10$	8 000~11 000		10 500~13 000		2 000~3 000		3 000~4 000		4 500~6 500		
全风化软质岩	$30<N\le50$	4 000~6 000				1 000~1 600				1 200~2 000		
全风化硬质岩	$30<N\le50$	5 000~8 000				1 200~2 000				1 400~2 400		
强风化软质岩	$N_{63.5}>10$	6 000~9 000				1 400~2 200				1 600~2 600		
强风化硬质岩	$N_{63.5}>10$	7 000~11 000				1 800~2 800				2 000~3 000		

注：① 砂土和碎石类土中桩的极限端阻力取值，宜综合考虑土的密实度，桩端进入持力层的深径比 h_b/d，土愈密实，h_b/d 愈大，取值愈高。

② 预制桩的岩石极限端阻力指桩端支撑于中、微风化基岩表面或进入强风化岩、软质岩一定深度条件下的极限端阻力。

③ 全风化、强风化软质岩和全风化、强风化硬质岩指其母岩分别为 $f_{rk}\le15$ MPa、$f_{rk}\le30$ MPa 的岩石。

表 4.5-33　干作业挖孔桩（清底干净、D = 800mm）极限端阻力标准值 q_{pk}

单位：kPa

土名称		状　态		
黏性土		$0.25 < I_L \leq 0.75$	$0 < I_L \leq 0.25$	$I_L \leq 0$
		800 ~ 1 800	1 800 ~ 2 400	2 400 ~ 3 000
粉　土		—	$0.75 \leq e \leq 0.9$	$e < 0.75$
		—	1 000 ~ 1 500	1 500 ~ 2 000
砂土、碎石类土		稍密	中密	密实
	粉砂	500 ~ 700	800 ~ 1 100	1 200 ~ 2 000
	细砂	700 ~ 1 100	1 200 ~ 1 800	2 000 ~ 2 500
	中砂	1 000 ~ 2 000	2 200 ~ 3 200	3 500 ~ 5 000
	粗砂	1 200 ~ 2 200	2 500 ~ 3 500	4 000 ~ 5 500
	砾砂	1 400 ~ 2 400	2 600 ~ 4 000	5 000 ~ 7 000
	圆砾、角砾	1 600 ~ 3 000	3 200 ~ 5 000	6 000 ~ 9 000
	卵石、碎石	2 000 ~ 3 000	3 300 ~ 5 000	7 000 ~ 11 000

注：① 当桩进入持力层的深度 h_b 分别为 $h_b \leq D$、$D < h_b \leq 4D$、$h_b > 4D$ 时，q_{pk} 可相应取低、中、高值。

② 砂土密实度可根据标贯击数判定，$N \leq 10$ 为松散，$10 < N \leq 15$ 为稍密，$15 < N \leq 30$ 为中密，$N > 30$ 为密实。

③ 当桩的长径比 $l/d \leq 8$ 时，q_{pk} 宜取较低值。

④ 当对沉降要求不严时，q_{pk} 可取高值。

表 4.5-34　大直径灌注桩端阻力尺寸效应系数 ψ_p

土类型	黏性土、粉土	砂土、碎石类土
ψ_p	$(0.8/D)^{1/4}$	$(0.8/D)^{1/3}$

2）《公路桥涵地基与基础设计规范》（JTG D63）

（1）钻（挖）孔灌注桩桩端处土的承载力容许值（kPa）：

$$q_p = m_0 \lambda \{[f_{a0}] + k_2 \gamma_2 (h - 3)\}$$

式中：$[f_{a0}]$——桩端处土的承载力基本容许值（kPa）。

m_0——清底系数，如表 4.5-35 所示。

λ——修正系数，如表 4.5-36 所示。

k_2——容许承载力随深度的修正系数。

γ_2——桩端以上各土层的加权平均重度（kN/m^3）。

h——桩端的埋置深度（m），对于有冲刷的桩基，埋深一般由冲刷线起算；对无冲刷的桩基，埋深由天然地面线或实际开挖后的地面线起算；h 的计算值不大于 40 m，当大于 m 40 时，按 40 m 计算。

当持力层为砂土、碎石土时，若计算值超过下列值，宜按下列值采用：粉砂 1 000 kPa；细砂 1 150 kPa；中砂、粗砂、砾砂 1 450 kPa；碎石土 2 750 kPa。

表 4.5-35　清底系数 m_0 值

t/d	$0.3 \sim 0.1$
m_0	$0.7 \sim 1.0$

注：① t、d 为桩端沉渣厚度和桩的直径。

　　② $d \leqslant 1.5$ m 时，$t \leqslant 300$ mm；$d > 1/5$ m，时，$t \leqslant 500$ mm，且 $0.1 < t/d < 0.3$。

表 4.5-36　修正系数 λ 值

桩端土情况	l/d		
	$4 \sim 20$	$20 \sim 25$	> 25
透水性土	0.70	$0.70 \sim 0.85$	0.85
不透水性土	0.65	$0.65 \sim 0.72$	0.72

（2）沉桩桩端处土的承载力容许值（kPa）。

沉桩桩端处土的承载力标准值，宜采用单桩试验确定或通过触探试验测定，当无试验条件时按表 4.5-37 取值。

当采用静力触探试验测定时，沉桩承载力容许值计算中的桩端处土的承载力标准值为：

$$q_p = \beta_r \bar{q}_r$$

式中：$\bar{q}_r$——桩端标高以上和以下各 $4d$ 范围内静力触探端阻的平均值，若桩端标高以上 $4d$ 范围内端阻的平均值大于桩端标高以下 $4d$ 的端阻平均值，则取桩端以下 $4d$ 范围内端阻的平均值。

　　　β_r——端阻综合修正系数，当土层的 $\bar{q}_r$ 大于 2 000 kPa，且 $\bar{q}_i / \bar{q}_r$

小于或等于 0.014 时，$\beta_r = 3.975\overline{q_r}^{-0.25}$；如不满足上述 $\overline{q_r}$ 和 $\overline{q_i}/\overline{q_r}$ 条件时，$\beta_r = 12.064\overline{q_r}^{-0.35}$。

$\overline{q_i}$——桩侧第 i 层土由静力触探测得的局部侧摩阻力的平均值（kPa），当 $\overline{q_i}$ 小于 5 kPa 时，采用 5 kPa。

表 4.5-37 桩尖土的极限承载力 q_p　　　　单位：kPa

土　类	状　态	桩尖极限承载力		
黏性土	$1 \leqslant I_L$	1 000		
	$0.65 \leqslant I_L < 1$	1 600		
	$0.35 \leqslant I_L < 0.65$	2 200		
	$I_L < 0.35$	3 000		
		桩尖进入持力层的相对深度		
		$h'/d < 1$	$1 \leqslant h'/d < 4$	$4 \leqslant h'/d$
粉土	中密	1 700	2 000	2 300
	密实	2 500	3 000	3 500
粉砂	中密	2 500	3 000	3 500
	密实	5 000	6 000	7 000
细砂	中密	3 000	3 500	4 000
	密实	5 500	6 500	7 500
中、粗砂	中密	3 500	4 000	4 500
	密实	6 000	7 000	8 000
圆砾土	中密	4 000	4 500	5 000
	密实	7 000	8 000	9 000

3）《铁路桥涵地基和基础设计规范》（TB 10002.5）

（1）打入、震动下沉和桩尖爆扩桩桩尖土的极限承载力（kPa）。

① 土体物理力学指标查表法，如表 4.5-38 所示。

表 4.5-38 桩尖土的极限承载力 q_p 单位：kPa

土 类	状 态	桩尖极限承载力		
黏性土	$1 \leqslant I_L$	1 000		
	$0.65 \leqslant I_L < 1$	1 600		
	$0.35 \leqslant I_L < 0.65$	2 200		
	$I_L < 0.35$	3 000		
		桩尖进入持力层的相对深度		
		$h'/d < 1$	$1 \leqslant h'/d < 4$	$4 \leqslant h'/d$
粉土	中密	1 700	2 000	2 300
	密实	2 500	3 000	3 500
粉砂	中密	2 500	3 000	3 500
	密实	5 000	6 000	7 000
细砂	中密	3 000	3 500	4 000
	密实	5 500	6 500	7 500
中、粗砂	中密	3 500	4 000	4 500
	密实	6 000	7 000	8 000
圆砾土	中密	4 000	4 500	5 000
	密实	7 000	8 000	9 000

注：表中 h' 为桩尖进入持力层的深度（不包括桩靴），d 为桩的直径或边长。

② 静力触探试验法，计算公式如下式所示：

$$q_p = \beta \overline{q}_c$$

式中：q_p 为桩尖土的极限承载力（kPa）。$\overline{q}_c$ 为桩尖（不包括桩靴）高程以上和以下各 $4d$ 范围内静力触探平均端阻力 $\overline{q}_{c1}$ 和 $\overline{q}_{c2}$（均以 kPa 计）的平均值，但当 $\overline{q}_{c1} > \overline{q}_{c2}$ 时，$\overline{q}_c$ 取 $\overline{q}_{c2}$ 的值。β 为桩端阻的综合修正系数：当桩底土的 $\overline{q}_{c2} > 2\,000$ kPa（$\overline{q}_{c2}$ 为桩尖高程以下 $4d$ 范围内静力触探平均端阻力），且 $\overline{f}_{s2}/\overline{q}_{c2} \leqslant 0.014$ 时，$\beta = 3.975\overline{q}_c^{-0.25}$；当不满足上述 $\overline{q}_{c2}$ 和 $\overline{f}_{s2}/\overline{q}_{c2}$ 条件时，$\beta = 12.064\overline{q}_c^{-0.35}$。式中：$\overline{q}_{ci}$ 为相应于 $\overline{f}_{si}$ 土层中桩侧触探平均端阻；$\overline{f}_{s2}$ 为相应于 $\overline{q}_{c2}$ 土层中桩底触探平均侧阻。

4）《铁路工程地质原位测试规程》（TB 10018）

对于打入钢筋混凝土预制桩，《铁路工程地质原位测试规程》采用与《铁路桥涵地基和基础设计规范》相同的方法。

对于混凝土钻孔灌注桩：$q_p = \beta \overline{q}_c$，$\beta = 130.53 \overline{q}_c^{-0.76}$

对于沉管灌注桩：$q_p = \beta \overline{q}_c$

式中：当桩底高程以下 $4d$ 范围内的摩阻比 $R_f(\%) > 0.101\,3\overline{q}_{c2} + 0.32$ 时，$\beta = 1.65\overline{q}_c^{-0.14}$；当桩底高程以下 $4d$ 范围内的摩阻比 $R_f(\%) \leqslant 0.101\,3\overline{q}_{c2} + 0.32$ 时，$\beta = 0.45\overline{q}_c^{-0.09}$。

9. 国外有关基于触探确定桩尖土极限承载力的相关规定

1）LCPC（法国路桥实验中心）方法

法国路桥实验中心（LCPC）所提出的基于触探确定桩尖土极限承载力的公式为：

$$q_p = k_c q_{ca}$$

式中：q_{ca}——桩端处锥尖阻力平均值，取桩端上、下各 1.5 倍桩径范围内锥尖阻力平均值；

k_c——桩端阻力系数，与土性和桩型有关，如表 4.5-39 所示。

表 4.5-39　桩端阻力系数 k_c 取值

土　性	q_c / MPa	k_c	
		A 组	B 组
软黏土和淤泥	< 1	0.40	0.50
一般黏土	1 ~ 5	0.35	0.45
粉土和松散砂	≤ 5	0.40	0.50
硬黏土和密实粉土	> 5	0.45	0.55
中密砂和砾	5 ~ 12	0.40	0.50
密实砂和砾	> 12	0.30	0.40

A 组：一般钻孔桩、护管钻孔桩、泥浆钻孔桩、空芯螺旋钻孔桩、低压喷射微型桩。

B 组：现场灌注桩、打入或喷射预制桩、预应力桩打入式或喷射钢桩、压力灌浆桩、压力夯桩、具有较高注射压力且直径大于 250 mm 的高压注浆桩、高压注射压力微型桩。

2）Schmertmann 方法

Schmertmann 所提出的基于触探确定非黏性土桩尖土极限承载力的公式为：

$$q_p = \frac{w(q_{c1} + q_{c2})}{2} \leqslant 15\ \text{MPa}$$

式中：w——相关系数，对于 $OCR=1$ 的砂性土 $w=1.0$，$OCR=2\sim4$ 的粗砂 $w=0.67$，$OCR=6\sim10$ 的砾砂 $w=0.5$；

q_{c1}——桩端以下 $0.7\sim4$ 倍桩径范围内锥尖阻力平均值；

q_{c2}——桩端以上 8 倍桩径范围内锥尖阻力平均值。

3）Aoki-Velloso 方法

Aoki-Velloso 所提出的基于触探确定桩尖土极限承载力的公式为：

$$q_p = \frac{1}{F} q_c$$

式中：F——与桩型有关的经验系数，钢桩 $F=1.75$，混凝土预制桩 $F=1.75$，灌注桩 $F=3.0\sim3.5$。

4）荷兰法

基于触探确定非黏性土桩尖土极限承载力的公式为：

$$q_p = \frac{w(q_{c1} + q_{c2})}{2} \leqslant 15\ \text{MPa}$$

式中：w——相关系数，对于 $OCR=1$ 的砂性土 $w=1.0$，$OCR=2\sim4$ 的粗砂 $w=0.67$，$OCR=6\sim10$ 的砾砂 $w=0.5$；

q_{c1}——桩端以下 4 倍桩径范围内锥尖阻力平均值；

q_{c2}——桩端以上 8 倍桩径范围内锥尖阻力平均值。

10．基于静力触探的钻孔灌注桩桩尖土极限承载力确定方法研究

1）试桩及相应工点静力触探测试资料收集与整理

中国铁设依托天津及周边地区试桩资料，特别是京沪线试桩资料，共收集到 30 根桩底埋设压力盒的桩基静载试验资料，桩长 $35\sim60$ m，桩径 $0.6\sim1.5$ m。同时，为采集到与之相匹配的静力触探数据，在试桩点附近共完成 37 孔（2 孔未达到桩底深度）深层静力触探试验。试桩资料如表 4.5-40 所示。

表 4.5-40　试桩资料统计

序号	工点名称	试桩编号	桩长/m	桩径/m	极限承载力/kN
1	天津特大桥	S1	53	1	11 400
2	天津特大桥	S2	53	1	9 500
3	天津特大桥	S3	53	1	11 400
4	青沧特大桥	S1	47.9	1.25	9 000
5	青沧特大桥	S2	47.9	1.25	12 000
6	青沧特大桥	S3	47.9	1.25	12 000
7	沧德特大桥	S1	59	1.5	16 500
8	沧德特大桥	S2	59	1.5	18 150
9	沧德特大桥	S3	59	1.5	16 500
10	德济特大桥	S1	47.9	1	10 400
11	德济特大桥	S2	47.9	1	10 400
12	德济特大桥	S3	47.9	1	9 600
13	外环北路北延线	ZK-Q3	60	0.8	10 000
14	外环北路北延线	ZK-Q4	60	0.8	10 000
15	科技档案中心	26#	37.3	0.8	6 000
16	科技档案中心	60#	37.3	0.8	6 000
17	滨海站	KYS-5	35	0.6	5 150
18	滨海站	KYS-6	35	0.6	5 579
19	滨海站	KYS-7	35	0.6	5 579
20	滨海站	KYS-8	35	0.6	5 150
21	滨海站	KYS-9	35	0.6	5 150
22	滨海站	KYS-10	35	0.6	5 150
23	滨海站	KYS-11	35	0.6	5 579
24	滨海站	KYS-12	35	0.6	5 150
25	滨海站	KYS-13	35	0.6	5 150
26	滨海站	KYS-15	35	0.6	5 150
27	滨海站	KYS-17	35	0.6	5 579
28	滨海站	KYS-18	35	0.6	5 579
29	滨海站	KYS-20	35	0.6	5 579
30	滨海站	KYS-21	35	0.6	5 579

2）基于静力触探的桩端阻取值经验公式

对于试桩资料，取极限荷载作用下桩端阻力为目标值 F_{cp}；对于触探资料，触探端阻估算值 q_{cp} 沿用《铁路工程地质原位测试规程》（TB 10018）9.5.20 条之规定取值，当桩底高程以上 $4d$（d 为桩径）范围内平均端阻 $\overline{q}_{cp1}$ 小于桩底高程以下 $4d$ 范围内平均端阻 $\overline{q}_{cp2}$ 时，取 $q_{cp}=(\overline{q}_{cp1}+\overline{q}_{cp2})/2$；反之，取 $q_{cp}=\overline{q}_{cp2}$。

为沿用现有规程中桩极限承载力计算公式，对统计变量进行处理，引入端阻修正系数 α：

$$\alpha = F_{cp}/q_{cp}$$

对得到的端阻修正系数 α 与触探端阻估算值 q_{cp} 进行回归分析，共计整理得到 36 组对比数据，通过绘制散点图、拟合回归曲线（图 4.5-19），得到端阻修正系数计算公式：

$$\alpha = 0.244\,4q_{cp}^{-0.966}$$

因此，基于静力触探的钻孔灌注桩端阻计算经验公式如下：

$$q_{p} = \alpha q_{cp}$$

其中：$\alpha = 0.244\,4q_{cp}^{-0.966}$，$q_{cp}$ 以桩底高程以上 $4d$（d 为桩径）范围内平均端阻 $\overline{q}_{cp1}$ 小于桩底高程以下 $4d$ 范围内平均端阻 $\overline{q}_{cp2}$ 时，取 $q_{cp}=(\overline{q}_{cp1}+\overline{q}_{cp2})/2$；反之，取 $q_{cp}=\overline{q}_{cp2}$；$q_{cp}$ 值域为[1.6 MPa，23.28 MPa]。

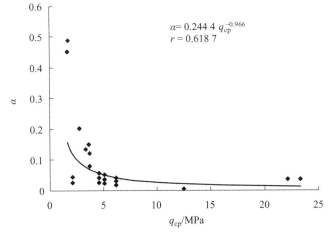

图 4.5-19　基于静力触探的钻孔灌注桩端阻修正系数 α 回归曲线

3）推荐经验公式与现有规范经验公式对比分析

本节所推荐的钻孔灌注桩端阻修正系数与现行《铁路工程地质原位测试规程》（TB 10018）中所推荐的端阻修正系数对比如图 4.5-20 所示。从对比图中可以看出，本节所推荐的端阻修正系数远小于现行规范方法。这与本节所推荐的经验公式桩端阻力修正系数主要采用中等直径到大直径长桩有关（桩径 $d = 60$ cm 的 14 根，桩径 $d \geq 80$ cm 的 16 根，桩长 L 均大于 35 m），该数据样本与现行桥梁桩基所采用的桩长、桩径吻合度较好；而现行规范所采用的初始数据样本主要为小直径到中等直径短桩（桩径 $d \geq 65$ cm 的 30 根，$d < 65$ cm 的 81 根；桩长 $L > 30$ m 的 22 根，$L = 20 \sim 30$ m 的 57 根，$L = 10 \sim 20$ m 的 23 根，$L < 10$ m 的 9 根）。

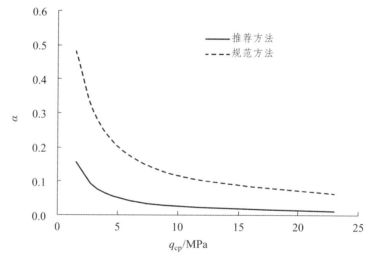

图 4.5-20　钻孔灌注桩端阻修正系数推荐经验公式与现行规范方法对比

4.5.6　土的液化判别

在地震作用下，饱和砂土或砂质粉土中孔隙水压力逐渐上升，部分或完全抵消土骨架承担的有效应力，从而发生液化。这种现象往往造成地表喷砂冒水、地裂滑坡和地基不均匀沉陷，危及建筑物的正常使用与安全。因此，饱和砂土地震液化及液化场地的动力特性问题在岩土工程中是一个具有挑战性的研究课题。要评价地基土的液化势，其重要的途径就是要确定土体的空间分布和土的原位状态。目前，工程界提出了一系列液化评估的方法，如临界孔隙比法、振动稳定密度法、标准贯入试验法、标准爆破沉降量法、临界振动加速度法、抗液化剪应力法、剪切波速法、综合指标法、静力触探法等。

在铁路工程勘察项目中，土的液化判别常采用的是标准贯入试验法和静力触探法。其中，基于静力触探的判别方法在国内和国外存在差异，下文分别就国内判别方法和国外判别方法作介绍。

1. 国内判别方法

中国国家标准《岩土工程勘察规范》（GB 50021）提出利用静力触探资料可估算土的强度参数、浅基或桩基的承载力、砂土或粉土的液化。只要经验关系经过检验已证实是可靠的，利用静力触探资料可以提供有关设计参数。但由于经验关系有其地区局限性，宜在地方规范中解决这一问题。

铁路行业标准《铁路工程地质原位测试规程》（TB 10018）第 9.5.22 条介绍了基于静力触探土的液化判别方法。地震动峰值加速度为 0.1g（0.15g）的地区、地面下 15 m 以内，地震动峰值加速度为 0.2g ~ 0.4g 的地区、地面下 20 m 以内，有可能液化的地层，宜使用静力触探方法按下列要求进行判别：

（1）实测计算贯入阻力 p_{sca} 或 q_{cca} 小于或等于单桥触探液化临界贯入阻力 p'_{s} 或双桥触探液化临界贯入阻力 q'_{c} 时，应判为液化土。

（2）实测计算贯入阻力 p_{sca} 或 q_{cca} 应按下列规定取值：

① 土层厚度大于 1 m 时，应取该层土的贯入阻力平均值 $\bar{p}_{\text{s}}$（或 $\bar{q}_{\text{c}}$）；土层厚度小于 1 m，且上、下层的贯入阻力较小时，应取该层土贯入阻力较大值。

② 土层厚度较大、根据力学性质和 p_{s} 或 q_{c} 值可明显分层时，应分层计算 p_{sca} 或 q_{cca} 值。

③ 采用双桥触探时，应确定各分层的计算侧阻值 f_{sca}，并计算各分层土的摩阻比 $R_{\text{fca}} = f_{\text{sca}} / q_{\text{cca}}$。

（3）液化临界贯入阻力可按下列公式计算：

$$p'_{\text{s}} = p_{\text{s0}} \cdot \alpha_1 \cdot \alpha_3 \cdot \alpha_4$$

$$q'_{\text{c}} = q_{\text{c0}} \cdot \alpha_1 \cdot \alpha_3 \cdot \alpha_4$$

$$\alpha_1 = 1 - 0.065(d_w - 2)$$

$$\alpha_3 = 1 - 0.05(d_u - 2)$$

式中： p_{s0}、q_{c0} —— $d_w = 2$ m 、$d_u = 2$ m 、$\alpha_4 = 1$ 时可液化土层的临界贯入阻力，按表 4.5-41 取值。

表 4.5-41   可液化土层临界贯入阻力（基本值）

地震动峰值加速度	0.1g	0.15g	0.2g	0.3g	0.4g
p_{s0}/MPa	5	8	11.5	14.5	18.0
q_{c0}/MPa	4.5	7	10	13	16

α_1 ——地下水埋深 d_w（m）修正系数；地面常年有水且与地下水有水力联系时，$\alpha_1 = 1.3$。

α_3 ——上覆非液化土层厚度 d_u（m）修正系数；对于深基础，恒取 $\alpha_3 = 1$。

α_4 ——黏粒含量百分比修正系数，可按表 4.5-42 确定。

表 4.5-42 α_4 取值

土类	砂土	粉土	
R_{fca}/%	≤ 0.4	$0.4 < R_{fca} \leq 0.9$	> 0.9
α_4	1.00	0.60	0.45

2．国外判别方法

国外较多采用 Seed 简化法，其实质是将砂土中由振动作用产生的剪应力与产生液化所需的剪应力（即在相应动力作用下砂土的抗剪强度）进行比较。经 H. B. Seed 修正后简化成等效周期应力比 CSR 与地基土的周期阻力比 CRR 的比较。如果 $CRR > CSR$，则判别为不液化；如果 $CRR < CSR$，则判别为液化。它属于试验-分析法，也是最早提出的可判别具有水平地面自由场地液化的方法。许多影响液化的因素均在该法中得到适当考虑。

Seed 简化法计算复杂，另外对深层地基土的判别也偏于不安全。

1）周期应力比（CSR）的计算

周期应力比是根据场地的地震基本设计参数计算的，目前 H. B. Seed 等提出的计算表达式被普遍接受。后来考虑了地震震级的影响，通过震级比例系数将 CSR 转换为震级 $M_s = 7.5$ 下的等效 $CSR_{7.5}$，即：

$$CSR_{7.5} = \frac{\tau_{av}}{\sigma'_{v0}} = 0.65 \frac{\sigma_{v0}}{\sigma'_{v0}} \frac{\alpha_{max}}{g} r_d / MSF$$

式中： τ_{av} ——地震产生的平均剪应力（kPa）；

σ_{v0} ——土体计算深度处竖向总应力（kPa）；

σ'_{v0} ——土体相同深度处竖向有效应力（kPa）；

α_{max} ——地震动峰值加速度（m/s^2）；

g ——重力加速度（m/s^2）：

r_d ——应力折减系数；

MSF ——震级比例系数。

为了描述弹性至刚性土柱体循环应力的比例，引入了应力折减系数，H. B. Seed 等将应力折减系数定义为深度折减系数。但是，最近研究表明，这并不仅仅是由于深度条件的变化引起的。应力折减系数 r_d 按下式计算：

$$r_d = \begin{cases} 1.000 - 0.007\ 65z & (z \leqslant 9.15\ \text{m}) \\ 1.174 - 0.026\ 7z & (9.15\ \text{m} < z \leqslant 23\ \text{m}) \end{cases}$$

震级比例系数 MSF 按下式计算：

$$MSF = 10^{2.24} / M_s^{2.56} = \left(\frac{M_s}{7.5}\right)^{-2.56}$$

尽管目前有很多不同的 r_d 和 MSF 表达式提出来，但以上两式一般为大多数岩土工程师所接受。

2）Robertson 法计算 CRR

P. K. Robertson 和 C. E. Wride 提出了 CPT 土质分类公式及液化潜能评估方法，其最大的优点就是分析流程中的每一步骤均以数学式表达，可以直接应用 CPT 试验成果计算周期阻力比 CRR，逐步计算该深度的液化潜能。通过采用多种手段来修正 CPT 试验成果，使得这一方法逐步完善。该理论是在对薄层土锥尖阻力修正和对场地及土性修正的基础上建立的。

由于土层上覆应力对 CPT 锥尖阻力有较大影响，即相同性质的土层在不同的深度，其 CPT 探头阻力是不同的，因此需对 CPT 锥尖阻力进行归一化。在考虑初始有效应力 σ'_{v0} 和标准大气压力 p_a（ $p_a = 100\text{ kPa}$ ）的前提下，R. E. S. Moss 等对静力触探指标的贯入阻力（锥尖阻力 q_c 与侧壁摩阻力 f_s）进行了修正，即

$$\left.\begin{array}{l} Q = C_q q_c \\ F = C_f f_s \end{array}\right\}$$

其中：$\left.\begin{array}{l} C_q = (p_a / \sigma'_{v0})^c \\ C_f = (p_a / \sigma'_{v0})^s \end{array}\right\}$

式中：c 和 s 均为指数，需根据锥尖阻力和摩阻比的值查图确定。

根据计算出的 Q 和 F 值，就可以按下式计算土的特性指数 I_c，即：

$$I_c = [(3.47 - \lg Q)^2 + (\lg F + 1.22)^2]^{0.5}$$

当 $I_c > 2.6$ 时，令 $q_{c1N} = Q$；当 $I_c \leqslant 2.6$ 时，令 $q_{c1N} = Q = (q_c / p_{a2}) \cdot (p_a / \sigma'_{v0})^{0.5}$，且 $p_{a2} = 0.1\text{ MPa}$。将这些数值代入上式重新计算特性指数 I_c。若此时特性指数 $I_c > 2.6$，则 q_{c1N} 值的计算表达式为：

$$q_{c1N} = (q_c / p_{a2}) / (p_a / \sigma'_{v0})^{0.75}$$

计算出归一化锥尖阻力值 q_{c1N} 后，得出等价的纯净砂归一化贯入阻力 $(q_{c1N})_{cs}$：

$$(q_{c1N})_{cs} = K_c q_{c1N}$$

上式中，当 $I_c \leqslant 1.64$ 或 $1.64 < I_c < 2.36$，且有 $F < 0.5\%$ 时，取 $K_c = 1.0$；当 $1.64 < I_c < 2.36$，且有 $F > 0.5\%$ 时，则有

$$K_c = -0.403 I_c^4 + 5.581 I_c^3 - 21.630 I_c^2 + 33.750 I_c - 17.880$$

当 $K_c \geqslant 2.6$ 时，可停止计算。对地震震级 $M_s = 7.5$ 的 $CRR_{7.5}$ 按下式计算：

$$\left.\begin{array}{l} CRR_{7.5} = 0.833\left[\dfrac{(q_{c1N})_{cs}}{1\,000}\right]^3 + 0.05 \quad [(q_{c1N})_{cs} < 50] \\[4mm] CRR_{7.5} = 93\left[\dfrac{(q_{c1N})_{cs}}{1\,000}\right]^3 + 0.08 \quad\ \ [50 < (q_{c1N})_{cs} < 160] \end{array}\right\}$$

3）Olsen 法计算 CRR

R. S. Olsen 发展了使用锥尖阻力 q_c 和侧壁摩阻力 f_s 预测液化阻力

的方法（以下简称 Olsen 法）。Olsen 法的研究成果可参考有关文献。R.S.Olsen 建议采用应力指数 c 对 q_c 进行归一化，因为应力指数 c 是归一化锥尖阻力（q_{c1}）和摩阻比（R_f）的函数，通过一个迭代程序确定。R. S. Olsen 提出一个基于 CPT 的土特征图，可以通过迭代程序用于确定应力指数 c。为了避免迭代程序，他创建了一个简化方法，使用一个 0.6 的常应力指数，这个简化方法用于确定 CRR 的表达式如下：

$$CRR = 0.001\ 28q_{c1} - 0.025 + 0.17R_f - 0.028R_f^2 + 0.001\ 6R_f^3$$

其中： $q_{c1} = \dfrac{q_c}{\sigma_{v0}'^{0.7}}$

通过分析可知，R. S. Olsen 最初的方法需要一个迭代过程，Olsen 法可以避免迭代的复杂性。然而，与其他方法进行比较时，检验其精度是非常必要的。Robertson 法是相对完整和精确的方法。目前还没有得出哪一种方法更好的结论。因此，基于工程实例资料评价和比较不同砂土液化判别方法是很有意义的。

4.5.7　基础沉降量计算

传统的地基沉降计算方法通常采用现场取土样进行室内试验，计算得到瞬时沉降、固结沉降和次固结沉降。采用这种方法需要大量钻孔取样和室内试验，存在固有缺点：

（1）取土、运输、试验等过程中对土体产生扰动，往往过高估计了土的压缩性。

（2）切取小土样时未反映透水夹层作用，致使测得的固结速率偏低。

（3）试验数量较少，代表性不够。

深层触探测试结果能直接反映地基土体物理力学性质，且测试结果具有快速、可靠、经济和连续的优点，为地基沉降计算提供了一条新的途径。本节详细介绍了现有依据静力触探试验结果估算基础沉降的方法，并对各方法的适用性做了评述；在此基础上，综合各方法优点，结合路基沉降特点及现有行业规范要求，提出一种新的基于深层触探测试结果估算桩基沉降方法，并通过具体工程实例对所提出的方法进行验证。

1．现有直接基于静力触探技术确定基础沉降变形的计算公式

1）de Beer 方法

de Beer（1965）提出的基于一维压缩理论的砂性土地基上浅基础正常固结沉降计算公式为：

$$s = \sum \left(\frac{2.3}{C} \right) z_i \lg \left(\frac{\sigma'_{v0} + \Delta \sigma'_v}{\sigma'_{v0}} \right)$$

其中： $C = 1.5 \overline{q}_c / \sigma'_{v0}$

式中： s 为基础最终沉降量； C 为砂土压缩性系数； z_i 为第 i 层土体厚度； σ'_{v0} 为基底中心初始有效上覆应力； $\Delta \sigma'_v$ 为由外部荷载所引起的地层中心竖向有效应力增量； $\overline{q}_c$ 为基底以下基础沉降计算深度范围内静力触探锥尖阻力平均值。

$\Delta \sigma'_{v0}$ 按矩形均布荷载中心的 Boussinesq 解确定，基础沉降计算深度处竖向应力增量等于初始上覆应力的 10%。

2）Meyerhof 方法

Meyerhof（1974）提出的使用压缩指数和锥尖阻力的经验关系方法预测砂性土中地基沉降量的经验公式为：

$$s = \sigma_0 B' \lambda / (2 \overline{q}_c)$$

其中： $B' = \sqrt{A}$

$\lambda = 1 - 0.8 D / B'$ ，当 $\lambda < 0.5$ 时取 $\lambda = 0.5$

式中： σ_0 为基底面附加应力； B' 为基础等代宽度； λ 为基础深度影响系数； A 为基础底面积； D 为群桩基础有效埋深。

Meyerhof 方法中的 $\overline{q}_c$ 取基础底面以下深度 B' 范围内静力触探锥尖阻力的平均值。

3）Amar 方法

Amar（1989）等提出的用于预测砂性土地基上浅基础沉降的经验公式为：

$$s = 0.9 \sigma_0 C_F B' / (\beta \overline{q}_c)$$

式中： C_F 为与基础长宽比相关的弹性因数； β 为考虑土类影响的修正系数，正常固结砂土 $\beta = 5$ 。

Amar 方法中的 $\bar{q}_c$ 取基础底面以下深度 $3B'$ 范围内静力触探锥尖阻力的平均值。

4）Schmertmann 方法

Schmertmann 提出了通过引入应变影响系数 I 计算砂性土基础沉降量的方法，通过应变影响系数间接确定基底土体竖向应力分布。该方法将基础沉降影响深度内土体分为 n 层，每一层土体沉降量 s_i 为：

$$s_i = \sigma_0 I_i z_i / E_{si}$$

式中：I_i 为第 i 层土体应变影响系数；E_{si} 为第 i 层土体压缩模量。

基础总沉降量为：

$$s = \lambda C_T \sigma_0 \sum_{i=1}^{n} \frac{I_i}{\chi \bar{q}_{ci}} z_i$$

其中：$\lambda = 1 - 0.5(\sigma'_{z0} / \sigma_0)$，当 $\lambda < 0.5$ 时取 $\lambda = 0.5$

$$C_T = 1 + 0.2 \lg(10t)$$

式中：C_T 为时间影响系数；t 为时间（a）；χ 为基础形状影响因子；$\bar{q}_{ci}$ 为第 i 层土体静力触探锥尖阻力平均值；σ'_{z0} 为基底土体初始有效自重应力。

基础沉降计算深度 z_n 和基础形状影响因子 χ 通过基础长宽比确定。当 $L/B \geqslant 10$（L 为基础长度，B 为基础宽度）时，$z_n = 4B$、$\chi = 3.5$；当 $L/B < 10$ 时，$z_n = 2B$、$\chi = 2.5$。

基底应变影响系数简化为三角形分布，如图 4.5-21 所示。I_i 由基底应变影响系数分布三角形的线性插值计算，取第 i 层平均值。基底应变影响因子最大值为

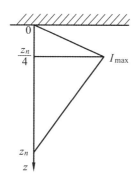

图 4.5-21　Schmertmann 基底应变影响因子分布示意

$$I_{max} = 0.5 + 0.1(\sigma_0 / \sigma'_{zp})^{0.5}$$

式中：σ'_{zp} 为对应 I_{max} 深度处的地基土体初始有效自重应力。

5）《高层建筑岩土工程勘察标准》方法

《高层建筑岩土工程勘察标准》（JGJ/T 72）在附录 F.0.4 中提出采用静力触探试验方法估算桩基础最终沉降量的公式为：

$$s = \psi_s \frac{p_0}{2} B\eta /(3.3\overline{p}_s)$$

$$s = \psi_s \frac{p_0}{2} B\eta /(4\overline{q}_c)$$

$$B = \sqrt{A}$$

$$\eta = 1 - 0.5 p_{cz} / p_0$$

$$\overline{p}_s = \sum_{i=1}^{n} p_{si} I_{si} h_i \left/ \left(\frac{1}{2} B\right)\right.$$

式中：s——桩基最终沉降量（mm）；

　　　ψ_s——桩基沉降估算经验系数，应根据类似工程条件下沉降观测资料和经验确定；

　　　B ——等效基础宽度（m）；

　　　η——桩端入土深度修正系数，当 $\eta < 0.3$ 时取 $\eta = 0.3$；

　　　A ——等效基础面积（m²）；

　　　$\overline{p}_s$——取 1 倍 B 范围内静探比贯入阻力按厚度修正平均值（MPa）；

　　　$\overline{q}_c$——取 1 倍 B 范围内静探锥尖阻力按厚度修正平均值（MPa）；

　　　p_{si} ——桩端以下第 i 层土的比贯入阻力（MPa）；

　　　I_{si} ——第 i 层土应力衰减系数，取该层土深度中点处与桩端处为 1.0，一倍等效基础宽度深度处为 0 的应力三角形交点值；

　　　h_i——桩端以下第 i 层土厚度（m）。

de Beer 方法仅适用于基础底面以下为压缩性或锥尖阻力变化不大的砂性土浅基础，适用范围较为有限。Meyerhof 方法和 Amar 方法公式简单易用，但也只适用于基底土性较均一的砂性土地基，且该两种方法存在公式物理意义不够明确、没有体现出基础沉降影响深度和基底附加应力变化情况的问题。Schmertmann 方法物理意义较为明确，但同样存在应用范围窄，仅适用于基底土性比较均一的砂性土地基。《高层建筑岩土工程勘察标准》（JGJ/T 72）方法较为简单易用，适用范围较为广泛；但沉降直接与基础等代宽度成正比理论上意义不够明晰，且基底应力分布影响效应仅在综合锥尖阻力中有所体现，不能充分反映基底应力影响效应。

应力衰减系数三角形分布示意见图 4.5-22。

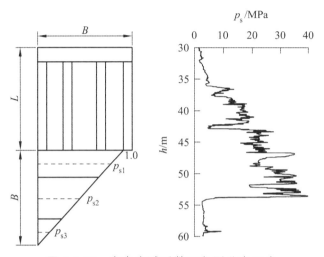

图 4.5-22　应力衰减系数三角形分布示意

2．基于静力触探技术确定基础最终沉降量的计算方法

在前述研究成果基础上，通过对基础沉降计算深度、土体压缩模量和基底土体竖向应力分布等基础最终沉降量计算主控因素进行改进，建立物理意义明确、适用各类地层条件、简单易用的基于静力触探技术的基础最终沉降量计算经验公式。

1）基础沉降计算深度 z_n

采用《建筑地基基础设计规范》（GB 50007）5.3.8 条，基于变形比法确定地基变形计算深度的简化计算式初步确定基础沉降计算深度。

$$z_n = B(2.5 - 0.4\ln B)$$

式中：B 为基础宽度（m）。

但因此方法仅适用于无相邻荷载、基础宽度在 1～30 m 范围内时的基础沉降深度估算，为简化计算过程，同时采用应力比法验证基础沉降计算深度，即：

$$\Delta\sigma \leqslant 0.1\sigma_z$$

式中：$\Delta\sigma$ 为 z_n 深度处土体附加应力；σ_z 为 z_n 深度处土体自重应力。

2）土体压缩模量 E_s

国内外许多学者建立了静力触探锥尖阻力 q_c 与土体压缩模量 E_s 之间的经验公式，一般表示为：

$$E_s = aq_c + b$$

式中：a 和 b 为与土性相关的土体压缩模量因子，可根据静力触探的土类定名按当地经验公式取值。

综合国内外大量基于 q_c 确定 E_s 的经验公式，我们认为对于无当地经验公式地区，统一取 $a = 3.3$、$b = 1.0$ 较为合适，且 q_c 的单位为 MPa。

3）基底土体竖向应力分布

借鉴 Schmertmann 方法，通过引入应变影响系数间接确定基底土体竖向应力分布；同时，对该方法的适用范围进行扩展，当基底应变影响因子分布三角形范围内存在刚性边界，即存在较厚的坚硬黏性土层，其孔隙比小于 0.5、压缩模量大于 50 MPa，或存在较厚的密实砂卵石层，其压缩模量大于 80 MPa 时，在刚性边界上部的应变影响系数 I_i 分布不变，刚性边界下部的 I_i 取为 0，如图 4.5-23 所示。

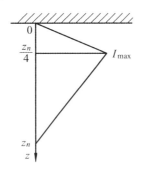
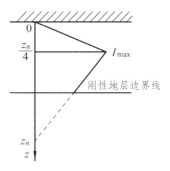

（a）不存在刚性地基边界　　　　（b）存在刚性地基边界

图 4.5-23　基底应变影响因子分布示意

4）基础深度影响系数 λ 确定方法

基础开挖或加固能部分解除或降低地基土体的应变，故计算基础最终沉降量时需对基础埋深进行修正。按 Schmertmann 方法确定基础深度影响系数 λ 计算公式：

$$\lambda = 1 - 0.5(\sigma'_{z0} / \sigma_0)$$

当 $\lambda < 0.5$ 时，取 $\lambda = 0.5$。

5）基础最终沉降量 s 计算方法

综上，基于分层总和法的基础沉降变形计算思想，引入沉降估算经验系数，建立基于静力触探技术的基础最终沉降量 s 计算经验公式：

$$s = \psi \lambda \sigma_0 \sum \frac{I_i}{a_i \overline{q}_{ci} + b_i} z_i$$

式中：a_i 和 b_i 为与土性相关的第 i 层土体压缩模量因子。

3. 基于深层静力触探和 BP 神经网络的路基沉降估算方法研究

1）人工神经网络及 BP 模型简介

人工神经网络（artificial neural networks，ANN）是在现代神经科学研究成果的基础上，依据人脑基本功能特征，试图模仿大脑神经网络结构和功能而建立的一种信息处理系统。它是由许多神经元相互连接组成的复杂网络，是主要用于体现学习和信息处理的计算模型。自学习是它的一个重要的功能特征。它通过学习样本或者周围环境的相互作用等信息，进行网络结构和连接权值的训练修正，从而从大量数据中学习到复杂的非线性关系，以达到预测输出结果的能力。

（1）神经元。

神经元是神经网络的基本处理单元，是对生物神经元的简化和模拟。神经网络是由大量的神经元相互连接而成的。最早的神经元数学模型是由心理学家 Warren McCulloch 和数学家 Walter Pitts 于 1943 年提出的，称为 M-P 模型，它有许多种变形。图 4.5-24 是目前最流行的一种神经元模型，由输入、处理、输出三部分构成。任何一种神经元并不是高度复杂的中央处理器，而只执行一些非常简单的计算任务，它接收沿输入加权连接 w_{ij} 输入的信号 $n_j(t)$，输入区的功能就是将所有输入信号以一定的规则综合成一个总输入值。神经网络的非线性主要就表现为神经元活化函数的非线性，输出区的功能是根据当前的活化值确定出该单元的输出值，并沿着输出连接传递给其他的神经元，转换规则则称为输出函数。

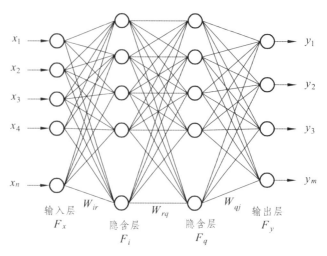

图 4.5-24　神经元模型

根据活化函数的不同，神经元表现出不同的非线性特征。常见的活化函数如下：

① 阈值函数：

$$f(x) = \begin{cases} 1 & x \geqslant 0 \\ 0 & x < 0 \end{cases}$$

② 线性函数：

$$f(x) = kx$$

③ 对数 Sigmoid 函数：

$$f(x) = \frac{1}{1 + e^{-x}}$$

④ 正切 Sigmoid 函数：

$$f(x) = \frac{e^x - e^{-x}}{e^x + e^{-x}}$$

（2）人工神经网络结构及其特点。

人工神经网络技术的核心是模拟人脑的知识获取和组织过程。它在处理数据组织、分类、预测和总结等方面具有重要意义。它以如下几个突出的优点引起人们的极大关注：

① 可以充分逼近任意复杂的非线性关系。

② 所有定量或定性的信息都等势分布贮存于网络内的各神经元，故有很强的稳健性和容错性。

③ 采用并行分布处理方法，使得快速进行大量运算成为可能。

④ 可学习和自适应不知道或不确定的系统。

⑤ 能够同时处理定量、定性知识。

⑥ 具有高度的并行性。

随着神经网络技术的发展，其用途日益广泛，主要用于解决模式识别、最优化问题、信息的智能化处理、复杂控制和信号处理等方面问题。神经网络模型各种各样，主要分为两种网络结构：前向神经网络和反馈神经网络。前向神经网络中有代表性的网络模型是误差反向传播（Back Propagation，BP）网络、径向基（RBF）网络；反馈神经网络中有代表性的是 Hopfield 网络等。但在实际应用中，80%～90%的人工神经网络模型采用 BP 网络模型或它的变化形式，它也是前向网络的核心部分，体现了神经网络的精华所在。

（3）人工神经网络的自学习功能。

人工神经网络卓越的非线性映射能力一是来源于网络中各种神经元的非线性活化函数，二是来源于各神经元之间的连接权值。神经网络的连接权值一般不能预先准确地确定，而是通过对学习样本的反复学习来逐渐调整和修改权值分布，使神经网络收敛于稳定状态，从而完成学习过程。一个稳定的神经网络就是一个特定的知识表示，可用于对相应领域问题的求解。

学习是机体在复杂而多变的环境中进行的有效的自我调节。学习是任何用以改进性能的知识结构的修改。学习使那些导致"正确解答"的神经元之间的连接被增强，而那些产生"错误解答"的神经元之间的连接随着样本的重新出现而减弱。神经网络的工作过程主要由两个阶段构成：前一阶段是学习期，执行学习规则，修正连接权值，获取合适的映射关系；后一阶段是工作期，通过输入参数达到预测输出结果的能力。

其学习方法可分为两类：有指导学习和无指导学习。

有指导学习的基本思想是：当对样本 k 输入后，由神经网络根据当前的权值分布 $W(k)$ 计算网络的输出 $Y(W,k)$，把网络的计算输出

$Y(W,k)$ 与样本 k 的期望输出 $Y^*(k)$ 进行比较，根据两者之间的误差的某个函数值来调整网络的连接权值分布，最终使误差的函数值达到最小。

无指导学习的基本思想是：当输入的样本模式进入神经网络后，网络按预先设定的规则自动调整连接权值。

（4）BP 神经网络模型。

1982 年，D. Rumelhart 和 McClelland 以及他们的同事成立了一个 PDP（Parallel distributed processing）小组，并于 1985 年提出了误差反向传播神经网络学习算法。BP 神经网络是目前应用最广泛也是发展最成熟的一种神经网络模型，如图 4.5-25 所示。它是按层次结构构造的，包括一个输入层、一个输出层和一个或多个隐含层，一层内的神经元只和与该层紧邻的上一层、下一层的各神经元连接。

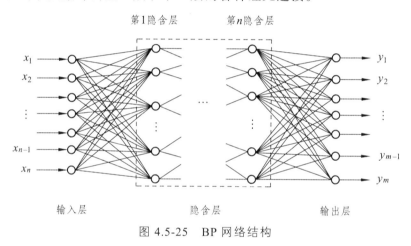

图 4.5-25　BP 网络结构

BP 算法是把一组样本的输入、输出变成非线性优化问题。如果输入层有 n 个神经元，输出层有 m 个神经元，则网络是从 n 维欧氏空间到 m 维欧氏空间的映射。它是一种快速梯度下降的方法，目的是使实际输出和预期输出之间的误差的平方和最小。通过调整 BP 网络中的连接权值、网络规模（包括 n、m 和隐含层神经元数）就可实现以任意精度逼近任何非线性函数。

BP 算法由两部分组成：信息的正向传递与误差的反向传播。若图 4.5-25 取隐含层节点数 $n=1$，则网络简化为具有一个隐层的网络结构。BP 算法的步骤简述如下：

设输入为 $\{x\}$，输入神经元有 r 个，隐含层内有 n_1 个神经元，激活

函数为 f_1；输出层内有 n_2 个神经元，对应的激活函数为 f_2，输出为 $\{y\}$，目标序列为 $\{y^*\}$。

① 信息的正向传递。

隐含层中第 i 个神经元的输出为：

$$y_{hi} = f_1(\sum_{j=1}^{r} w_{1ij}x_j + \theta_{1i}) , \quad i = 1, 2, \cdots, n_1$$

输出层第 k 个神经元的输出为：

$$y_{ok} = f_2(\sum_{i=1}^{n_1} w_{2ki}y_{hi} + \theta_{2k}) , \quad k = 1, 2, \cdots, n_2$$

定义误差函数为：

$$E = \frac{1}{2}\sum_{i=1}^{n_2}(y_k^* - y_{ok})^2$$

② 误差的反向传播。

输出层的权值变化：

对从第 i 个输入到第 k 个输出，其权值变化为：

$$\Delta w_{1ij} = -\eta\frac{\partial E}{\partial w_{1ij}} = \eta\sum_{k=1}^{n_2}(y_k^* - y_{ok})f_2'w_{2ki}f_2'x_j = \eta\delta_{ij}x_j$$

$$\delta_{ki} = (y_k^* - y_{ok})f_2' = e_k f$$

$$e_k = y_k^* - y_{ok}$$

同理可得：

$$\Delta\theta_{2ki} = -\eta\frac{\partial E}{\partial\theta_{2ki}} = \eta(y_k^* - y_{ok})f_2' = \eta\delta_{ki}$$

隐含层的权值变化：

对从第 j 个输入到第 i 个输出，其权值变化为：

$$\Delta w_{2ki} = -\eta\frac{\partial E}{\partial w_{2ki}} = \eta(y_k^* - y_{ok})f_2'y_{hi} = \eta\delta_{ki}y_{hi}$$

其中：$\delta_{ij} = e_i f_1'$，$e_i = \sum_{k=1}^{n_2}\delta_{ki}w_{2ki}$

同理可得：

$$\Delta\theta_{1i} = \eta\delta_{ij}$$

③ 误差反向传播的流程图和图形解释。

误差的反向传播过程实际上是通过计算输出层的误差 e_k，然后将其与输出层激活函数的一阶导数 f_2' 相乘来求得 δ_{ki}。由于隐含层中没有直接给出目标值，所以利用输出层的 δ_{ki} 进行误差反向传递来求得隐含层权值的变化量 Δw_{2ki}。然后计算 $e_i = \sum_{k=1}^{n_1}\delta_{ki}w_{2ki}$，并同样通过将 e_i 与该层激活函数的一阶导数 f_1' 相乘，而求得 δ_{ij}，以此求出前层权值的变化量 Δw_{1ij}。如果前层还有隐含层，则沿用上述同样方法依此类推，一直将输出层误差一层一层反推到第一层为止。图 4.5-26 给出了形象的解释。图中，$k = 1, 2, \cdots, n_2$；$i = 1, 2, \cdots, n_1$；$j = 1, 2, \cdots, r$。

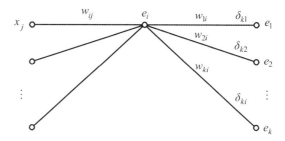

图 4.5-26 误差反向传播的图形解释

网络的运行可分为两个阶段：训练阶段和工作阶段。在训练阶段，首先给定输入向量序列（称为样本）$\{x_{1k}, x_{2k}, \cdots, x_{nk}\}^T$ 和要求的输出向量序列（称为期望输出）$\{y_{1k}^*, y_{2k}^*, \cdots, y_{mk}^*\}^T$。给定连接权和偏置项以初值（随机选定），输入向量通过网络向前传播，计算网络的输出 $\{y_{1k}, y_{2k}, \cdots, y_{mk}\}^T$。

定义网络运算结果与期望输出之间的误差为：

$$E = \frac{1}{2}\sum_{k=1}^{n}\sum_{i=1}^{m}(y_{ik}^* - y_{ik})^2$$

其中：n 为样本数目。

网络训练阶段的目的是通过调节网络内部连接权与偏置项使网络运算结果与期望输出之间的误差达到最小。

在工作阶段，对任意的输入向量序列，网络将给出对应的系统真实输出的近似值序列。

2）基于静力触探资料的地基沉降预测 BP 模型

影响地基沉降的因素很多，如土的物理力学特性（土的强度、压缩性、渗透性等）、土的应力历史与加载方式、地基处理方法及施工速度等。因此，地基沉降估算是一个复杂的过程，很难用数学表达式来综合反映各因素对地基沉降的影响。静力触探试验结果能综合反映地基土的物理力学性质随深度的连续变化过程，因此可作为估算地基沉降变形的重要参数。为此，本次基于静力触探测试结果采用 BP 神经网络方法建立了地基沉降预测模型。

（1）BP 神经网络训练样本及测试样本。

此处我们以京津城际试验段内 DK84＋050、DK84＋150 和 DK84＋200 三个断面不同荷载条件下路基中心及路基坡脚的沉降观测资料及每个断面附近两孔静力触探测试资料为基础，建立 BP 神经网络模型训练样本及测试样本。

DK84＋050 断面提取了 10 组路基中心荷载-沉降及路基坡脚荷载-沉降数据，DK84＋150 断面提取了 9 组路基中心荷载-沉降及路基坡脚荷载-沉降关系数据，DK84＋200 断面提取了 9 组路基中心荷载-沉降及路基坡脚荷载-沉降关系数据，如图 4.5-27～图 4.5-32 所示。

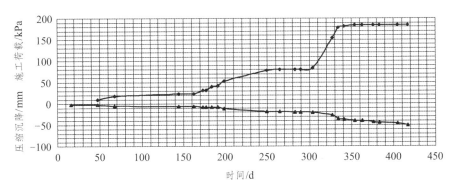

图 4.5-27　DK84＋050 断面线路中心实测沉降-时间-填土曲线

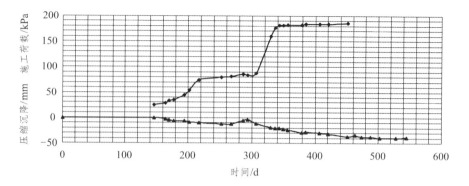

图 4.5-28　DK84＋050 断面线路坡脚实测沉降-时间-填土曲线

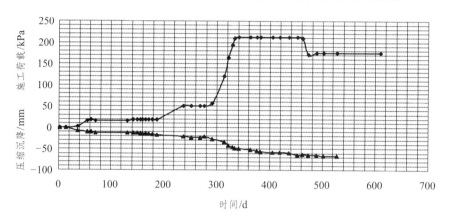

图 4.5-29　DK84＋150 断面线路中心实测沉降-时间-填土曲线

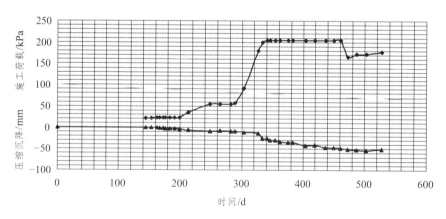

图 4.5-30　DK84＋150 断面线路坡脚实测沉降-时间-填土曲线

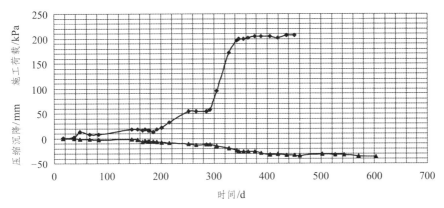

图 4.5-31　DK84+200 断面线路中心实测沉降-时间-填土曲线

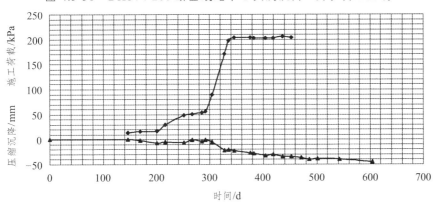

图 4.5-32　DK84+200 断面线路坡脚实测沉降-时间-填土曲线

实测静力触探测试结果为每隔 0.1 m 采集一个数据，但因触探测试结果及荷载-沉降观测资料相对较少，为建立更加丰富的训练及测试样本，在建立训练及测试样本过程中，样本输入的静力触探数据每隔0.5 m 取一个数据，故此一个静力触探测试点可提供 5 组静力触探测试数据。实测静力触探数据均取 22 m 深。为综合反映地基土的物理力学性质，BP 神经网络模型在建立过程中取锥尖阻力和比摩阻力两组参数，故每组样本输入向量包含 44 个锥尖阻力和 44 个比摩阻力数据，此外还包含路基中心点和路基坡脚的荷载数据。因本次 3 个断面路基均采用 CFG 桩（水泥粉煤灰碎石桩）处理，且桩长、桩间距均一致，仅桩顶垫层略有不同，故此次输入向量中未对地基处理方式进行学习。样本的输出向量为路基中心点及路基坡脚的实测沉降值。

故此，可以组合出 280 组数据样本；选取其中 220 组作为训练样本，60 组作为测试样本。

（2）BP 神经网络模型。

为了建立静力触探测试结果及上部荷载与路基沉降变形之间的映射关系，根据前述的 BP 神经网络算法，利用 MATLAB 语言编制了相应的数值模拟程序。

由于数据样本中各输入节点物理量各不相同，为防止物理量数值相差甚远可能产生小数值信息被大数值信息所淹没的情况，对样本数据预先做归一化处理，即将数据转化在[－1, 1]区间。数据归一化处理由函数 premnmx、postmnmx 和 tramnmx 实现。

选取三层 BP 神经网络模型，如图 4.5-33 所示，其中第一层神经元的传递函数选取正切 Sigmoid 函数，第二层神经元的传递函数选取 purelin 型函数。采用贝叶斯正则化方法对 220 组训练样本进行网络学习，由此得到的 BP 神经网络即已建立了地层连续静力触探试验结果、路基上部荷载与路基沉降变形之间的非线性映射关系，此时的神经网络能够估算相应的路基沉降。

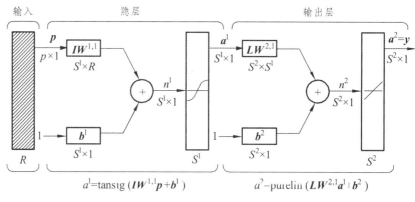

图 4.5-33　三层 BP 神经网络模型

（3）基于触探测试结果估算地基沉降的 BP 神经网络模型预测效果评价。

通过训练所得 BP 神经网络模型对 60 组测试样本进行自学习，通过测试样本的预测结果与实际测试结果对比可以看出：

对于路基中心部位，预测误差小于 10% 的样本占测试样本总数的 63%；预测误差小于 20% 的占测试样本总数的 90%；预测误差小于 30% 的占测试样本总数的 95%。对于路基坡脚部位，预测误差小于 10%

的占测试样本总数的 47%；预测误差小于 20% 的占测试样本总数的 67%；预测误差小于 30% 的占测试样本总数的 77%。

通过对测试样本进行学习预测，可以看出本次所建立的基于触探测试结果估算地基沉降的 BP 神经网络模型预测效果良好，特别是对于路基中心部位，预测误差小于 30% 的样本占测试样本总数的 95%。路基坡脚部位预测能力相对路基中心部位预测能力较差，这与实测路基坡脚部位沉降资料离散性较大密切相关。

第 5 章　旋压触探技术研究

5.1　旋压触探技术概述

静力触探技术作为常规原位测试方法广泛应用于黏性土、粉土、砂土及软土等地层的测试。但由于其探头的探入方式是直接压入式的，这种方式对于较硬的岩土层不易贯入，使得静力触探在应用上具有一定的局限性，特别是随着高速铁路等工程大规模建设的展开，需要勘探深度越来越大，常规静力触探难以在高速铁路、城市轨道交通、高层建筑等工程建设中发挥作用。

如前章所述，为了使静力触探能够穿透较硬土层，中国铁设针对影响探头贯入的各种影响因素采取了不同的措施，取得了许多成果，实现了深层静力触探测试。那么还有没有其他可以实现快速连续测试深部地层参数的原位测试方法呢？其实，前人已进行了许多试验方法的探索。

瑞典为了加大探头贯入深度，很早就采用了螺旋探头进行瑞典重力触探法触探。1917 年，瑞典国家铁路土工技术委员会将瑞典重力触探法标准化，这种触探设备包括一个螺旋形探头（图 5.1-1）、探杆、一个手摇柄和一套配重（5 kg、10 kg、10 kg、25 kg、25 kg 和 25 kg）。当勘察土的贯入阻力时，用砝码分级对探杆加荷（5 kg、10 kg、15 kg、25 kg、50 kg、75 kg 和 100 kg）。通常先不加荷，这样从随后施加的荷载中可以得出相应于促使探杆贯入地下时的最小荷载，当荷载加至 100 kg 探杆还未贯入时，可将手摇柄接在探杆上，用手摇或机械摇动使之旋入。

在这一测试方法中，贯入阻力是按每 25 个半转的贯入度作出记录的。但是，后来常用单位贯入度的半转转数量测贯入阻力。这种操作方法能使探头贯入硬黏土以及密实的砂土，可划分地层，确定砂土密实度；通过辅以钻探取样及十字板剪切试验，对于特定场所可提出土的贯入阻力与抗剪强度的相互关系。这应该是旋压触探技术的雏形。

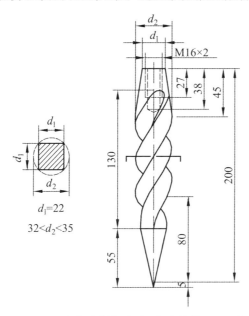

图 5.1-1　瑞典式触探仪探头（单位：mm）

从 1927 年起，丹麦铁路部门曾使用一种与瑞典设备相似的触探仪，两者的主要差别是探头的形状不同。丹麦触探仪的探头是一个截头棱锥体，操作记录同瑞典触探法一致。

1968 年，苏联 B. 拉扎列诺夫著的《土的贯入试验》一书，介绍了一种土贯入和旋转剪切联合的试验方法，它是采用圆锥或圆柱上带有十字板的联合测头（图 5.1-2）在室内或野外进行联合测试，直接确定扰动和原状土的内摩擦角和内聚力。这种方法测试指标快速准确，为旋压触探的研究提供了理论指导。

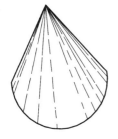

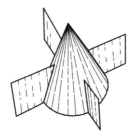

（a）锥角为 30° 的标准圆锥　　　　　（b）锥的顶面带叶片的联合测头

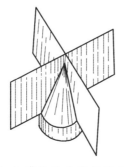 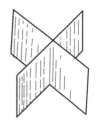

（c）带锥的十字板测头　　　　　　　（d）十字板测头

图 5.1-2　黏性土联合试验测头

　　20 世纪 80 年代，法国索莱坦谢公司开展旋转触探法（rofury penetration test，RPT 法）研究。它是根据钻探时的钻头贯入推力、钻头扭矩等参数，直接定量地评估地层强度。RPT 地下探杆及钻头如图 5.1-3 所示。这种测试方法突破了静力触探测试深度的限制，并在地下空洞探测、地质调查、注浆检测等工程中广泛应用，这为我们开展旋压触探技术开发提供了借鉴。

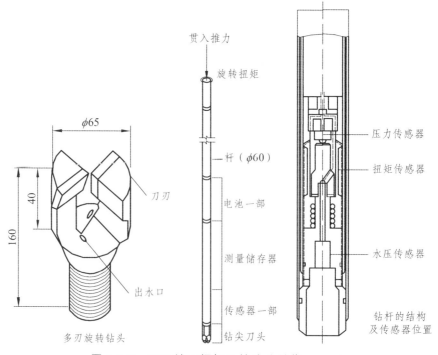

图 5.1-3　RPT 地下探杆及钻头（单位：mm）

基于以上文献，2001 年中国铁设开始进行旋压触探（也称旋转触探）技术研究，将钻探回转钻进穿透能力强、探测深度大与静力触探测试数据连续、直观、重复性好等特点相结合，开展了旋压触探机理、设备、工艺及应用技术研究工作，先后研制出旋压设备、旋压触探探头（压力、扭矩、水压力三桥传感器），开发出旋压触探地下测试数据采集存储系统、地面接收处理系统、旋压触探测试数据后处理软件等，形成了穿透力强、进度快、测试数据连续的旋压触探方法。在研发过程中，针对该方法测试数据影响因素较多的特点，中国铁设不断改进完善旋压触探工艺，采用研制出的双螺旋旋压触探锥头作为标准锥头，实现了旋压触探测试数据稳定可靠、可重复性的目的，并总结了测试参数和地层特性的相关关系。经生产实践检验，采用旋压触探技术的测试深度明显增加，天津地区生产实际应用深度已达到 86 m，满足了高速铁路、城市轨道交通、超高建筑等深大基础勘察设计深度的需求，实现了深部岩土体连续原位测试。

旋压触探技术已在津保、邯黄、商合杭、京雄商、京滨等很多铁路工程以及天津地铁、中国五矿商务大厦、天津空客 A320 总装厂等工民建项目的勘察工作中得到应用，提高了勘察工作效率和质量，取得了较为显著的社会和经济效益。

2018 年，旋压触探试验作为新的原位测试技术，纳入新修订的《铁路工程地质原位测试规程》（TB 10018—2018）中。它是将标准旋压探头按一定的转速和速率旋转贯入土层，同时测记探头在旋压入过程中所受到的贯入阻力、土在剪切破坏过程中的抵抗力矩及排土水压力，以此连续参数来研究地层物理力学性质的一种方法。该标准为旋压触探技术的推广应用提供了依据。

近年来，国内一些大学也开始了旋压触探技术的研究。西安理工大学研究人员研制出室内旋转触探试验仪，并针对黄土等硬土层进行了室内试样试验旋转触探的研究，同时进行了机理及分析，初步得出了旋转触探参数与黄土的物理性质参数之间的关系。中国地质大学研究人员基于中国铁设研发的锥头对旋转触探的机理进行了研究。

本章主要介绍旋压触探技术研究方面取得的成果，包括旋压触探的测试机理、仪器设备、测试工艺、成果应用。相信随着旋压触探应用及试验研究的不断深入，旋压触探技术会越来越成熟完善，必将成为一种重要的岩土勘察原位测试手段。

5.2 机理研究

旋压触探采用一定的转速和贯入速度,将标准锥形双螺旋探头通过"静压+旋转+给水"联合作用贯入地层,其测试过程既有静压贯入作用,又有锥形双螺旋探头切削土体作用,测试机理较静力触探更为复杂。

5.2.1 旋压机理

1. 旋压触探理论分析

旋压触探探头为便于探入硬层,经多方对比试验,采用带有双圆锥螺旋凹槽的圆锥探头。此结构探头在旋压探入过程中,探头结构受力复杂,为此在进行旋转探头受力机理分析时,仍将其简化为圆锥探头。

在静力触探测试过程中,探头的受力如图 5.2-1(a)所示,探头表面受到土体作用的法向应力 σ_n 和平行于探头圆锥母线方向的摩擦力 f。由力的平衡条件及几何关系可以得出静力触探探头锥尖阻力 q_c 为:

$$q_c = \sigma_n(1+\sqrt{3}\mu)$$

式中:σ_n 为锥侧表面的法向应力;μ 为土与探头间的摩擦系数。

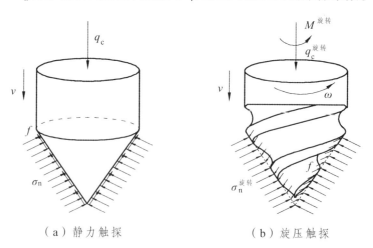

（a）静力触探　　　　　　（b）旋压触探

图 5.2-1　静力触探与旋压触探探头受力示意

简化后的旋压触探探头锥尖的受力如 5.2-1(b)所示。与静力触探相比，旋压触探探入方式的改变不仅对法向应力有影响，而且对摩擦力也产生了影响。探头在相同探入速度、两种运行方式下土体作用于锥侧表面的法向应力方向相同，大小不同。由于动摩擦系数不随运动速度的改变而改变，所以锥侧面上的剪应力数值因法向应力的数值改变而变化，方向因转速不同而改变。因而在相同贯入速度、探头材料及土体条件下，由静力触探探入土中的方式改为旋转探入方式，使得土体作用于探头侧表面上的摩擦力由沿母线方向而变为在锥体母线的切平面上并与母线成一定夹角。

当探入速度为 v，旋转速度为 ω 时，在由旋转探头锥侧面上距探头轴线为 r 的点的水平切向、法线方向和锥母线方向所构成的直角坐标系中，该点的速度分量分别为：$v_{法向}=v/2$，$v_{母线}=\sqrt{3}v/2$ 和 $v_{水平切向}=2\pi\omega r$。探头所受摩擦力方向只与母线方向和水平切向两者速度有关，这两者合速度向量与母线的夹角余弦为：$\cos\alpha=\dfrac{\sqrt{3}v/2}{\sqrt{(2\pi\omega r)^2+(\sqrt{3}v/2)^2}}$，其中 α 是摩擦力与母线的夹角。

采用静力触探锥尖阻力的分析方法，分析旋压触探时探头上的锥尖阻力 $q_{c}^{旋转}$ 为：

$$q_{c}^{旋转}=\sigma_{n}^{旋转}+\int_{0}^{\pi}\int_{0}^{D}f\cos30°\cos\alpha r\mathrm{d}r\mathrm{d}\theta/S$$

$$=\sigma_{n}^{旋转}+\frac{1}{4\pi D^2}\int_{0}^{\pi}\frac{3}{4}fv\mathrm{d}\theta\int_{0}^{D}\frac{r}{\sqrt{(2\pi\omega r)^2+(\sqrt{3}v/2)^2}}\mathrm{d}r$$

$$=\sigma_{n}^{旋转}+\frac{2fv}{(2\pi\omega D)^2}\left[\sqrt{(2\pi\omega D)^2+(\sqrt{3}v/2)^2}-\frac{\sqrt{3}}{2}v\right]$$

$$=\sigma_{n}^{旋转}+\frac{3fv}{\sqrt{(2\pi\omega D)^2+(\sqrt{3}v/2)^2}+\frac{\sqrt{3}}{2}v}$$

式中：$\sigma_{n}^{旋转}$ 为旋压触探时锥侧表面的法向应力；$S=\pi D^2/4$ 为锥底面积，D 为锥底直径（m）。

且有 $f=\mu\sigma_{n}^{旋转}$，整理得：

$$q_{c}^{旋转}=\sigma_{n}^{旋转}(1+\sqrt{3}\mu\delta_{q})$$

式中：$\delta_q = \dfrac{\sqrt{3}v}{\sqrt{(2\pi\omega D)^2 + (\sqrt{3}v/2)^2} + \dfrac{\sqrt{3}}{2}v}$，称之为旋转对锥侧表面摩阻力

的影响系数。此系数 $\delta_q \leqslant 1$，当且仅当旋转速度 $\omega = 0$ 时旋转影响系数 $\delta_q = 1$。

当锥侧表面完全光滑，锥土间的摩擦角为 0，即 $\mu = 0$ 时，旋转对锥尖阻力的影响就体现不出来，而此时静力触探和旋压触探的锥尖阻力都等于法向应力。

旋压触探时探头上的扭矩 $M^{旋转}$ 为：

$$M^{旋转} = \int_0^\pi \int_0^D \frac{2f\pi\omega r^3}{\sqrt{(2\pi\omega r)^2 + \left(\dfrac{\sqrt{3}}{2}v\right)^2}} \mathrm{d}r\mathrm{d}\theta$$

$$= \int_0^\pi 2f\pi\omega\mathrm{d}\theta \int_0^D \frac{r^3}{\sqrt{(2\pi\omega r)^2 + \left(\dfrac{\sqrt{3}}{2}v\right)^2}} \mathrm{d}r$$

$$= \frac{f}{8\pi^2\omega^3}\sqrt{(2\pi\omega D)^2 + (\sqrt{3}v/2)^2}\left[\frac{(2\pi\omega D)^2}{3} - \frac{v^2}{2}\right] + \frac{\sqrt{3}fv^3}{32\pi^2\omega^3}$$

由 $f = \mu\sigma_n^{旋转}$，整理得：

$$M^{旋转} = \frac{\sigma_n^{旋转}\mu\delta_M}{4}$$

其中旋转对扭矩影响系数为：

$$\delta_M = \frac{1}{2\pi^2\omega^2}\sqrt{(2\pi\omega D)^2 + \left(\frac{\sqrt{3}}{2}v\right)^2}\left(\frac{(2\pi\omega D)^2}{3} - \frac{v^2}{2}\right) + \frac{\sqrt{3}v^3}{8\pi^2\omega^3}$$

从锥尖阻力和扭矩的表达式很清楚地看出，旋压触探测试时探头总锥尖阻力与扭矩是相互关联的。它们不仅与探头探入过程中土体对其产生的法向应力、探头的直径、土体与探头间的摩擦系数有关，而且还与探头的旋转速度和探入速度有关。

旋转扭矩 $M^{旋转}$ 与总锥尖阻力 $q_c^{旋转}$ 间的关系为：

$$M^{旋转} = \left[\frac{\mu \delta_M}{\pi D^2 (1 + \sqrt{3} \mu \delta_q)} \right] q_{\mathrm{c}}^{旋转}$$

从上式可得出，对于同一试样，选用标准直径的探头，触探过程中控制探头的运行速度相同时，扭矩与总锥尖阻力间的比值就应为常数，而该常数只与触探的土体有关。

土体与探头间的摩擦系数 μ 为：

$$\mu = \frac{\pi D^2 M^{旋转}}{q_{\mathrm{c}}^{旋转} \delta_M - \sqrt{3} \delta_q \pi D^2 M^{旋转}}$$

旋压触探时的锥侧表面上的法向力为 $\sigma_{\mathrm{n}}^{旋转}$ 为：

$$\sigma_{\mathrm{n}}^{旋转} = \frac{4 (q_{\mathrm{c}}^{旋转} \delta_M - \sqrt{3} \delta_q \pi D^2 M^{旋转})}{\pi D^2 \delta_M}$$

可得探入方式改变后总锥尖阻力的降低值 $\Delta q_{\mathrm{c}}^{旋转}$：

$$\Delta q_{\mathrm{c}}^{旋转} = S(\sigma_{\mathrm{n}} - \sigma_{\mathrm{n}}^{旋转}) + S(\sigma_{\mathrm{n}} - \sigma_{\mathrm{n}}^{旋转} \delta_q) \sqrt{3} \mu$$

由上式右边部分可知，探入方式改变后总锥尖阻力的降低由两部分组成：一是由锥侧表面的法向应力降低直接引起的，二是由法向应力降低而使摩擦力量值降低及旋转而使摩擦力方向改变引起的。

2．简化锥头理论分析

1）角片锥头[14]

角片锥是一种样式简单的三角形锥头，如图 5.2-2 所示，它结构单一，锥头参数少，分析面少，具有一定的典型性和代表性。事实上角片锥没有明显的刀刃，因为它的刃前角为 90°、刃后角为 0°，刀刃磨锐角是 90°，对孔壁破坏方式更像是"刮"而不是"切削"。角片锥的刀刃是一条与轴线共平面的直线，并非螺旋线，因此受力机制相同，但数值不同，受到刃与轴线距离的影响；角片锥不具有明显的前端面，由角片侧面承受钻进压力。假定接触面上应力均匀分布，钻屑不提供阻力。角片锥受力分析如图 5.2-3 所示。

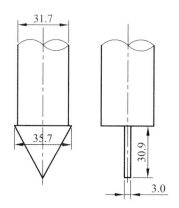

图 5.2-2　角片锥头（单位：mm）

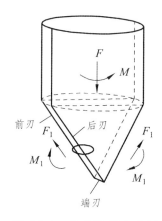

图 5.2-3　角片锥受力分析

（1）钻进阻力。

假定锥头为一旋转体，锥头三角面因光滑且平行于轴线，不提供钻进阻力。其受力简化如图 5.2-4 所示。

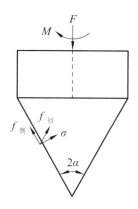

图 5.2-4　角片锥受力简化

对锥头阻力进行分析，则有：

$$q = \sigma / \sin \alpha = f_{侧} / \cos \alpha$$

（2）旋转阻力。

取侧面刀刃上任一点为微元，其到轴线的距离为 $r(z)$，则有旋转扭矩：

$$M = \int_0^H \int_0^{2\pi} f_{切} r(z) r(z) \mathrm{d}\theta \mathrm{d}z$$

2）螺旋叶片式锥头[15]

（1）几何参数。

设锥头长度为 h，锥角为 θ，螺旋面厚度为 b，螺旋叶片上升角为 α，螺距为 δ，螺旋锥头内包的钻杆直径为 D（图 5.2-5）；土的重度为 γ，土内摩擦角为 ϕ，土与锥头的摩擦系数为 f_{s1}，土（钻屑）与孔壁的摩擦系数为 f_{s2}；锥头转速为 n。其旋转角速度为：

$$\omega = \frac{n\pi}{30}$$

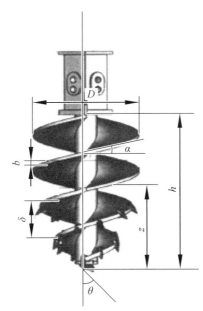

图 5.2-5　螺旋叶片几何参数示意

贯入速度 v 与钻深 H 之间的关系为：

$$v = \frac{\mathrm{d}H}{\mathrm{d}t}$$

螺旋叶片的螺旋线方程为：

$$R = \frac{\delta}{2\pi} \cdot \tan\theta \cdot \left(\omega \cdot t + \frac{\pi D}{\delta \tan\theta} \right)$$

$$z = \frac{\delta}{2\pi} \omega t$$

对螺旋线弧长微分：

$$\mathrm{d}s = \sqrt{(R')^2 + (z')^2}\,\mathrm{d}t = \frac{\mathrm{d}z}{\cos\theta}$$

（2）受力过程中的假设。

在螺旋钻进过程中，假设螺旋锥头以一匀角速度 ω 旋转，螺旋叶片上的钻屑由于受到离心力作用而紧靠在孔壁内侧，钻屑土与孔内壁之间的摩擦阻力会阻碍钻屑随螺旋叶片一起运动，从而使土块沿螺旋叶片螺旋上升。假设土体是均匀的，即周围土体有相同的物理力学性质，同时，由于螺旋叶片的几何参数一定、转速恒定，可认为沿螺旋叶片上的每一块钻屑土的运动状态是一样的。

但是，首先，由于旋压触探锥头的旋转角速度一般较小，钻屑不会沿螺旋叶片向上运动，同时由于后来钻进产生的钻屑的上挤作用，钻屑也不会随着锥头一起转动。其次，触探锥头为锥形，当整个螺旋锥头钻入土层后，由于锥头对内壁的向外挤扩作用，被锥头切削下来的钻屑与孔壁在竖直方向上总体保持相对静止，仅会产生塑性变形，在径向方向被挤入孔壁背后的土层，壁后土体随即处于被动朗肯状态，产生被动土压力作用于孔壁上。

因双向螺旋旋压触探锥头在钻进时，与土体发生相互作用的部分就是锥形螺旋锥头，该锥头主要由锥形钻体与围绕其表面的螺旋叶片组成。以下对锥形螺旋锥头叶片的表面和侧面受到的作用力进行力学分析，以建立相应的力学模型，并进行量化。

螺旋锥头在钻进土层后，土体在锥头的挤扩作用下向孔壁周围土层挤扩，螺旋叶片受到上压力、上与叶片间的摩擦力等作用，从而产生水平阻力扭矩和轴向锥尖阻力。由于锥头的受力情况非常复杂，在建立螺旋锥头的受力模型时，作出如下假设：

① 螺旋锥头以匀角速度转动且钻进速度一定；

② 孔壁周围的土层是一个有机的整体，且孔壁周围土质是均匀的；

③ 钻孔外的填土表面是水平的；

④ 螺旋叶片的螺旋升角保持恒定不变；

⑤ 土体只会沿径向向壁外产生挤扩作用；

⑥ 钻孔深度大于螺旋锥头的长度，即认为整个锥头位于地表以下。

（3）侧面受力分析。

取螺旋叶片侧面距离锥头锥顶 z 处微单元进行分析，其受力如图 5.2-6 所示。在钻进过程中，螺旋叶片侧面会受到孔壁的被动土压力作用。因为后来旋压触探实验的结果数据都是反映黏性土，故在建立旋压触探的力学模型时，被动土压力的计算公式都是针对黏性土得出的。根据朗肯被动土压力计算理论公式，螺旋叶片侧面微元受到的微压力为：

$$\mathrm{d}F_\mathrm{n} = [\gamma(H-z)K_\mathrm{p} + 2c\sqrt{K_\mathrm{p}}] \cdot b\mathrm{d}s$$

式中： $K_\mathrm{p} = \tan^2\left(45° + \dfrac{\phi}{2}\right)$

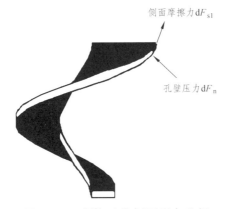

图 5.2-6　螺旋叶片侧面受力分析

此时，螺旋叶片侧面微元受到的微摩擦阻力为：

$$\mathrm{d}F_\mathrm{sl} = f_\mathrm{sl} \cdot \mathrm{d}F_\mathrm{n}$$

式中： f_sl ——土与螺旋叶片间的摩擦系数。

则有：

$$\mathrm{d}F_\mathrm{sl} = f_\mathrm{sl}[\gamma(H-z)K_p + 2c\sqrt{K_p}] \cdot b\mathrm{d}s$$

将此微摩擦阻力沿轴向 z 方向和周向 τ 方向分解，则：

$$\mathrm{d}F_{z1} = f_\mathrm{sl}[\gamma(H-z)K_\mathrm{p} + 2c\sqrt{K_\mathrm{p}}] \cdot b\mathrm{d}s \cdot \sin\alpha$$
$$\mathrm{d}F_{\tau 1} = f_\mathrm{sl}[\gamma(H-z)K_\mathrm{p} + 2c\sqrt{K_\mathrm{p}}] \cdot b\mathrm{d}s \cdot \cos\alpha$$

所以，螺旋叶片侧面受到的垂直力为：

$$F_{z1} = \int dF_{z1}$$

$$= \int f_{s1} b \sin\alpha \cdot [\gamma K_p (H-z) + 2c\sqrt{K_p}] ds$$

$$= f_{s1} b \sin\alpha \cdot \frac{1}{\cos\theta} \left[\gamma K_p \left(H - \frac{h}{2} \right) \cdot h + 2c\sqrt{K_p} h \right]$$

螺旋叶片侧面受到的水平扭矩为：

$$M_1 = \int R \cdot dF_{\tau1}$$

$$= \int R \cdot f_{s1} [\gamma(H-z)K_p + 2c\sqrt{K_p}] \cdot b \cdot \cos\alpha ds$$

$$= \frac{f_{s1} b \cos\alpha}{\cos\theta} \left[\gamma K_p \left(\frac{Hh^2}{2} - \frac{h^3}{3} \right) \tan\theta + \right.$$

$$\left. \frac{\gamma K_p D}{2} \left(Hh - \frac{h^2}{2} \right) + c\sqrt{K_p} h^2 \tan\theta + c\sqrt{K_p} Dh \right]$$

（4）表面受力分析

取螺旋叶片表面上的土体微元分析，当锥头以 ω 角速度旋转时，土体微元受到的惯性力为：

$$dF_g = f_{s2} \cdot \int dm \cdot r\omega^2$$

$$= f_{s2} \cdot \omega^2 ds \cdot \int \frac{\gamma}{g} \frac{\delta}{2} r \cdot dr$$

$$= \frac{1}{4} f_{s2} \delta \omega^2 \gamma \left(R^2 - \frac{D^2}{4} \right) \cdot ds$$

式中：f_{s2}——土与孔壁间的摩擦系数。

螺旋表面受力分析如图 5.2-7 所示，则有：

$$dF_{s2} = f_{s1} dF_g \cos\alpha + dF_g \sin\alpha$$

$$= (f_{s1} \cos\alpha + \sin\alpha) \frac{1}{4} f_{s2} \delta \omega^2 \frac{\gamma}{g} \left(R^2 - \frac{D^2}{4} \right) \cdot ds$$

所以，螺旋面受到的垂直分力为：

$$F_{z2} = \int dF_{s2} \cdot \sin\alpha$$

$$= \sin\alpha \int (f_{s1} \cos\alpha + \sin\alpha) \frac{1}{4} f_{s2} \delta \omega^2 \frac{\gamma}{g} \left(R^2 - \frac{D^2}{4} \right) \cdot ds$$

$$= \frac{1}{4} B \cdot \omega^2 \cdot \sin\alpha \cdot \frac{1}{\cos\theta} \cdot \left[\frac{1}{3} h^3 \tan^2\theta + \frac{1}{2} Dh^2 \tan\theta \right]$$

式中：$B = f_{s2}\delta\dfrac{\gamma}{g}\cdot(f_{s1}\cos\alpha + \sin\alpha)$

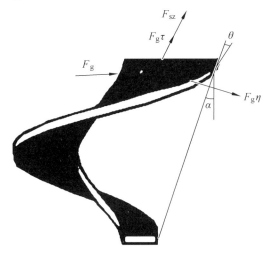

图 5.2-7　螺旋叶片表面受力分析图

则螺旋面受到的水平微扭矩为：

$$\begin{aligned}
\mathrm{d}M_2 &= \int(f_{s1}\cos\alpha + \sin\alpha)\mathrm{d}F_g\cdot r\cdot\cos\alpha \\
&= \int(f_{s1}\cos\alpha + \sin\alpha)f_{s2}\cos\alpha\cdot\mathrm{d}m\cdot r\omega^2 \\
&= \frac{1}{2}B\cdot\omega^2\cdot\left(\int r^2\mathrm{d}r\right)\cos\alpha\cdot\mathrm{d}s \\
&= \frac{1}{2}B\omega^2\cdot\frac{1}{3}\left[R^3 - \left(\frac{D}{2}\right)^3\right]\cos\alpha\cdot\mathrm{d}s
\end{aligned}$$

所以

$$\begin{aligned}
M_2 &= \int\mathrm{d}M_2 \\
&= \frac{1}{2}B\cdot\omega^2\cos\alpha\int\frac{1}{3}\left[R^3 - \left(\frac{D}{2}\right)^3\right]\cdot\mathrm{d}s \\
&= \frac{1}{4}B\omega^2\cos\alpha\cdot D\frac{\sin\theta}{\cos^2\theta}\cdot h^2\cdot\left[\frac{1}{6}h^2\tan^2\theta + \frac{1}{3}h\tan\theta + \frac{D}{4}\right]
\end{aligned}$$

（5）螺旋锥头受到的总锥尖阻力及总水平扭矩。

通过对整个锥头的受力分析可知，螺旋锥头受到的锥尖阻力和水平扭矩包括两个部分：一是螺旋叶片侧面受到的锥尖阻力；另一是螺旋叶片表面受到的锥尖阻力和水平扭矩。故螺旋锥头受到的锥尖阻力为：

$$F_z = F_{z1} + F_{z2}$$

$$= b \cdot \frac{\sin \alpha}{\cos \theta} \cdot \left[\gamma K_p \left(H - \frac{h}{2} \right) \cdot h + 2c \sqrt{K_p} h \right] +$$

$$\frac{1}{4} B \cdot \omega^2 \cdot \sin \alpha \cdot \frac{1}{\cos \theta} \cdot \left[\frac{1}{3} h^3 \tan^2 \theta + \frac{1}{2} Dh^2 \tan \theta \right]$$

螺旋锥头受到的水平扭矩为：

$$M = M_1 + M_2$$

$$= \frac{f_{s1} b \cos \alpha}{\cos \theta} \left[\gamma K_p \left(\frac{Hh^2}{2} - \frac{h^3}{3} \right) \tan \theta + \frac{\gamma K_p D}{2} \left(Hh - \frac{h^2}{2} \right) + \right.$$

$$\left. c \sqrt{K_p} h^2 \tan \theta + c \sqrt{K_p} Dh \right] +$$

$$\frac{1}{4} B \cdot \omega^2 \cos \alpha \cdot D \frac{\sin \theta}{\cos^2 \theta} \cdot h^2 \cdot \left[\frac{1}{6} h^2 \tan^2 \theta + \frac{1}{3} h \tan \theta + \frac{D}{4} \right]$$

在建立螺旋锥头的受力模型过程中，考虑到整个锥头在受力过程中受力情况非常复杂，进行了部分简化，如下：

① 只计算了螺旋面上表面和侧面的作用力，忽略了螺旋面下表面的作用力；

② 忽略了锥头和钻屑的自重及其引起的摩擦力作用；

③ 旋压触探锥头为短螺旋锥头，螺旋升角的角度变化忽略不计；

④ 只分析了锥头螺旋叶片上的受力，没考虑螺旋内钻杆的受力情况；

⑤ 土体为黏性土。

由于旋压触探试验锥头为双螺旋短锥头，在试验过程中，不需要向上输送钻屑，其旋转角速度比较小，且在螺旋叶片表面上的钻屑量较少。因此，在计算整个螺旋锥头受到的锥尖阻力及水平扭矩时，忽略掉由于钻屑土引起的那部分阻力和扭矩，其计算公式可简化为：

① 锥头阻力：

$$F_z = b \cdot \frac{\sin \alpha}{\cos \theta} \cdot \left[\gamma K_p \left(H - \frac{h}{2} \right) \cdot h + 2c \sqrt{K_p} h \right]$$

$$q_c = \frac{F_z}{A}$$

式中：A——锥形螺旋锥头外圆锥表面积。

② 水平扭矩:

$$M = \frac{f_{s1}b\cos\alpha}{\cos\theta}\left[\gamma K_p\left(\frac{Hh^2}{2} - \frac{h^3}{3}\right)\tan\theta + \right.$$

$$\left. \frac{\gamma K_p D}{2}\left(Hh - \frac{h^2}{2}\right) + c\sqrt{K_p}h^2\tan\theta + c\sqrt{K_p}Dh\right]$$

5.2.2 模拟试验

1. 试验目的

旋压触探的工艺参数主要有贯入速度和旋转转速以及水泵给水量。这三个参数对旋压触探测试地层参数存在一定的影响。为了研究工艺参数与测试参数的关系，我们开展了模拟试验。

在旋压触探的钻进过程中，钻杆沿钻孔轴线做直线运动，同时做切削地层的回转运动，给进力与扭矩同时做功。由于采用的是定量水泵，给水量对测试参数的影响是一定的，且较小，这里暂不考虑，那么钻进过程中单位时间所做的功可表示为:

$$W = Fv + 2\pi\omega n$$

式中: F——给进力（N）;

　　　v——机械钻速（m/min）;

　　　ω——转矩（N·m）;

　　　n——转速（r/min）。

其中 Fv 为给进力所做的功，$2\pi\omega n$ 为扭矩所做的功。

在对于旋压触探测试参数关系研究上，引入了破碎比功的概念，即破碎单位体积地层所需的能量，用 e_r 代表比功，用下标 t 和 m 表示给进力和扭矩所代表的比功，则有:

$$e_r = e_t + e_m = \frac{F}{A} + \frac{2\pi}{A}\frac{n\omega}{v}$$

式中: F——给进力（N）;

　　　A——孔口面积（m²）;

　　　其余符号意义同前。

给进力所代表的比功 $\dfrac{F}{A}$，与给进力作用在孔口面积的压力相当。事实上比功的单位与旋压触探锥尖阻力的单位相同。给进力 F 作用在孔口面积 A 上移动了 ds 距离，功的增量 dW 为 Fds，体积的变化量 dV 等于 Ads。比功 $e_t = dW / dV = F / A = p_r$。

式中 A 为孔口面积，是常数，因此 e_t 与 F 成比例变化，而 e_m 的变化则由转速、扭矩与机械钻速来决定。

引入变量 p，该变量等于锥头回转一周的进尺。由于

$$p = \frac{v}{n}$$

则有
$$e_m = \frac{2\pi}{A} \cdot \frac{\omega}{p}$$

那么旋压触探的比功则为：

$$e_r = \frac{F}{A} + \frac{2\pi}{A} \cdot \frac{\omega}{p}$$

由上式分析得：如果给进力低于某个值，不足以进尺或者进尺很慢，p 值则很小，e_m 值就会很大，也就是比功会很大；进尺少，表明锥头破碎地层的体积小。如果锥头大体积地破碎地层，表明 p 值变大，比功会变小。

根据能量守恒，比功应为定值，比功只与地层性质有关，每种地层有特定的比功，或者每类地层有相近的比功。

为了验证以上结论，通过小型试验来进行分析。通过本次试验，将实现以下三个内容：

（1）确定探头下降速度对旋压触探总锥尖阻力的影响。

（2）确定探头旋转速度对旋压触探总锥尖阻力的影响。

（3）确定砂土中旋压触探试验比功的变化。

2．试验模拟

试验设备包括旋压触探设备、触探多参数数据采集系统及小量程的旋压触探探头传感器（一个长 50 cm、截面积为 10 cm² 的模拟探头）。

旋压触探设备是在原有的静力触探车上进行改造而成的，它是利用液力装置将探头及探杆钻入或压入地层中以探测地质结构的一种移动式探测设备。

触探多参数数据采集系统，采用自行研制的无缆测试参数采集通用仪器，以时间同步来准确地完成地上地下参数的采集、存储工作，并最终建立地下测试参数与深度的对应关系，给出触探的数据资料。

在试验过程中，采用的砂土试样为重塑样。将细砂分批均匀倒入砂桶中，为了增加密实度，可逐层淋上少量的水，并用工具将其分层夯实，使试样均匀、连续。为了在对比试验中保持砂土试样的基本物理力学指标和触探控制参数不变，使用同样的方法将细砂夯实在砂桶中，并以该砂桶中的砂样为试验样品进行试验。

3．试验数据分析

1）贯入速度对旋压触探总锥尖阻力的影响分析

在控制旋转速度为 30 r/min 恒定不变的条件下，不同贯入速度（$v =$ 2.13 cm/s、1.77 cm/s、1.19 cm/s）对应的锥尖阻力变化曲线如图 5.2-8 所示。从图中可以看出总锥尖阻力随触探速度的增大而增大。

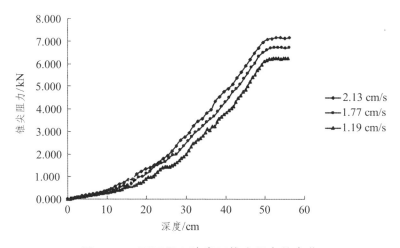

图 5.2-8　不同贯入速度下锥尖阻力的变化

锥尖阻力随触探速度的增大而增大，主要是由于触探速度加快，单位时间内探头的触探深度加深，探头进入砂体的位移变大，砂体被迅速压缩挤密，对探头的抵抗阻力也随之加大，因此锥尖阻力表现为随着触探速度的加快而增大。

2）旋转转速对旋压触探总锥尖阻力的影响分析

在控制贯入速度为 3.5 cm/s 恒定不变的条件下，不同旋转速度（$n =$

30 r/min、20 r/min、15 r/min）对应的总锥尖阻力变化曲线如图 5.2-9 所示。从图中可以看出，锥尖阻力随转速的增加而减小。

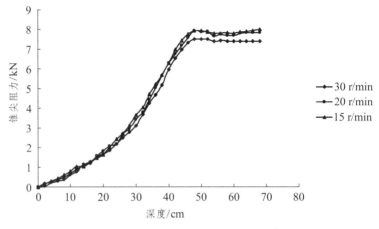

图 5.2-9　不同转速下锥尖阻力的变化

锥尖阻力随转速的增加而减小，主要是由于随着转速的增加，切削作用加剧，单位时间内受到扰动的砂体增加，然而，探头下降速度保持不变，也就是单位时间内探头触入砂体的位移不变，且探头又处于扰动土中，因此锥尖阻力会减小。

在静力触探过程中，土体只受到来自探头的轴向压力，而加入旋转的过程后，土体在受到轴向压力的同时，还存在回转切削过程。根据前人曾借鉴的金属切削原理和钻孔取样过程中土的掘削理论可知，采用旋转钻进的方式代替传统静力触探的直接触探的方式，在触探机功率相同时能有效地提高触探能力，即有效地降低了触探所需抵抗的锥尖阻力，因此旋压触探技术可以有效地增加触探深度，满足高速铁路的勘探深度要求。

3）砂层中旋压触探比功分析

在旋压触探中，给进力的比功 $e_t = \dfrac{F}{A}$ 即为测得的锥头阻力 p_r；试验中采用的锥头底面积 $A = 10 \text{ cm}^2$，那么转矩的比功为：

$$e_m = \frac{2\pi}{A} \cdot \frac{n\omega}{v} = 0.006\ 28\frac{nM_r}{v}$$

因此旋压触探的比功为：

$$e_r = e_t + e_m = p_r + 0.006\,28\frac{nM_r}{v}$$

式中：p_r——锥头阻力（MPa）；

　　　v——贯入速度（m/min）；

　　　M_r——锥头转矩（N·m）；

　　　n——转速（r/min）。

将试验所获得的数据代入上式计算，在保持贯入速度 $v = 3.5$ cm/s 不变的情况下，不同旋转速度（$n = 30$ r/min、20 r/min、15 r/min）对应的砂层土中旋压触探比功变化曲线如图 5.2-10 所示。从图中可以看出，在不同旋转速度下，比功的变化曲线基本一致，比功随触探深度的增加而增长，在达到一定深度后趋于平稳。

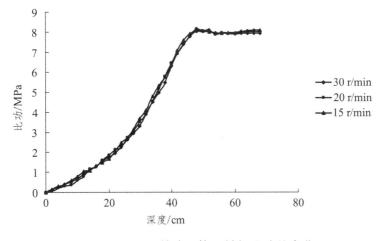

图 5.2-10　不同转速下旋压触探比功的变化

在控制旋转速度为 30 r/min 恒定不变的条件下，不同贯入速度（$v = 2.13$ cm/s、1.77 cm/s、1.19 cm/s）对应的砂层土中旋压触探比功变化曲线如图 5.2-11 所示。从图中可以看出，在不同贯入速度下，比功的变化曲线基本一致，比功随触探深度的增加而增长。

不同转速和不同贯入速度下的旋压触探比功在趋于稳定后的大小及临界深度稍有差别，主要原因是试验样品难免有些许差异，但是这对最终结论并无较大影响。

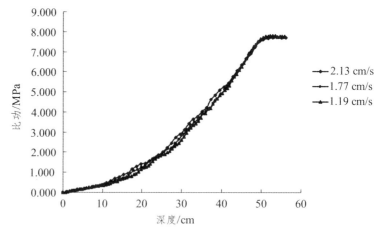

图 5.2-11　不同贯入速度下旋压触探比功的变化

４．参数分析

通过砂层模型触探试验总结出旋进参数对触探结果影响如下：

（1）在旋压触探过程中，在保持转速一定的情况下，锥尖阻力随贯入速度的增大而增大。

（2）在旋压触探过程中，在保持贯入速度一定的条件下，锥尖阻力随旋转转速的增加而减小。

（3）在砂层土中，在不同贯入速度、不同旋转速度下，旋压触探的比功是相近的，比功值随触探深度增加而增大，最终趋于稳定，其只与砂层状态有关。

通过模型试验结果表明：在做旋压触探试验时，应该以一定的转速和贯入速率，采用定量泵进行试验，以减小旋进参数对数据结果的影响；在旋压触探成果应用中，可以通过比功法来建立静力触探贯入阻力与旋压触探测试参数的关系模型，从而将新技术与成熟的传统技术联系起来，使旋压触探技术得到更好的推广应用。

5.2.3　测试指标

随着给进力的增大，破碎地层的体积越来越大，比功逐渐变小，最后达到某个值后不再增大也不再减小，维持恒定。如图 5.2-12 所示，测得砂岩的比功基本维持在一个恒定值附近。

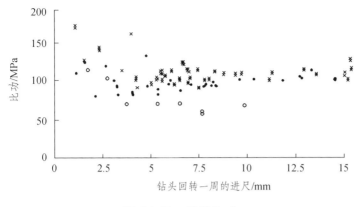

图 5.2-12　砂岩比功

有研究表明 ω 与 p 呈线性关系，即 ω/p 为定值，如图 5.2-13 转矩与锥头每转进尺关系所示。这也证明了大体积破碎地层时比功为定值，与地层性质有关。

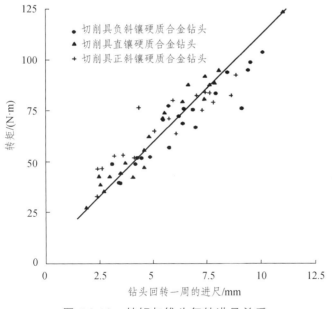

　　　　● 切削具负斜镶硬质合金钻头
　　　　▲ 切削具直镶硬质合金钻头
　　　　+ 切削具正斜镶硬质合金钻头

图 5.2-13　转矩与锥头每转进尺关系

由上述分析可知，比功只与地层的性质有关。每种地层有特定的比功，或者每类地层有相近的比功，这种特性为识别岩性提供了依据。

比功的测量只需要给进力、转矩、探入速率和转速这些基本规程参数，计算过程简单，适宜作为旋压触探特征量。故此，定义旋压触探特征量——比功 e_r 形式如下：

$$e_r = \frac{F}{A} + \frac{2\pi}{A} \cdot \frac{\omega}{p}$$

在旋压触探过程中，给进力的比功 $e_t = \frac{F}{A}$ 即为测得的锥头阻力 p_r；目前采用的锥头底面积 $A = 35\ \mathrm{cm}^2$，那么转矩的比功为：$e_m = \frac{2\pi}{A} \cdot \frac{\omega}{p} = 0.001\ 795\frac{nM_r}{v}$。

旋压触探的比功：

$$e_r = p_r + 0.001\ 795\frac{nM_r}{v}$$

式中：p_r——锥头阻力（MPa）；

v——贯入速度（m/min）；

M_r——锥头转矩（N·m）；

n——转速（r/min）。

5.3 仪器设备研发

旋压触探采用的仪器设备主要包括旋压系统、给水系统、测试系统和标定设备等。其中，旋压触探的给水系统与本书 3.2 节深层静力触探给水系统相似，故本节不再赘述。测试系统中旋压触探探头采用锥形双螺旋结构设计，配合无缆测试技术，可实现岩土体贯入阻力、旋转扭矩及排土水压力的测试。标定设备适用于旋压触探标准探头贯入阻力、旋转扭矩及排土水压力的率定和检验。

5.3.1 旋压系统

旋压系统是整套系统中的主要动力来源，是决定旋压触探测试深度的关键。旋压系统包括旋压触探主机、反力装置、探杆、液压（气动）夹具和附属工具等。

旋压触探主机根据结构分为车载型旋压触探主机和轻便型旋压

触探主机。旋压触探主机的作用是将下端装有探头的触探杆一根根地旋转压入土中，需具备标准贯入速率［匀速贯入，贯入速率为（20±5）mm/s］的调节、控制装置，同时还应具有标准转速［匀速旋转，转速为（25±5）r/min］的调节、控制装置。

旋压触探反力装置的作用是平衡旋转贯入阻力对旋转贯入装置的反作用。反力的取得是通过汽车及其上安装的旋压触探设备的自重以及下地锚来实现的。

旋压触探探杆应采用高强度无缝管材，其屈服强度不宜小于600 MPa，工作截面尺寸（包括接头）必须与触探主机的额定贯入力相匹配。此外，探杆应符合下列技术要求：

① 使用于同一台触探主机的探杆长度（包括一个接头）应相同，其长度误差不得大于 0.3%。

② 用于前 5 m 的探杆，其弯曲度不得大于 0.05%；后续探杆的弯曲度，当触探孔设计深度不大于 10 m 时，探杆弯曲度不得大于 0.2%；当触探孔设计深度大于 10 m 时，探杆弯曲度不得大于 0.1%。

③ 探杆两端螺纹轴线的同轴度公差为 Φ1。

④ 探杆与接头的连接要有良好的互换性。

⑤ 以锥形螺纹连接的探杆，连接后不得有晃动现象。

⑥ 探杆不得有裂纹和损伤。

液压（气动）夹具由液压油和压缩空气推动，对钻杆进行夹紧或松开，两者配合使用，以便联结钻杆和拆卸钻杆。液压（气动）夹具应和旋压触探主机有很好的连接，并保证和旋压触探主轴同心。在夹紧作业时，液压（气动）夹具夹紧力应保证探杆不滑动脱落。气动夹具可配合液压夹具同时使用。

1．车载型旋压触探主机

车载型旋压触探主机是将旋压触探设备安装在专用汽车上进行地质探测的设备。它是利用液压装置将探头及探杆旋压入地层中以探测地质结构的一种移动式探测设备。车载型旋压触探主机由触探油缸、主轴箱等组成，安装在触探车底盘上。同时，该车的发动机可以带动油泵和气泵为触探主机提供液压动力和压缩空气，为液压（气动）夹具输出动力。

主轴箱和双油缸固连在一起，使主轴箱的主轴在液压电动机带动下于旋转的同时随油缸一起上下运动。探杆安装在主轴上，通过油缸升降和主轴箱主轴的旋转带动探杆的旋转贯入，实现旋压触探。

旋压触探工作时，通过操纵液压多路阀的控制手柄来控制各系统协同工作。为使液压系统的各个执行元件工作稳定，选用三联齿轮泵分别为触探油缸、液压电动机、夹紧油缸等供油，同时它也能充分满足各执行元件对压力、流量的要求。

在旋转接头的下方装有测速齿板，通过测速仪表测出探杆的转速，可随时监测到探杆工作时转速及工况。旋压触探主机主轴扭矩应保证具有 $0 \sim 1\,600\ \text{N} \cdot \text{m}$ 的能力。

汽车发动机带动三联齿轮泵 GPC4-40-32-32 工作，向全系统提供液压油。其中一个排量为 32 mL/r 的泵给主轴油缸和支腿油缸供油，实现钻杆的慢进、慢退、浮动及支腿油缸的伸出及缩回，调节该油路中多路阀上安全阀的油压使其满足工作要求；另一个排量为 32 mL/r 的泵向主轴电动机、地锚电动机及液压夹具提供液压油，实现液压电动机旋转和液压夹具的夹紧、松开，调节该油路中的电磁溢流阀的油压使其满足工作要求；而排量为 40mL/r 的泵则向泥浆泵组及主轴油缸的快升、快降提供液压油，调节该油路中的电磁溢流阀的油压使其满足工作要求。

液压系统是根据触探工况设计的，能满足触探工况的触探力、旋转扭矩、夹紧力和供水等功能要求。液压电动机通过主轴箱的齿轮减速使钻杆获得大扭矩，能实现对较硬地层的触探。旋压触探液压原理如图 5.3-1 所示。

2. 轻便型旋压触探主机

轻便型旋压触探主机主要作用与车载型一致，结构组成上与车载型相似，主要区别在于固定底盘不同，前者固定在履带式底盘或框架式底盘上，后者固定在触探车底盘上。

1）设备原理

轻便型旋压触探设备是将旋压触探各功能装置安装在专用履带行走机构上进行地质探测的设备。它是利用液力装置将探头及探杆钻入或压入地层中以探测地质结构的一种移动式探测设备。该探测设备由液力触探装置、底板、支腿油缸等组成（图 5.3-2）。

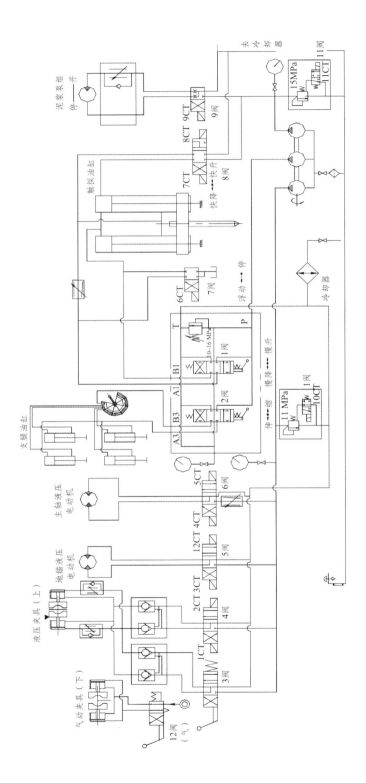

图 5.3-1　旋压触探液压原理

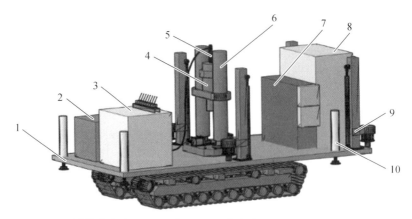

1—履带车底盘；2—泥浆泵；3—控制台；4—旋转主轴箱；
5—旋转水龙头；6—液压油缸；7—探杆箱；8—柴油机；
9—地锚机；10—调平支腿。

图 5.3-2　轻便型旋压触探设备结构

液力触探装置由触探油缸、主轴箱、液压电动机及安装板等组成。钻杆安装在主轴上，由油缸和主轴箱带动，做压入、旋转、给水和提升等动作。

液压夹具和气动夹具分别安装在底板的上面和下面，各由液压油和压缩空气推动，对钻杆进行夹紧或松开，两者配合使用，以便联结钻杆和拆卸钻杆。

支腿油缸用来调整液力触探装置（轻便型旋压触探设备）的水平位置。

地锚液压系统用来驱动地锚钻入地下以便使车辆与大地相连用来克服由于触探产生的反作用力。

刮泥装置设在履带行走机构架体上，当探杆提升时用以刮去探杆上的泥沙。

静力轻便型旋压触探设备的液压动力和压缩空气是柴油机带动油泵和气泵而取得的。

2）结构组成

轻便型旋压触探主机包括贯入系统、旋转系统，提供把钻头和探杆旋转压入土中所需的推力及扭力，并保证以均匀速度贯入〔（1.2 ± 0.3）m/min〕及均匀速度旋转（30 r/min），每贯入一次的行程为 1 m。在原 20-A 型静力轻便型旋压触探设备液压系统的基础上进行改造后，该探测设备由液力触探装置、液压夹具、气动夹具和底板组成。它们是组装后安装在改装的专用履带行走机构底盘上的。

（1）贯入系统。

贯入系统由触探油缸、主轴箱及安装板等组成，如图 5.3-3 所示。钻杆安装在主轴上，由油缸和主轴箱带动，做压入、旋转和提升等运动，液压夹具和气动夹具安装在底板的上面和下面，由液压油和压缩空气推动，对钻杆进行夹紧或松开，两者配合使用，以便联结钻杆和拆卸钻杆。

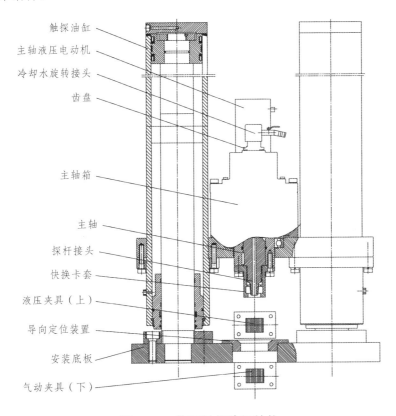

图 5.3-3　旋压触探油缸结构

液压油缸根据钻探深度对力的要求设计为两只油缸同步工作，能实现 80～100 m 的钻探深度，而且油缸的行程大，能实现 1 m 长钻杆换接，大大提高了工作效率。

该液压系统能使钻杆实现压入、钻进、快升、快降、浮动等操作。

（2）旋转系统。

旋转系统是主要由液压电动机、减速箱、主轴等组成的动力头回转机构，如图 5.3-4 所示，液压电动机直接带动动力头主轴旋转。

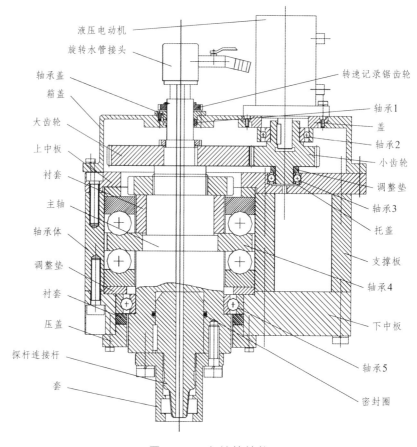

图 5.3-4 主轴箱结构

液压电动机安装在主轴箱上，通过一对减速齿轮与主轴相连将动力传递到主轴上。主轴为空心，安装在主轴尾部的供水装置将泥浆、水通过空心通道输送到钻头处。

主轴箱下面的带方孔的套是为了松开钻杆和拧紧钻杆时所需的零件，工作时将专用插板插入套的方孔中后，用多路阀中的主轴箱液压电动机控制手柄来操作钻杆的旋转方向，就可以实现钻杆的松开和拧紧。

主轴在钻探过程中受到巨大的轴向力和径向力的作用，因此，主轴箱的承载能力要强而且刚性要好。这样，设计时箱体为整体厚板焊接且经退火处理消除应力。

主轴箱的主轴上安装有径向球轴承和重型推力轴承，使主轴能承受轴向力和径向力。径向球轴承保证主轴旋转时的精度，重型推力轴承能使主轴承受巨大的轴向力（提升力和贯入力），使主轴正常旋转和满足钻孔工作的受力要求，保证完成钻探工作。

触探机主轴箱安装在下中板上，与油缸牢固地连接在一起。由液压电动机与主轴箱齿轮传动，驱动主轴转动。当工作压力为 16.0 MPa 时，提升力为 492 kN，贯入力为 289 kN。

液压电动机排量为 395 mL/r；主轴箱内的主动齿轮的 $m=5$，$z=16$；被动齿轮的 $m=5$，$z=38$。

主轴可双向旋转，可无级调速，最高转速为 40 r/min。

调整液压系统的压力，可改变钻杆扭矩。其压力为 11 MPa 时，触探机钻杆的扭矩可达到 1 380 N·m。

在主轴箱的上面安装了旋转水管接头，从泥浆泵装置泵出的泥浆通过旋转水管接头、中空的主轴及钻杆供给钻头工作所需的泥浆，以满足钻孔工艺的需要。

在旋转接头的下方备有测速齿板，通过测速仪表测出钻杆的转速，可随时监测到钻杆工作时的转速及工况。

3．反力装置

在进行旋压触探或静力触探时，液压油缸将探头压入地层中，需要有强大的反力来稳定轻便型旋压触探设备。反力装置的作用是固定旋压触探主机，提供探头在旋转贯入过程中所需之反力。本设计采用设备自重和地锚作为反力装置。

1）地锚装置

地锚机安装在旋压触探设备后部的滑道上，可随意移动。地锚机将地锚旋入地层中，固定旋压触探设备，在进行触探时提供反力，克服探头及探杆与土体的摩擦力。

选用摆线液压电动机作为地锚机的动力，该电动机排量为 315 mL/r，压力为 10 MPa，转速为 10～250 r/min，最大输出转矩为

376 N·m。下锚螺杆的下锚速度不能过高，转速须小于 8 r/min，最大转矩为 3 800 N·m。

当地锚液压电动机工作需要供油时，启动地锚液压电动机油源的"地锚开"按钮。通过操作手动换向阀就可以使地锚液压电动机正反转运转，完成地锚的打入和收起。地锚操作结束后要及时启动"地锚停"按钮，结束地锚电动机操作。

2）配重装置

对于下地锚困难、不宜下地锚或者地锚反力不足的情况，应采用旋压触探设备配重的方法。配重的方法有车上堆载和车下吊载，也可一起使用。由于旋压触探设备本身自重较大，为了保证行车安全，特制作了一些便于装卸及吊挂的铁块，这些铁块既可用于车上堆载又可组合便于吊挂在车下，很好地解决了旋压触探设备的反力问题。

4．其他装置

1）液压支腿

在液压系统的组合式多路阀 DF240 的操作中设有支腿油缸的液压操作手柄 2，当升、降支腿油缸时，操作手柄 2 有升、降两个工位，根据需要放在不同的工位（升或降）后，再转动支腿分配阀，对 4 个支腿油缸分别进行升、降操作，直到旋压触探设备达到所需工况要求。当升或降支腿油缸操作完成后应及时将手柄 2 恢复到中位。

2）触探杆液压夹具

（1）气动夹具。

气动夹具由手动转阀操作，实现夹紧、松开。气源由气泵提供 0.8 MPa 的压缩空气。当加接钻杆或拆卸钻杆时，可以使钻杆快速夹紧，防止钻杆滑落。

气动夹具的压缩空气压力不能小于 0.5 MPa，这时气动夹具对钻杆的夹紧为 3.9 kN。两只气缸最大行程为 38 mm。

（2）液压夹具。

液压夹具由启动"油压夹紧""油压松开"按钮实现对钻杆的夹紧、松开。

液压夹具的夹紧力可以通过调整电磁溢流阀来实现，但要兼顾主轴液压电动机及地锚液压电动机对压力的要求，以满足工作的需要。

其作用是当钻杆拧紧及松开时钻杆不应发生转动。夹具油缸的油压为11.0 MPa时，油缸的夹紧力为86 kN。

3）液压冷却系统

旋压触探设备是通过液压系统提供的动力进行工作的，在旋压触探设备工作时，液压油通过液压泵在管路、油缸、电动机等处不断循环，并且产生热，随着时间的增加，油温将逐渐升高。液压系统在工作一段时间后，油温自然升高属正常现象，只要油温保持在30～55 ℃范围内，液压系统就能正常地工作。而旋压触探设备在实际工作中油温常常超过这一范围，特别是夏季，最高可达80 ℃，经常造成触探故障。

液压系统油缸油温在超过55 ℃时，系统中的密封器件就开始变脆；当油温超过60 ℃时，更加速了密封圈的老化，并使液压油油品退化，降低液压系统的工作动力，降低生产效率。密封圈不断老化将出现密封不严的情况，液压系统就会发生向外喷射液压油的危险状况。

由于旋压触探设备内部结构空间狭小，我们在旋压触探设备底盘下根据空间为其设计安装一个尺寸为50 cm×30 cm×40 cm（长×宽×高）的循环冷却水箱，里面安装有液压油散热管路，通过旋压触探设备泥浆泵的回水来降低液压油温。同时在水冷循环系统中，由于外业工作水源缺乏，没有充足的循环水将油缸产生的高油温带走，致使降温效果较差，经过多次试验后，最终选择安装液压油冷却器，增加风冷式循环降温，辅以水冷式，构成联合降温系统。油缸油温被控制在50 ℃以下，达到了很好的降温效果。

5.3.2　测试系统

旋压触探测试系统由钻头、三桥传感器、地下数据采集存储器及电子仓等组成，它是测量记录旋压触探钻头压入切削土体所受的竖直和水平阻力以及钻头出水口的水压力的装置。

1．钻　头

旋压触探中的钻头相当于钻探回旋钻进过程中的全面钻头，全面钻头就是不采取岩心，对孔底岩土进行全面破碎的钻头。旋压触探钻头的形状直接影响旋压触探测试参数，钻头的形式需：第一，利于旋压触探的钻进；第二，磨损小，测试参数效果明显稳定；第三，便于排土；第四，钻头排水对钻头压力和扭矩测试影响较小。根据旋压触探的特点进行了多种硬质合金翼片钻头和螺旋钻头的设计和试验，特别是对出水口的位置及大小进行了多次的摸索试验，最后确定为锥形双螺旋钻头（图5.3-5）。出水口的位置在螺旋片的尾部，这样利于加压钻进，并且冲洗液不扰动切削土层，保证了对天然土层测试的阻力、扭矩的准确。图5.3-6所示为旋压触探钻头结构。

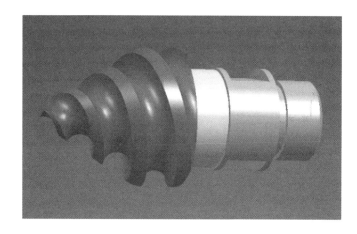

图 5.3-5　旋压触探钻头

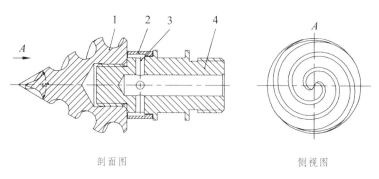

剖面图　　　　　　　　　　　　　　　　侧视图

1—钻头体；2—挡水环；3—出水口；4—钻柄。

图 5.3-6　旋压触探钻头结构

旋压触探探头的规格及更新标准应符合表 5.3-1 的规定。

表 5.3-1　旋压触探探头规格及更新标准

探头	总长/mm		850
锥头	锥角/（°）		60
	直径 D_1/mm		68
	螺旋线参数	半锥角/（°）	20
		导程/mm	64
		起始直径/mm	82
		头数	2
		螺旋槽直径/mm	18
	出水口规格/mm		$4 \times \phi6$
	锥头 h/mm		79
长外套	外部直径 D_2/mm		60
	内部直径 D_3/mm		54
	长度 L/mm		468
内套	直径 D/mm		45
更新标准	D_1/mm		< 65
	D_2/mm		< 59
	锥高 H/mm		< 76
	外形		锥面、套筒出现明显变形或刻痕多处

2．三桥传感器

旋压触探传感器组包括压力、扭矩和水压传感器，是旋压触探的关键部件，外形为圆柱体，外径为（43.7±0.22）mm，设计了压力、扭矩、水压力三桥传感器组，如图 5.3-7、图 5.3-8 所示。其顶端与钻头连接，底端与地下数据采集储存杆连接。旋压触探传感器组内部依

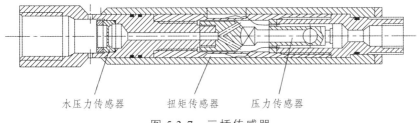

　　　水压力传感器　　　　扭矩传感器　　　压力传感器

图 5.3-7　三桥传感器

图 5.3-8　旋压触探传感器组照片

次为压力传感器、扭矩传感器、水压力传感器（分别用来测量旋压触探时钻头上的压力、旋转时土体对钻头的反扭矩及给水排出土屑时的水压力）。在水压力传感器的前部设有水孔。

3. 地下探头的整体结构

旋压触探的地下探头整体结构应能满足以下基本要求：可以传递作用于钻头的旋转动力和贯入压力；能够容纳地层参数测量和采集装置；能够沟通过水钻杆与钻头出水口的泥浆循环通道，并同时对钻头以及地层参数测量和采集装置施以水冷降温。而目前广泛应用的静力触探装置的探杆不能适应旋压触探的上述需要。

旋压触探的探测杆件结构采用以下技术方案：由连接过水钻杆的上接头、连接于上接头底端的筒形中接头、连接于筒形中接头底端的传动套、连接于传动套底端的内接头、连接于内接头底端的测量部壳体和连接于测量部壳体底端并安装钻头的下接头构成探杆主体，筒形中接头和传动套构成采集部腔体，采集部壳体支撑于内接头，上接头与筒形中接头表面设有上外套，上接头与筒形中接头结合部与上外套之间设有过水空间，上接头设有连通水钻杆和该过水空间的沟道，筒形中接头与下接头表面设有下外套，下外套与传动套、测量部壳体的隔离套之间设有过水空间，该过水空间所对应的下接头设有连通钻头水道的过水孔，筒形中接头设有连通前述两过水空间的沟道，如图 5.3-9 所示。

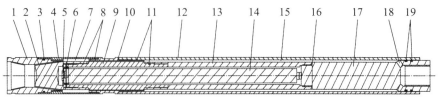

1—上接头；2—过水孔；3—密封圈；4—短套；5—后盖；6—后座；
7—过水腔；8—密封圈；9—中接头；10—过水孔；11—密封圈；
12—长外套；13—内套管；14—电子线路棒；15—过水腔；
16—密封垫；17—探头；18—过水孔；19—密封圈。

图 5.3-9　旋压触探探头整体结构

5.3.3 标定设备

旋压触探的标定设备包括压力标定设备、扭力标定设备、水压力标定设备等。在标定过程中，需要连同配套使用的无缆测试设备（包括地上数据采集记录仪、地下数据采集储存杆、传感器通信线等）一同标定。

压力标定设备与深层静力触探压力标定设备相同，参见 4.3.4 节，如图 5.3-10 所示。

图 5.3-10　压力标定设备

扭力传感器的标定采用自制的传感器扭力标定装置进行，其目的在于确定扭矩与传感器应变值之间的关系，计算出传感器的标定系数，其标定方法同电测十字板扭力传感器标定，如图 5.3-11 所示。

图 5.3-11　扭力标定设备

水压力传感器的标定采用孔压静力触探中的孔隙水压力标定设备，操作方法与孔压静力触探相同。水压力传感器现场标定情况如图5.3-12所示。

图 5.3-12　水压力标定设备

5.4　工艺及试验研究

5.4.1　传感器标定

旋压触探传感器的标定包括压力传感器、扭力传感器和水压力传感器的标定三部分。现场试验前三部分传感器需要同期完成标定，经评定合格后方可进行现场试验。

1．压力传感器的标定

考虑到深层静力触探和旋转触探的压力传感器标定，除探头样式外，标定的程序和要求基本一致，故可参照 4.4.1 节相关内容。

2．扭力传感器的标定

扭力传感器的标定采用自制的传感器扭力标定装置进行，其目的在于确定扭矩与传感器应变值之间的关系，计算出传感器的标定系数。其标定方法同电测十字板扭力传感器标定。

3．水压力传感器的标定

水压力传感器的标定采用孔隙水压力标定设备，操作方法同孔压静力触探水压力标定。

5.4.2　现场测试

1．测试流程

旋压触探现场测试流程，主要包括准备工作、无缆测试同步、加压注水、旋压触探和收尾工作等，如图 5.4-1 所示。

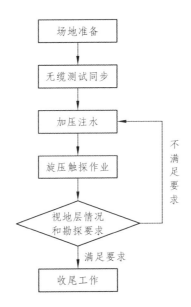

图 5.4-1　深层触探试验流程

2．试验要点

1）准备工作

（1）现场作业前应了解以下情况：

① 工程类型、名称、孔位分布和孔深要求。

② 测试区地形、交通、地层情况。

③ 测试区地表有无杂物及地下设施，以及它们的确切位置，有无高压线、强磁场源。

④ 测试区附近有无水源。

（2）仪器安装、检查与调试：

① 出工前将数据接收处理仪和地下数据采集存储器充满电，并将地上数据接收处理仪和地下数据采集存储器、探头连接起来，检查仪器的工作性能。

② 检查旋压触探传感器组是否标定，并核对相应的标定系数。

③ 检查旋压触探探头的磨损情况，若大于规定尺寸的 3%，应更换钻头。

④ 检查深度、转速记录系统的工作状况，若有问题及时修理。

（3）设备检查：

① 检查、维修旋压触探车，重点是刹车、方向盘、轮胎、电气及供油系统，使整个汽车处于良好状态。

② 对液压油路系统，主要是检查油泵、触探油缸、旋转主轴、锚机、泥浆泵、探杆夹具和支腿油缸、各类换向阀、液压电动机等是否正常，各接头、管路有无漏油现象，压力表是否完好等。

③ 检查定量泥浆泵的运行情况，进水管、出水管和旋转水龙头的密封情况，若工作不正常应及时维修或更换。

2）试验要点

（1）旋压触探试验流程及现场操作的要点如下：

① 量测仪器须经检验，开工前探头应进行标定。

② 对正孔位，设置反力装置，重视旋压触探车的调平工作，在开始和工作中随时检查旋压触探车是否水平，若不水平，及时用支腿进行调整。

③ 连接探头、深度记录仪、转速记录器和读数仪，检查原始数据是否正常。

④ 探头处于悬挂状态时，观察读数仪的读数，待数据稳定后，读取零读数，再正式开始贯入。

⑤ 旋压触探的贯入速率应控制在（1.2 ± 0.3）m/min。

⑥ 每贯入一根探杆时都应核对一次记录深度和实际孔深，当有误差时，应进行深度补偿或做好记录。

⑦ 旋进过程中发生的各种异常或影响正常贯入的情况，都应做好相应记录。

⑧ 终孔时，将探头与读数仪重新连接，进行参数的回放和保存，以便后续数据分析。

⑨ 防止探头在阳光下暴晒，每结束一孔，应将探头部分卸下，擦拭干净并放入专用探头箱中保存。

（2）日常维护应符合如下要求：

① 在每日开工前，应首先加注润滑油，以保证各旋转部件正常工作，保持设备工作状况良好。

② 必须熟知各个操作手柄的功能及所控制的各回路及功能，尤其应注意触探油缸的工进、工退、浮动下降、快速提升操作。

③ 对各种调整压力的旋钮一定要知道其功能和其在系统中的最高值，不应超出设定的压力值，避免液压系统产生故障，甚至造成设备事故。

④ 在调试完成后，应关闭各个压力表接头开关，避免由于压力油变化造成压力表损害。

⑤ 如液压系统中无压力、压力不稳定或出现异常现象，应立即停车检查，待故障排除后，方可继续操作。

⑥ 保持液压系统中液压油的清洁度，使用 3 000 ~ 5 000 h 后应立即更换液压油，以免损坏液压元件。液压油为 N46 耐磨液压油，当液压油消耗至油标最低位置时，应及时补油。

⑦ 旋压触探车在行车时，必须关闭气动夹具的供气气路，以保证行车时的刹车用气，确保行车安全。

⑧ 当进行探杆旋转、提升或贯入作业时，必须先将气、液夹具的V 形夹头松开后才能使主轴的液压电动机旋转并操纵两只油缸进行提升或贯入等操作。

⑨ 探杆在接装时必须进行浮动操作。

⑩ 应及时更换或补充新的齿轮润滑油。

5.5　测试参数应用研究

中国铁设采用旋压触探设备在京津冀地区，尤其是在天津地区开展了大量试验，并将旋压触探测试结果与相应点位的钻孔试验资料、平板载荷试验资料、试桩资料和路基沉降观测资料等进行综合对比分析，总结出了应用旋压触探指标确定土体物理力学指标、基床系数、地基基本承载力、钻孔灌注桩桩周土极限摩阻力和桩端土极限承载力，估算路基沉降变形等方法，并形成了行业标准，为旋压触探技术的全面推广应用奠定了重要基础。

5.5.1 旋压触探与静力触探关系

为了研究旋压触探和静力触探的关系，特别选择工程场地开展了钻探、静力触探和旋压触探的对比试验。下面从旋压触探与静力触探曲线形态及测试参数关系两方面分别介绍。

1. 旋压触探与双桥静力触探关系分析

由于传统静力触探深度只有 36 m，所以对比分析只针对 36 m 以上地层。

1）旋压触探与双桥静力触探曲线形态分析

经比较两种触探方法，根据各自参数特点，在 1 ~ 36 m 范围内各段的曲线走向所反映的地层分层与力学性质基本一致，对于很薄夹层两种方法都能反映出来，如 11.0 ~ 12.2 m 粉质黏土，12.2 ~ 13.2 m 黏土，14.50 ~ 15.10 m、23.50 ~ 25.00 m 粉质黏土。而旋压触探在反映很薄夹层时的曲线比静力触探更加明显，如 6.70 ~ 6.9 m 淤泥质黏土、7.60 ~ 7.80 m 粉质黏土；在旋压触探曲线上能反映力学性质差异，如 26.0 ~ 32.0 m 段，静力触探曲线锥尖变化不明显，而在旋压触探曲线上锥头阻力在 28.0 m 处开始有明显的变化，说明 28.0 ~ 32.0 m 段地层力学性质要比 26.0 ~ 28.0 m 段要好，也说明旋压触探测试方法同静力触探方法一样都能反映地层的变化，并且测试数据稳定。

2）旋压触探与双桥静力触探测试数据的相关分析

假设同一深度地层物理力学性质是相同的，将试验测得的旋压触探贯入阻力与静力触探锥尖阻力按深度进行相关统计，统计结果为：回归统计样本 253 组，相关方程为 $q_c = 4.888 p_r + 0.021$（q_c 为双桥触探锥尖阻力，p_r 为旋压触探锥头阻力），相关系数为 $r = 0.93$，如图 5.5-1 所示。

相关分析结果显示，可以通过旋压触探的锥头阻力计算静力触探锥尖阻力，从而将静力触探多年建立的各种经验公式用于旋压触探试验。

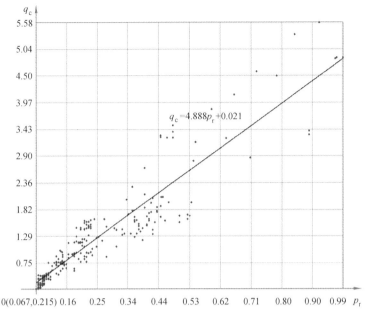

图 5.5-1　旋压触探锥头阻力与静力触探锥尖阻力散点图

2．旋压触探与单桥静力触探关系分析

1）旋压触探比功与单桥静力触探比贯入阻力之间关系分析

在邯黄线开展旋压触探与单桥静力触探对比试验研究，并将计算所得旋压触探比功 e 与单桥静力触探比贯入阻力 p_s 做相关分析。旋压触探比功 e 与静力触探比贯入阻力 p_s 散点图及相应回归曲线如图 5.5-2 所示。

回归方程：$p_s = 2.076e^{0.97}$；回归系数：$r = 0.932$。

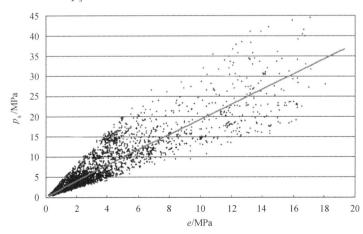

图 5.5-2　旋压触探比功 e 与静力触探 p_s 散点图及回归曲线

2）旋压触探测试参数与单桥静力触探比贯入阻力之间关系分析

目前，旋压触探测试参数有锥头阻力 p_r、锥头扭矩 M_r、排土水压 p_w、转速 n、贯入速度 v 五个参数。一般认为排土水压对旋压触探其他测试参数影响较小或无影响，根据旋压触探比功公式 $e = p_r + 0.001\,795\dfrac{nM_r}{v}$（其中 $0.001\,795\dfrac{nM_r}{v}$ 为锥头底面积为 35 cm^2 的探头每转单位贯入比功），构建三元一次模型 $p_s = ap_r + 0.001\,795\dfrac{bnM_r}{v}$（其中 a、b 为待求系数）。将对比试验数据带入该模型进行回归分析，结果为 $p_s = 2.27p_r + 0.003\dfrac{nM_r}{v}$，回归系数为 0.916。

5.5.2 土层划分与定名

应用旋压触探测试成果划分土层、确定土类定名是根据不同土性具有不同的强度和渗透固结特性而展开的。当把旋压触探头按一定的速率旋转并匀速压入土层中时，探头受到旋转贯入过程中的贯入阻力、土在破坏过程中的抵抗力矩及排土水压力，这些阻力通过探头中的传感器以电信号的形式输入到记录仪中并记录下来，然后再通过率定系数换算成压力，由此可以得到探头贯入阻力随深度变化曲线 p_r-H、探头旋转扭矩随深度变化曲线 M_r-H 及排土水压力随深度变化曲线 p_w-H。旋压触探测试所得排土水压力不仅可以反映地层的渗透固结特性，且其适用范围广泛，可以克服孔压静力触探仅适用于地下水埋藏较浅的饱水地区的不足。由于不同土层强度及渗透固结特性不同，因此反映到 p_r-H、M_r-H 和 p_w-H 曲线上就呈现出成层分布的规律，根据这个规律及相应点位的静力触探和钻孔化验资料即可归纳总结出应用旋压触探试验结果划分地层、确定土的定名方法的一些规律。

图 5.5-3 为天津某地旋压触探试验、静力触探试验与钻探取样结果对比，从图中可以看出旋压触探曲线和地层有很好的对应关系。地层越硬，探头贯入阻力和探头扭矩越大；地层土体黏性越大，排土水压也越大。因此，旋压触探测试参数可以很好地反映地层的性质，可以用其划分地层及确定土类定名[16]。

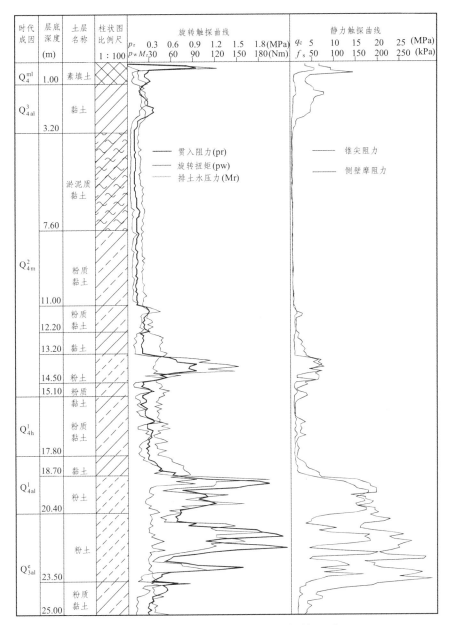

图 5.5-3　旋压触探试验结果与钻探结果对比

1．划分土层

不同地域、不同成因类型及不同沉积环境的地层，旋压触探试验所得探头贯入阻力 p_r、探头旋转扭矩 M_r 及排土水压 p_w 不尽相同。探头贯入阻力 p_r、探头旋转扭矩 M_r 的大小与土层的软硬程度密切相关；

排土水压 p_w 随地层土体渗透固结特性变化较大，且拐点明显，易于识别和划分地层。因此，依据现场旋压触探成果，可快速地确定地层物理力学性质变化规律。然而，依据旋压触探试验结果划分地层时仍需注意两种现象：一是旋转贯入过程中的临界深度效应问题；二是探头贯入地层分界面前后所产生的超前与滞后效应。当探头由密实土层进入软土层时，探头贯入阻力及探头旋转扭矩随探入深度变化曲线出现"超前"现象；当探头由软土层进入密实土层后，探头贯入阻力及探头旋转扭矩随探入深度变化曲线出现"滞后"现象。排土水压力随探入深度变化曲线的"超前"与"滞后"则与探头贯入阻力曲线和旋转扭矩贯入曲线正好相反（图 5.5-4）。"超前"与"滞后"效应的根源在于土层对于探头的约束条件发生了改变，其影响深度一般为 $10 \sim 20$ cm，分层时应根据地质条件具体情况加以分析后进行划分。

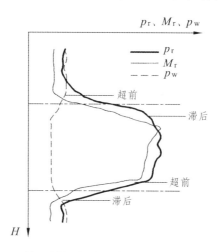

图 5.5-4　旋压触探曲线"超前""滞后"现象示意

经对大量现场实测资料进行对比分析，最终确定应用旋压触探试验结果划分地层应遵循如下规则：

（1）上、下地层探头贯入阻力相差不大时，取超前深度和滞后深度的中点，或中点偏向阻值较小者 $5 \sim 10$ cm 处作为分层面。

（2）上、下地层探头贯入阻力相差一倍以上时，取软层最靠近分界面处的数据点偏向硬层 10 cm 处作为分层面。

（3）上、下地层探头贯入阻力变化不明显时，可结合探头旋转扭矩或排土水压的变化确定分层面。

2．确定土类定名

旋压触探测试成果较单桥和双桥静力触探测试成果丰富，其测试所得排土水压力能综合反映地层土体的渗透固结特性，因此，旋压触探应比常规静力触探更易找出判定土类定名的规律。

1）旋压触探曲线形态与土层类别关系

根据大量的旋压触探试验结果与相应点位的钻孔化验资料对比分析，将旋压触探测试所得探头贯入阻力 p_r、探头旋转扭矩 M_r 及排土水压 p_w 按一定比例绘在同一深度比例尺图形中，从图中各曲线的组合形式中可得如表 5.5-1 所示规律。

表 5.5-1　旋压触探曲线特征图表

土层名称	旋压触探曲线特征描述	$\dfrac{p_w - 0.01H}{p_r}$	M_r /(N·m)	曲线形状 p_r/MPa M_r/(0.01N·m) p_w/MPa
砂土	p_r 总在 M_r 的左侧或二者偶有交叉，p_r、M_r 峰谷尖锐，多呈锯齿状；两曲线间距较小。p_w 在 p_r、M_r 的左侧，起伏小，近于直线，p_w 与 p_r 间距较大	0.01～0.27	139.13 ～ 684.38	
粉土	p_r 常在 M_r 的右侧，p_r 起伏较小；M_r 峰谷尖锐，多呈锯齿状，两曲线相互交错。p_w 在 M_r 的左侧，起伏小，近于直线，与 M_r 偶有交错	0.05～0.55	36.98～356.1	
粉质黏土	M_r 在 p_r 左侧，p_w 在 p_r 右侧，三条曲线偶有交错。曲线间距较小，若地层均匀时，曲线比较稳定；若地层软硬不均或有夹层时，曲线跳动。地层土体黏性越大，p_w 与 p_r 间距越大	0.08～1.06	0.58～269.68	

土层名称	旋压触探曲线特征描述	$\dfrac{p_w-0.01H}{p_r}$	M_r /(N·m)	曲线形状 p_r/MPa M_r/(0.01N·m) p_w/MPa	
					p_r — M_r ----- p_w ------
黏土	M_r 总在 p_r 左侧，p_w 在 p_r 右侧，三条曲线起伏均较小，与其他土性曲线相比曲线位置较高。若地层均匀时，曲线比较稳定，若地层软硬不均或有夹层时，曲线跳动。地层黏性越大，p_w 与 p_r 间距越大	0.74～3.88	1.19～99.98		
淤泥质土	M_r 在 p_r 左侧，p_w 在 p_r 右侧，三条曲线起伏均较小，近于平行，且相互之间间距也较小，与其他土性曲线相比曲线位置较低	1.15～4.03	2.22～14.46		

注：H 为相应点位土层深度（m）。

2）旋压触探确定土类定名

通过对京津城际线、京沪高铁桩基试验点、邯郸至黄骅铁路等地700 余份旋压触探试验结果与相应点位土样资料进行对比分析，并将各类土性相应土层 $(p_w-0.01H)/p_r$ 平均值与 M_r 平均值点绘作图，可以发现不同土性相应散点落在不同区域，并且边界明显。据此，可以得到相应土类定名的边界方程，具体如图 5.5-5 所示。

通过对比天津大北环线等工程旋压触探与钻探资料发现，天津地区淤泥质黏土、淤泥质粉质黏土的旋转扭矩 M_r 基本保证在 $0\sim9$ N·m（旋转扭矩小于 9 N·m 的占比达 90.8%）。据此，将上图横坐标定义为旋压触探水压比 $R_p=(p_w-0.01H)/p_r$，得到旋压触探判别土类成果图如图 5.5-6 所示。

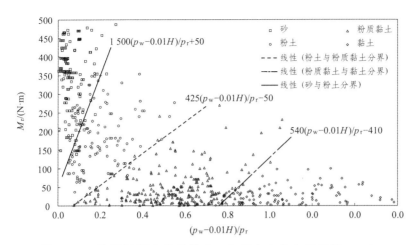

图 5.5-5　旋压触探土类分类（H 为相应点位土层深度，m）

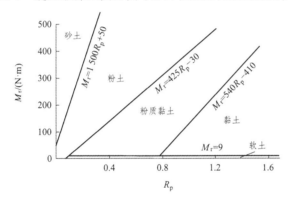

图 5.5-6　旋压触探参数判别土类

3）应用旋压触探确定土类名称流程

（1）将旋压触探测试所得曲线与表 5.5-1 中各类土性典型测试曲线进行对比，初判土名；之后，将测试所得各土层探头贯入阻力平均值 $\bar{p}_r$、探头旋转扭矩平均值 $\bar{M}_r$ 及排土水压平均值 $\bar{p}_w$ 绘入图 5.5-6 数据表中，进行数据辅助判别修正，以此综合判别确定土名。

（2）结合相同场地其他旋压触探孔以及钻探化验资料，相互对照，合理划分土层和定名。

5.5.3　压缩模量确定

为了探求土体压缩模量与旋压触探特征指标之间的相关关系，中国铁设依托具体工程项目，在天津地区有针对性地开展旋压触探测试，并在旋压触探孔附近钻探取样进行室内固结试验，共整理出天津地区粉土、粉质黏土和黏土三种土性共计 3 560 组试验数据，据此分析了不同应力条件下土体压缩模量与旋压触探特征指标之间的相关性，建立了不同应力条件下土体压缩模量与旋压触探测试指标之间的经验公式。

1. 试验方法及数据筛选原则

采用中国铁设自主研发的旋压触探装备开展试验，采用深度信号控制器记录触探深度并测记锥头阻力 p_r、锥头转矩 M_r、排土水压力 p_w、贯入速度 v、转速 n。

为了保证压缩模量 E_s 与旋压触探测试指标之间具有可比性，在旋压触探孔附近布置原状土取样孔，并使取样点和测点深度相近。同时，为了保证原状试样和室内土工试验的质量，对原状土取样和室内土工试验严格按照现行《岩土工程勘察规范》（GB 50021）和《铁路工程土工试验规程》（TB 10102）的相关规定执行。

为了保证分析结果的合理性及准确性，在对原始数据进行选取时，当原位测试曲线不稳定，且局部呈较大突变时，考虑为夹层影响，该组数据予以剔除。在选取旋压触探测试指标与室内试验结果进行对比分析时，旋压触探测试指标取以原状土体取样深度为中心、30 cm 长度的测点的平均值，即 3 个测点的平均值。

2. 不同应力条件土体压缩模量与旋压触探测试指标相关性分析

整理各土性室内标准固结试验结果与旋压触探对照孔相应取样深度所对应的旋压触探比功平均值，粉土、粉质黏土和黏土分别有 666 组、1 953 组和 941 组数据，整理得到各土性不同应力条件土体压缩模量 E_s 与旋压触探比功 e 关系，据此分析旋压触探试验结果与不同应力条件土体压缩模量相关性。经综合对比分析，发现各土性不同应力条件土体压缩模量 E_s 与旋压触探比功 e 之间具有较好的线性相关性，并据此建立天津地区各土性不同应力条件土体压缩模量与旋压触探测试指标之间的经验公式[17]。

1）粉土

不同应力条件粉土压缩模量与旋压触探比功之间关系如图 5.5-7 所示。各应力条件土体压缩模量及相应 95% 概率置信区间如表 5.5-2 所示。

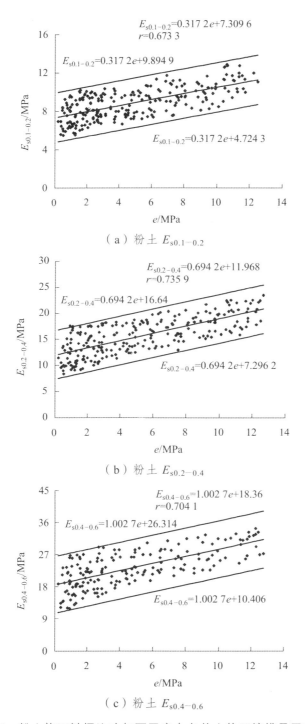

（a）粉土 $E_{s0.1-0.2}$

（b）粉土 $E_{s0.2-0.4}$

（c）粉土 $E_{s0.4-0.6}$

图 5.5-7　粉土旋压触探比功与不同应力条件土体压缩模量回归曲线

2）粉质黏土

不同应力条件粉质黏土压缩模量与旋压触探比功之间关系如图
5.5-8 所示。各应力条件土体压缩模量及相应 95% 概率置信区间如表
5.5-3 所示。

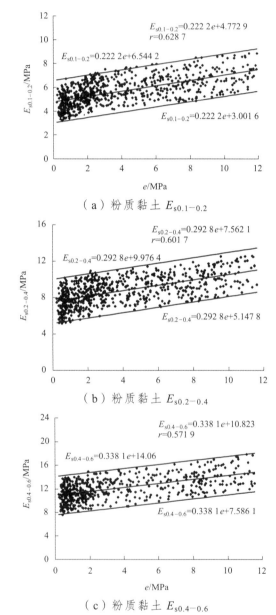

（a）粉质黏土 $E_{s0.1-0.2}$

（b）粉质黏土 $E_{s0.2-0.4}$

（c）粉质黏土 $E_{s0.4-0.6}$

图 5.5-8　粉质黏土旋压触探比功与不同应力条件土体压缩模量回归曲线

表 5.5-2　不同压力条件粉土压缩模量 E_s 及相应的 95% 概率置信区间

压缩模量 E_s/MPa	回归公式	e 值域/MPa	相关系数	95% 概率置信区间上限	95% 概率置信区间下限
$E_{s0.1-0.2}$	$E_{s0.1-0.2} = 0.317\,2e + 7.309\,6$	$0.21 \sim 12.50$	$0.673\,3$	$E_{s0.1-0.2} = 0.317\,2e + 9.894\,9$	$E_{s0.1-0.2} = 0.317\,2e + 4.724\,3$
$E_{s0.2-0.4}$	$E_{s0.2-0.4} = 0.694\,2e + 11.968$	$0.21 \sim 12.66$	$0.735\,9$	$E_{s0.2-0.4} = 0.694\,2e + 16.64$	$E_{s0.2-0.4} = 0.694\,2e + 7.296\,2$
$E_{s0.4-0.6}$	$E_{s0.4-0.6} = 1.002\,7e + 18.36$	$0.21 \sim 12.72$	$0.704\,1$	$E_{s0.4-0.6} = 1.002\,7e + 26.314$	$E_{s0.4-0.6} = 1.002\,7e + 10.406$

表 5.5-3　不同压力条件粉质黏土压缩模量 E_s 及相应的 95% 概率置信区间

压缩模量 E_s/MPa	回归公式	e 值域/MPa	相关系数	95% 概率置信区间上限	95% 概率置信区间下限
$E_{s0.1-0.2}$	$E_{s0.1-0.2} = 0.222\,2e + 4.772\,9$	$0.21 \sim 11.91$	$0.628\,7$	$E_{s0.1-0.2} = 0.222\,2e + 6.544\,2$	$E_{s0.1-0.2} = 0.222\,2e + 3.001\,6$
$E_{s0.2-0.4}$	$E_{s0.2-0.4} = 0.292\,8e + 7.562\,1$	$0.21 \sim 11.64$	$0.601\,7$	$E_{s0.2-0.4} = 0.292\,8e + 9.976\,4$	$E_{s0.2-0.4} = 0.292\,8e + 5.147\,8$
$E_{s0.4-0.6}$	$E_{s0.4-0.6} = 0.338\,1e + 10.823$	$0.21 \sim 11.57$	$0.571\,9$	$E_{s0.4-0.6} = 0.338\,1e + 14.06$	$E_{s0.4-0.6} = 0.338\,1e + 7.586\,1$

3）黏土

不同应力条件黏土压缩模量与旋压触探比功之间关系如图 5.5-9 所示。各应力条件土体压缩模量及相应 95% 概率置信区间如表 5.5-4 所示。

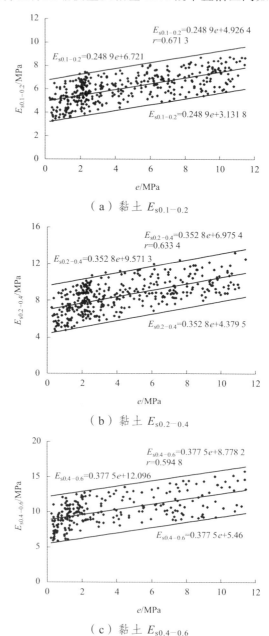

（a）黏土 $E_{s0.1-0.2}$

（b）黏土 $E_{s0.2-0.4}$

（c）黏土 $E_{s0.4-0.6}$

图 5.5-9　黏土旋压触探比功与不同应力条件土体压缩模量回归曲线

表 5.5-4 不同压力条件黏土压缩模量 E_s 及相应的 95% 概率置信区间

压缩模量 E_s/MPa	回归公式	e值域/MPa	相关系数	95%概率置信区间上限	95%概率置信区间下限
$E_{s0.1-0.2}$	$E_{s0.1-0.2} = 0.248\,9e + 4.926\,4$	$0.26 \sim 11.45$	$0.671\,3$	$E_{s0.1-0.2} = 0.248\,9e + 6.721$	$E_{s0.1-0.2} = 0.248\,9e + 3.131\,8$
$E_{s0.2-0.4}$	$E_{s0.2-0.4} = 0.352\,8e + 6.975\,4$	$0.26 \sim 11.43$	$0.633\,4$	$E_{s0.2-0.4} = 0.352\,8e + 9.571\,3$	$E_{s0.2-0.4} = 0.352\,8e + 4.379\,5$
$E_{s0.4-0.6}$	$E_{s0.4-0.6} = 0.377\,5e + 8.778\,2$	$0.25 \sim 11.43$	$0.594\,8$	$E_{s0.4-0.6} = 0.377\,5e + 12.096$	$E_{s0.4-0.6} = 0.377\,5e + 5.46$

5.5.4 基床系数确定

参照 4.5.3 节，可建立基于旋压触探测试指标确定土体基床系数的经验公式，如表 5.5-5 所示。

表 5.5-5 基于旋压触探测试指标确定基床系数表

岩土类别	基床系数 $K/$（MPa/m）	旋压触探比功 e 值域/MPa
黏　土	$K = 0.821\,4e + 16.092\,1$	$0.26 \sim 11.45$
粉质黏土	$K = 0.733\,3e + 15.585\,6$	$0.21 \sim 11.91$
粉　土	$K = 1.046\,8e + 23.956\,7$	$0.21 \sim 12.50$

5.5.5 地基承载力确定

利用旋压触探确定承载力研究主要通过钻探试验资料对比分析进行。根据收集到的钻孔试验资料，按现行《铁路工程地质勘察规范》（TB 10012）附录 D 查得土体承载力与对应的旋压触探统计数据进行相关分析，发现各土性地基承载力与旋压触探比功之间存在良好的幂函数相关性，具体回归曲线及相应的统计回归公式分别如图 5.5-10 和表 5.5-6 所示。

表 5.5-6 应用旋压触探比功确定地基基本承载力统计

土　性	地基基本承载力 σ_0/kPa	相关系数
粉　土	$\sigma_0 = 178.608\,0e^{0.1872}$	$0.802\,5$
粉质黏土	$\sigma_0 = 228.350\,9e^{0.3244}$	$0.889\,7$
黏　土	$\sigma_0 = 203.891\,8e^{0.4376}$	$0.941\,5$

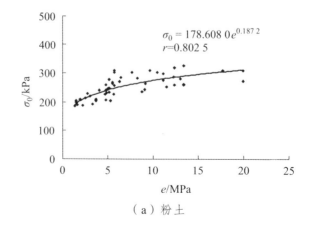

（a）粉土

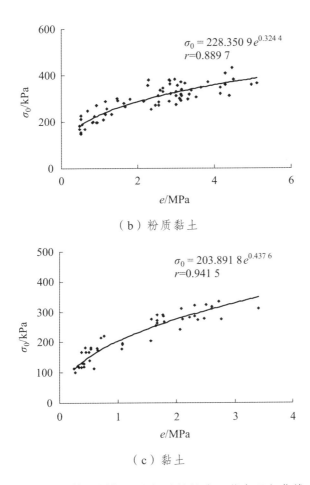

$$\sigma_0 = 228.350\,9\,e^{0.324\,4}$$
$$r = 0.889\,7$$

（b）粉质黏土

$$\sigma_0 = 203.891\,8\,e^{0.437\,6}$$
$$r = 0.941\,5$$

（c）黏土

图 5.5-10　旋压触探比功与地基基本承载力回归曲线

5.5.6　单桩承载力计算

相较于深层静力触探，旋压触探地层适用范围更广，在相同地质条件下，可探测深度更深，应用旋压触探试验成果确定灌注桩极限承载力有一定优势。但旋压触探作为一项全新的原位测试方法，在估算桩基承载力方面还需进一步积累经验。

由 5.2 节所述，选用标准直径的探头，触探过程中若探头的运行速度相同，则旋转扭矩与锥尖阻力间的比值就为常数，且该常数只与触探的土体物理力学性质相关。也就是说，在旋压触探参数中，旋转扭矩和锥尖阻力并不独立，这与静力触探中的锥尖阻力和侧摩阻力的关系存在差异。因此，应用旋压触探确定桩极限承载力时，就不宜采用与静力触探相同的公式结构。为此，中国铁设提出了使用旋压触探比功 e 估算桩周土极限承载力[18]。

1. 试桩及相应工点旋压触探测试资料收集与整理

为提高估算桩基承载力公式的可靠性，就必须从试桩数据的真实性入手，必须准确划分试桩成果中桩侧阻力和桩端阻力，即采用桩身内力试验方法获取桩实际侧阻力和端阻力，解决传统试桩资料只根据极限承载力采用经验方法划分桩侧阻力和桩端阻力的不足。

依托天津及周边地区试桩资料，特别是京沪高速铁路试桩资料，共收集到 30 根桩身埋设应变计的静载试桩资料，桩长 35～60 m，桩径 0.6～1.5 m。每根试桩的桩侧主要土层分界面处埋设有电阻应变计式钢筋计，以便计算不同土层的桩侧摩阻力。对于较薄的土层，将其归并为邻近的土层，同一土层厚度超过 10.0 m 时，在土层中间增设测试断面。每个断面采用 4 只钢筋计，对称布置，以有效补偿，并提高测试精度。同时，为采集到与之相匹配的旋压触探数据，在试桩点附近共完成 61 孔旋压触探试验（均达到桩底深度）。

2. 基于旋压触探的桩周土极限侧摩阻力取值经验公式

对于试桩资料，在极限荷载作用下笔者认为桩侧阻力已经充分发挥，取此级荷载下对比段桩侧阻力为目标值 f_{si}；对于旋压触探资料，在对应深度测试段内，先进行力学分层，得出测试段内各土层旋压触探比功平均值，根据测试段内土层接触关系和厚度关系，加权平均后，得到对比段旋压触探比功估算值 $\overline{e_i}$。

对统计变量进行处理，引入侧阻修正系数 φ_i：

$$\varphi_i = f_{si} / \overline{e_i}$$

将得到的侧阻修正系数 φ_i 与对比段旋压触探比功 $\overline{e_i}$ 进行回归分析，粉土、粉质黏土、黏土和砂类土分别整理得到 45 组、62 组、51 组和 22 组对比数据，通过绘制散点图、拟合回归曲线（图 5.5-11～图 5.5-14），得到基于旋压触探的桩周土极限侧摩阻力取值经验公式，如表 5.5-7 所示。

表 5.5-7　基于旋压触探的钻孔灌注桩桩周土极限侧摩阻力取值

土性	极限侧摩阻力计算公式 /MPa	极限侧摩阻力综合修正系数		$\overline{e}_{ri}$ 值域/MPa
		回归公式	相关系数	
粉土	$f_i = \varphi_i \overline{e}_i$	$\varphi_i = 0.032\,9\overline{e}_i^{-0.785}$	$r = 0.897\,8$	$1.28 \sim 142$
粉质黏土		$\varphi_i = 0.049\,8\overline{e}_i^{-0.964}$	$r = 0.960\,0$	$0.15 \sim 59.5$
黏土		$\varphi_i = 0.064\,9\overline{e}_i^{-0.976\,9}$	$r = 0.891$	$0.18 \sim 9.93$
砂类土		$\varphi_i = 0.015\,4\overline{e}_i^{-0.602\,1}$	$r = 0.878$	$48.76 \sim 141.98$

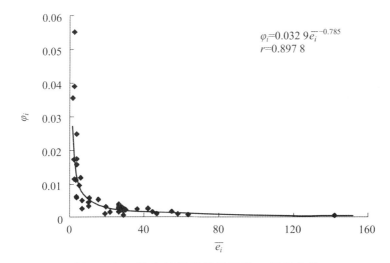

图 5.5-11　粉土桩侧阻修正系数 φ_i 回归曲线

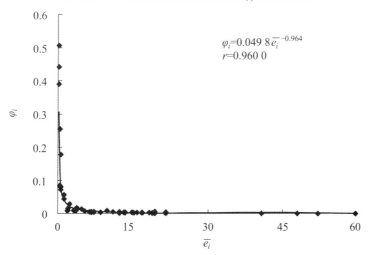

图 5.5-12　粉质黏土桩侧阻修正系数 φ_i 回归曲线

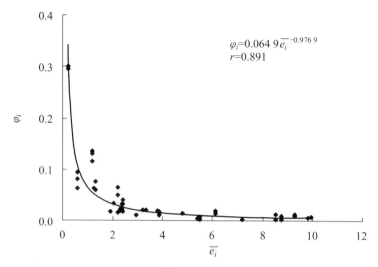

图 5.5-13　黏土桩侧阻修正系数 φ_i 回归曲线

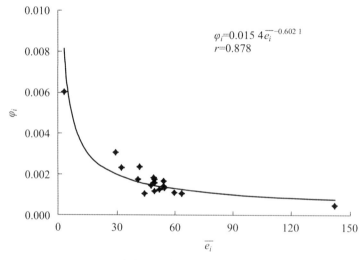

图 5.5-14　砂类土桩侧阻修正系数 φ_i 回归曲线

3．基于旋压触探的桩端土极限端阻力取值经验公式

对于试桩资料，取极限荷载作用下桩端阻力为目标值 f_{cp}；对于旋压触探资料，旋压触探比功 e_p 取值沿用现行《铁路工程地质原位测试规程》(TB 10018)中第 9.5.20 条 q_{cp} 的取值方法，桩底高程以上 $4d$ (d 为桩径)范围内平均端阻 $\overline{e}_{p1}$ 小于桩底高程以下 $4d$ 范围内平均端阻 $\overline{e}_{p2}$ 时，取 $e_p = (\overline{e}_{p1} + \overline{e}_{p2})/2$；反之，取 $e_p = \overline{e}_{p2}$。为沿用现有规程中静力触探桩端极限承载力计算公式，对统计变量进行处理，引入端阻修正系数 η：

$$\eta = f_{cp} / e_p$$

对得到的端阻修正系数 η 与触探端阻计算值 e_p 进行回归分析，共计整理得到 29 组对比数据，通过绘制散点图、拟合回归曲线（图 5.5-15），得到端阻修正系数计算公式为：

$$\eta = 0.155\ 5e_p^{-0.975}$$

因此，基于旋压触探的钻孔灌注桩端阻计算经验公式如下：

$$q_p = \eta e_p$$

其中：$\eta = 0.155\ 5e_p^{-0.975}$。$e_p$ 以桩底高程以上 $4d$（d 为桩径）范围内平均端阻 $\overline{e}_{p1}$ 小于桩底高程以下 $4d$ 范围内平均端阻 $\overline{e}_{p2}$ 时，取 $e_p = (\overline{e}_{p1} + \overline{e}_{p2})/2$；反之，取 $e_p = \overline{e}_{p2}$；e_p 值域为[3.3 MPa，56 MPa]。

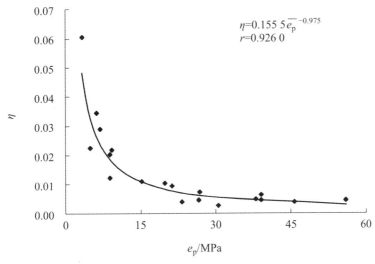

图 5.5-15　基于旋压触探的钻孔灌注桩端阻修正系数 η 回归曲线

5.5.7　基础沉降量计算

传统的地基沉降计算通常采用现场取土样、室内试验，用土工试验计算得到瞬时沉降、固结沉降和次固结沉降的方法。

深层触探测试结果能直接反映地基土体物理力学性质，且测试结果具有快速、可靠、经济和连续的优点，为地基沉降计算提供了一条新的途径。4.5.7 节详细介绍了现有依据静力触探试验结果估算基础沉降的方法，并对各方法的适用性做了评述；在此基础上，综合各方法优点，结合现有行业规范要求，我们提出一种新的基于旋压触探测试结果估算基础最终沉降量的新方法。

1. 基础沉降计算深度 z_n 确定方法

基于旋压触探技术的基础沉降计算深度 z_n 确定分如下两种情况：

（1）当无相邻荷载影响，基础宽度在 $1 \sim 30$ m 范围内时，基础沉降计算深度 z_n 按下式计算：

$$z_n = B(2.5 - 0.4 \ln B)$$

式中：B 为基础宽度（m）。

（2）除上述情况外，基础沉降计算深度按应力比法确定，即附加应力 σ_z 与土的自重应力 σ_c 符合下式要求

$$\sigma_z \leqslant 0.1\sigma_c$$

2. 基础深度影响系数 λ 的确定方法

基础深度影响系数 λ 的计算公式如下：

$$\lambda = 1 - 0.5(\sigma'_{v0} / \sigma_0)$$

式中：σ'_{v0} 为基底土体初始有效自重应力；σ_0 为基底附加应力。

但当 $\lambda < 0.5$ 时，取 $\lambda = 0.5$。

3. 基底附加应力影响因子 I_i 确定方法

基底附加应力简化为三角形分布，具体分布形式如图 4.5-23 所示。基底附加应力三角形的竖直边边长为基础沉降计算深度 z_n；三角形竖直边的高在距基底 $z_n/4$ 处，为基底附加应力影响因子最大值 I_{max}。基底沉降计算深度范围内各地层的基底附加应力影响因子 I_i 按基底附加应力分布三角形线性插值，取各地层平均值。基底附加应力影响因子 I_{max} 计算公式如下：

$$I_{max} = 0.5 + 0.1\sqrt{\sigma_0 / \sigma'_{vp}}$$

式中：σ'_{vp} 为 I_{max} 深度处地基土体初始有效自重应力。

但当基底应变影响因子分布三角形范围内存在刚性边界，如存在孔隙比小于 0.5、压缩模量大于 50 MPa 的较厚的坚硬黏性土层，或存

在压缩模量大于 80 MPa 的较厚的密实砂卵石层，则刚性边界上部 I_i 分布不变，刚性边界下部 $I_i = 0$。

4．基础沉降变形计算经验公式

基于分层总和法的基础沉降变形计算思想，建立基于旋压触探技术的基础最终沉降量计算经验公式：

$$s = \psi\lambda\sigma_0 \sum_{i=1}^{n} \frac{I_i}{a_i \overline{e}_{ri}^{c_i} + b_i} \Delta z_i$$

式中：s——基础最终沉降量；

ψ——沉降估算经验系数，根据类似工程条件沉降观测资料和经验确定，无经验时暂取 $\psi = 1.0$；

λ——基础深度影响系数；

σ_0——基底附加应力；

n——沉降影响深度范围内地基土层数；

I_i——基底附加应力影响因子；

$\overline{e}_{ri}$——第 i 层土旋压触探比功平均值（MPa）；

a_i、b_i 和 c_i——与土性相关的第 i 层土体变形模量因子，可据旋压触探的土类定名按当地经验公式取值，若无经验可统一取 $a = 6.3$、$b = 1.0$、$c = 0.97$。

第6章 工程应用

6.1 深层触探技术工程应用概述

深层触探技术已在京津城际延长线、津保、商合杭、郑合、邯黄、京雄、雄商、石衡沧港、雄忻、京滨等铁路项目及天津地铁5、6、7、10、11号线和哈尔滨地铁等项目中得到大量应用，累计应用超过500 km，特别是在平原区高速铁路工程勘察中发挥了重要作用，改变了高铁桥梁以往单纯依靠钻探的模式，部分高铁桥梁工程钻触比例达到1∶1，路基工程钻触比例达到1∶2，有效提高了高铁工程勘察精度质量，综合工效显著提升。未来，随着应用经验的进一步积累，深层触探技术应用范围必将进一步扩大，将在铁路和其他行业工程勘察项目中得到更广泛的应用。

6.1.1 技术体系

在前述章节中，重点介绍了无缆测试、深层静力触探、旋压触探等技术研究的内容，不难发现，深层静力触探和旋压触探是深层触探技术体系的核心，无缆测试技术是深层触探的基础。深层静力触探和旋压触探虽各成一体，但两者之间相互联系，互为补充，为深层触探的工程应用奠定了基础。深层触探技术体系可总结如图6.1-1所示。

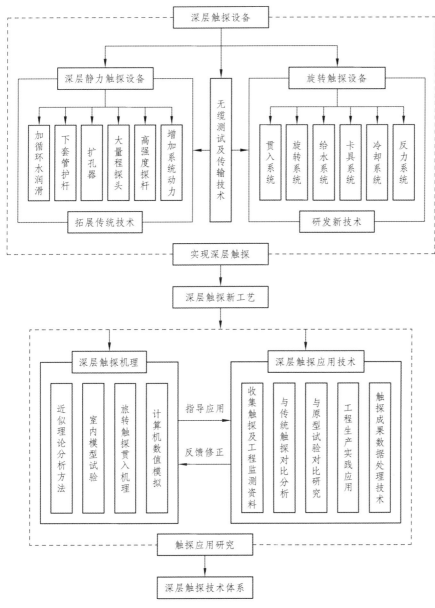

图 6.1-1 深层触探技术体系

6.1.2 工作流程

采用深层触探技术的综合勘察基本流程如图 6.1-2 所示。

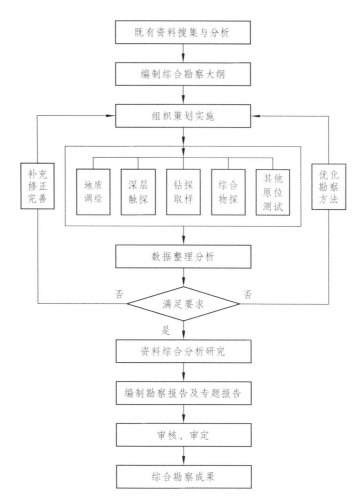

图 6.1-2　采用深层触探技术的综合勘察基本流程

6.1.3　应用指南

1. 总体原则

深层触探技术可用于铁路、公路、城市轨道交通、水利及工民建等行业的岩土工程勘察；在重要工程场地或缺乏使用经验的地区，深层触探工作应与其他勘探测试方法配合使用；深层触探孔布置应考虑工程设计孔深及参数要求；深层触探仪器设备应定期进行校验和维护。

2．深层静力触探

1）一般规定

（1）深层静力触探适用于软土、黏性土、粉土、砂类土及含少量碎石的土层。

（2）深层静力触探可划分土层、判别土类、确定地基土的物理力学指标和地基承载力、估算单桩极限承载力和路基及群桩基础沉降等。

2）设备

（1）深层静力触探设备包括触探设备和标定设备。

深层静力触探试验应使用深层静力触探车或轻便型深层静力触探设备。上述触探设备均由贯入系统、给水系统、测试采集系统、反力装置四部分组成。

标定设备包括测力计或力传感器和加卸荷用的标定架及辅助设备等。

（2）贯入系统包括触探主机、探杆、减摩阻器、护管和附属工具。

（3）触探主机应符合下列技术条件：

① 能匀速贯入，贯入速率为（20±5）mm/s。应有实施贯入速率（20 mm/s）的调节、控制装置。

② 能保证贯入和起拔时，施力作用线垂直于机座基准面，其垂直度公差为30′。

③ 额定起拔力不小于额定贯入力的120%。

④ 配备可适应探杆、护管转换的液压夹具（卡板）及附属工具。

（4）减摩阻器末端宜加设出水口，可注水润滑孔壁，减小摩擦，增加贯入深度。减摩阻器应在距探头锥底不小于50 cm处设置。

（5）护管应采用经过淬火处理的高强度无缝管材，每根长1 m。第一根护管前端应设置护管靴，弯曲度、同轴度、连接螺纹等参照探杆相关要求执行。

（6）护管靴的内径应与探杆外径相适应，两者间隙应为0.5～1mm。

（7）反力装置包括下锚机、地锚、压梁和配重等。依据不同场地条件和触探深度要求，宜配备地锚2～10个。当遇下地锚困难、不宜下地锚或者地锚反力不足等情况时，可采用增加配重的方法提供贯入所需反力。

（8）测试系统包括无缆测试记录仪器、探头和附属设备。无缆测试记录仪器包括地下测试参数存储器、地上读数仪和深度记录仪。

（9）记录仪器应符合下列条件：

① 仪器显示的有效最小分度值小于 0.06%FS。

② 仪器按要求预热后，时漂应小于 0.1%FS/h，温漂应小于 0.01%FS/℃。

③ 工作环境温度为 – 10～45 ℃。

（10）探头量程的选择应依据地层情况，选择合适量程范围的探头。未经标定的探头，严禁在生产中应用。双桥探头更新标准应符合表6.1-1的规定。其外形如图6.1-3所示。

表 6.1-1　双桥探头规格

	锥底面积/cm²	10	15	20
锥头	锥角/（°）	60±1		
	公称直径 D_1/mm	35.7	43.7	50.4
	直径公差/mm	+ 0.18 0	+ 0.22 0	+ 0.25 0
	圆柱高度 h/mm	≤10		
	过滤片与土接触面积/cm²	≥1.7		
摩擦筒	公称直径 D_2/mm	35.7	43.7	50.4
	直径公差/mm	+ 0.35 + 0.20	+ 0.43 + 0.24	+ 0.50 + 0.27
	公称长度 L/mm	133.7	218.5	189.5
	长度公差/mm	+ 0.60 − 0.90	+ 0.90 − 1.10	+ 0.80 − 0.95
	有效表面积/cm²	150	300	300
锥头与摩擦筒间距 e_1/mm		≤5		
摩擦筒与探头管间距 e_2/mm		≤3		
探头管直径 D_3/mm		（D_1 − 1.1）≤ D_3 ≤（D_1 − 0.3）		
更新标准	D_1/mm	< 34.8	< 42.6	< 49.2
	D_2/mm	≤34.8	≤42.6	≤49.2
	锥高 H/mm	< 25	< 31	< 37
	外形	（1）锥面、套筒出现明显变形或多处刻痕； （2）摩擦筒活动不便； （3）D_2 < D_1； （4）锥尖压损		

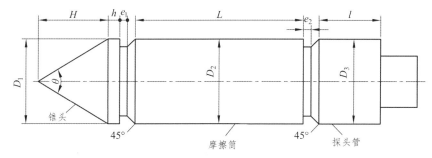

图 6.1-3　双桥探头外形

3）试验要点

（1）深层静力触探设备的贯入能力必须满足触探设计深度的需要。

（2）当触探孔位附近已有其他勘探孔时，应将触探孔布置在距原勘探孔 30 倍孔径以外的范围；进行对比试验时，孔距不宜大于 2 m，并应先进行触探然后进行其他勘探或试验。

（3）探头与记录仪的插接、调试和无缆测试系统操作应符合仪器设备使用说明的要求。

（4）遇下列情况之一者，应停止贯入，并应在记录上注明：

①　触探主机负荷达到其额定荷载的 120% 时。

②　探杆出现明显弯曲时。

③　反力装置失效时。

④　探头负荷达到额定荷载时。

⑤　记录仪器显示异常时。

（5）探头拔出地表后，及时将地下参数存储器的测试数据传输到地上读数仪中，并对探头进行检查、清理。

4）资料整理与计算

（1）单孔静力触探成果图件应包括以下几项基本内容：

①　各触探参数随深度的分布曲线（简称触探曲线）。

②　静力触探试验数据表。

③　土层名称、埋深、厚度等。

④　各层土的触探参数值。

（2）深层静力触探成果提交应符合下列要求：

①　提交内容应包括静力触探柱状图和静力触探试验原始数据。

②　提交成果应签署齐全。

（3）单桥、双桥探头的贯入阻力与端阻可按下列公式换算：

$$p_s = 1.1q_c \qquad\qquad (6.1\text{-}1)$$

（4）使用双桥触探时，可按图6.1-4判别土类。

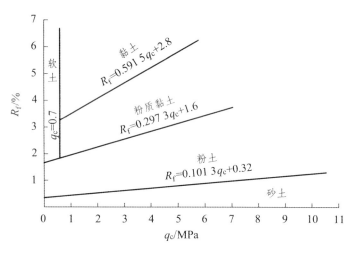

图6.1-4 根据双桥触探参数判别土类

（5）山前倾斜平原区Q_4、内陆及滨海平原区Q_4土的地基基本承载力可按表6.1-2计算。

表6.1-2 平原区地基基本承载力

土类名称		地基基本承载力 σ_0/kPa	q_c值域/MPa	相关系数
山前倾斜平原区 Q_4	黏性土	$\sigma_0 = 39.059q_c + 87.735$	$0.5 \sim 4.0$	0.766 5
	新近沉积黏性土	$\sigma_0 = 106.655q_c^{0.479\,8} - 6.012\,8$	$0.2 \sim 3.0$	0.782 5
	粉　土	$\sigma_0 = 99.137q_c^{0.513\,7} + 13.912$	$0.5 \sim 6.0$	0.824 8
	新近沉积粉土	$\sigma_0 = 85.738q_c^{0.592\,6} + 7.202\,3$	$0.5 \sim 3.0$	0.812 5
内陆及滨海平原区 Q_4	黏性土	$\sigma_0 = 112.25q_c^{0.447\,5} + 5.270\,7$	$0.3 \sim 4.5$	0.702 4
	粉　土	$\sigma_0 = 52.353q_c + 47.96$	$0.5 \sim 6.0$	0.730 4

注：载荷试验地基的基本承载力 σ_0 取值以比例界限及 $s/b = 0.012$ 为主。

（6）钻孔灌注桩极限承载力可按下列公式估算：

$$Q_u = U \sum_{i=1}^{n} h_i \beta_i \overline{f}_{si} + \alpha A_c q_{cp} \qquad (6.1\text{-}2)$$

式中：U ——桩身周长（m）；

h_i ——桩身穿过的第 i 层土厚度（m）；

A_c ——桩底（不包括桩靴）全断面积（m²）；

$\overline{f}_{si}$ ——第 i 层土的侧阻平均值（kPa）；

q_{cp} ——桩底端阻计算值；

β_i、α ——第 i 层土的极限摩阻力和桩尖土的极限承载力综合修正系数。

q_{cp}、β_i、α 可分别按下列要求计算：

① 桩底高程以上 $4d$（d 为桩径）范围内平均端阻 $\overline{q}_{cp1}$ 小于桩底高程以下 $4d$ 范围内平均端阻 $\overline{q}_{cp2}$ 时：

$$q_{cp} = (\overline{q}_{cp1} + \overline{q}_{cp2})/2 \qquad (6.1\text{-}3)$$

反之，

$$q_{cp} = \overline{q}_{cp2} \qquad (6.1\text{-}4)$$

② β_i 可按下列公式计算：

$$\beta_i = 54.922 \overline{f}_{si}^{-0.964\,8} \qquad (6.1\text{-}5)$$

当考虑土的类别时，可按下式计算：

黏土 $\qquad \beta_i = 48.178 \overline{f}_{si}^{-0.987\,1} \qquad (6.1\text{-}6)$

粉质黏土 $\qquad \beta_i = 30.003 \overline{f}_{si}^{-0.837} \qquad (6.1\text{-}7)$

粉土 $\qquad \beta_i = 32.407 \overline{f}_{si}^{-0.803\,3} \qquad (6.1\text{-}8)$

粉细砂 $\qquad \beta_i = 53.709 \overline{f}_{si}^{-0.955\,7} \qquad (6.1\text{-}9)$

③ α 可按下列公式计算：

$$\alpha = 0.244\,4 q_{cp}^{-0.966} \qquad (6.1\text{-}10)$$

（7）基础沉降可按下列公式估算：

$$s = \psi \lambda \sigma_0 \sum \frac{I_i}{a_i \overline{q}_{ci} + b_i} z_i \qquad (6.1\text{-}11)$$

式中： s ——基础最终沉降量。

ψ ——沉降估算经验系数，应根据类似工程条件下沉降观测资料和经验确定，无经验时暂取 $\psi = 1.0$。

λ ——基础深度影响系数， $\lambda = 1 - 0.5\sigma'_{z0} / \sigma_0$，若 $\lambda < 0.5$ 取 $\lambda = 0.5$。

σ'_{z0} ——基底土体初始有效自重应力。

σ_0 ——基底面附加应力。

I_i ——基底应变影响因子，由基底应变影响系数分布三角形线性插值计算，取第 i 层平均值；基底应变影响因子分布如图6.1-5所示，基底应变影响因子最大值为：

$$I_{max} = 0.5 + 0.1(\sigma_0 / \sigma'_{zp})^{0.5}$$

其中： σ'_{zp} 为对应 I_{max} 深度处的地基土体初始有效自重应力。

z_n ——基础沉降计算深度。采用《建筑地基基础设计规范》（GB 50007）基于变形比法确定地基变形计算深度的简化计算式初步确定基础沉降计算深度， $z_n = B(2.5 - 0.4\ln B)$，式中 B 为基础宽度（m）。但此方法仅适用于无相邻荷载、基础宽度在 1～30 m 范围内时的基础沉降深度估算，为简化计算过程，同时采用应力比法验证基础沉降计算深度，即 $\Delta\sigma \leqslant 0.1\sigma_z$，式中， $\Delta\sigma$ 为 z_n 深度处土体附加应力， σ_z 为 z_n 深度处土体自重应力。

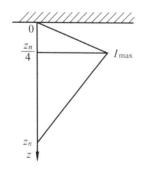
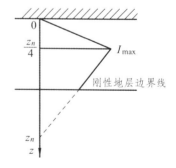

（a）不存在刚性地基边界　　　　（b）存在刚性地基边界

图 6.1-5　基底应变影响因子分布示意

$\bar{q}_{ci}$——第 i 层土平均锥尖阻力（MPa）；

a_i、b_i——与土性相关的第 i 层土体变形模量因子，可据触探的土类定名按当地经验公式取值。若无经验可统一取 $a=3.3$、$b=1.0$。

3．旋压触探

1）一般规定

（1）旋压触探适用于软土、黏性土、粉土、砂类土及含少量碎石的土层，可划分土层、判别土类、确定地基承载力等。

（2）旋压触探三桥探头的标定应符合相关规定。未经标定的三桥探头，严禁在生产中使用。

2）设备

（1）旋压触探设备由旋转贯入装置、给水装置、反力装置、测试系统等组成。

（2）旋转贯入装置包括贯入油缸、主轴箱、液压电动机、液压夹具、控制系统等。主轴箱固定在贯入油缸上，液压夹具应保证和旋压触探主轴同心。

（3）探杆应采用高强度无缝管材，其屈服强度不宜小于 600 MPa，工作截面尺寸必须与贯入主机的额定贯入力相匹配，并应符合下列规定：

① 用于同一台贯入主机的探杆长度（含接头）应相同，其长度误差不得大于 0.2%。

② 用于前 5 m 的探杆，弯曲度不得大于 0.05%。后续探杆的弯曲度，在静力触探孔深度小于或等于 10 m 时，不得大于 0.2%；静力触探孔深度大于 10 m 时，不得大于 0.1%。

③ 探杆两端螺纹轴线的同轴度公差为 Φ1 mm。

④ 探杆与接头的连接应有良好的互换性。

⑤ 锥形螺纹连接的探杆，连接后不得有晃动现象；圆柱形螺纹连接的探杆，拧紧后丝扣之根、肩应能密贴。

⑥ 探杆不得有裂纹和损伤。

（4）给水装置包括泥浆泵、旋转水龙头及附属设备。泥浆泵应为定量泵，泵压不宜小于 4 MPa。

（5）测试系统包括无缆测试仪和附属设备。无缆测试仪包括三桥探头、地上测试仪和深度、转速记录装置等。

（6）三桥旋压触探探头应包括传感器、地下数据采集器及电子仓、外套管及锥头等。三桥探头的技术性能应符合下列要求：

① 探头在工作状态下，各部传感器的互扰值应小于本身额定测值的 0.3%。

② 探头应能在 −10~45 ℃的环境温度中正常工作。

（7）三桥探头规格及更新标准如表 6.1-3 所示。

表 6.1-3　旋压触探三桥探头规格及更新标准

三桥探头	总长 /mm		850
锥头	锥角 /（°）		60
	直径 D_1/mm		68
	螺旋线参数	半锥角 /（°）	20
		导程 /mm	64
		起始直径 /mm	82
		头数	2
		螺旋槽直径 /mm	18
	出水口规格 /mm		$4×\phi6$
	锥头高度 h/mm		79
长外套	外部直径 D_2/mm		60
	内部直径 D_3/mm		54
	长度 L/mm		468
内套	直径 D/mm		45
更新标准	D_1/mm		< 65
	D_2/mm		< 59
	锥高 H/mm		< 76
	外形		锥面、套筒出现明显变形或刻痕多处

3）试验要点

（1）试验开始前应检查以下内容：

① 三桥探头是否符合规定，并核对标定记录。

② 无缆测试仪工作是否正常，地下数据采集器和地上读数仪电能是否充足，并调零试压。

③ 深度、转速记录装置是否工作正常。

（2）旋压触探设备就位后，应调平机座，使之与反力装置衔接、锁定。

（3）旋压触探试验时，开启动力系统，应匀速旋转贯入，贯入速率为（20±5）mm/s、转速为（25±5）r/min。贯入过程中应记录转速、贯入深度、旋转贯入阻力 p_r、旋转扭矩 M_r 和旋转排土水压力 p_w。

（4）遇下列情况，应停止旋压触探贯入：

① 旋压触探主机负荷达到其额定荷载的 120% 时。

② 旋转、给水装置不能正常工作时。

③ 记录仪器显示异常时。

④ 反力装置失效时。

（5）旋压触探测试停止旋转贯入后，应符合下列要求：

① 不得将探杆长时间滞留孔内，应及时起拔；拆卸探杆时，应夹持稳固，防止下部探杆连同探头滑落孔底。

② 及时将地下参数存储器的测试数据传输到地上读数仪中，并对探头进行检查、清理。

4）资料整理与计算

（1）旋压触探成果资料应包括以下内容：

① 测试参数随深度的分布曲线。

② 土层名称、分层。

③ 各层土的旋压触探测试参数值。

（2）土层界面位置的确定应符合下列规定：

① 上下层阻力相差不大时，取超前深度和滞后深度的中点，或中点偏向于阻值较小者 5 ~ 10 cm 处作为分层面。

② 上下层阻力相差一倍以上时，取软层最靠近分界面处的数据点偏向硬层 10 cm 处作为分层面。

③ 上下层阻力变化不明显时，可结合 M_r 或 p_w 的变化确定分层面。

（3）旋压触探成果图内容与格式应符合下列要求：

① 以深度为纵轴、以旋压触探测试参数为横轴绘制触探曲线；其中，p_r、M_r 及 p_w 之间的数值比例宜取 1：50：1。

② p_r、M_r 及 p_w 与深度 h 的关系曲线绘于同一个坐标图中。

③ 旋压触探曲线各测试参数符号及图例在图中标示清楚，按5.5.2节进行分层，计算各层旋压触探测试参数值，填入成果图件内的表格中。

（4）各土层的旋压触探测试参数计算及取值应满足如下要求：

① 土层厚度 h 大于等于 1 m 且土质比较均匀时，应扣除其上部滞后深度和下部超前深度范围内的静力触探参数值，按下列公式计算土层的静力触探参数值：

$$\overline{X} = \frac{1}{2}\sum_{i=1}^{n} x_i \qquad （6.1\text{-}12）$$

$$\overline{q}_{\mathrm{T}} = \overline{q}_{\mathrm{c}} + \beta(1-a)\overline{u}_1 = \overline{q}_{\mathrm{c}} + (1-a)\overline{u}_2 \qquad （6.1\text{-}13）$$

$$\overline{R}_{\mathrm{f}} = \overline{f}_{\mathrm{s}} / \overline{q}_{\mathrm{c}} \qquad （6.1\text{-}14）$$

式中：x、X 为各静力触探参数代号；角标 $i=1$，2，$\cdots$，n 为静力触探参数数据序号。

② 厚度 h 小于 1 m 的均质土层，软层应取最小值，硬层应取较大值。

③ 经过修正成图的记录曲线，可根据各分层土层曲线幅值变化情况，划分成若干小层，对每一小层按等积原理绘成直方图，按下式计算分层土层的静力触探参数值：

$$\overline{X} = \sum_{i=1}^{n} (\overline{x}_i \cdot h_i) / \sum_{i=1}^{n} h_i \qquad （6.1\text{-}15）$$

式中：h_i 为第 i 小层土厚度；$\overline{x}_i$ 为各小层的静力触探参数平均值。

④ 分层曲线中的异常值，不应参与计算。

⑤ 由单层厚度在 30 cm 以内的粉砂或粉土与黏性土交互沉积的土层，应分别计算各静力触探参数的大值平均值和小值平均值。

（5）旋压触探水压比 B_{r} 应按下式计算：

$$B_{\mathrm{r}} = (p_{\mathrm{w}} - u_{\mathrm{w}}) / p_{\mathrm{r}} \qquad （6.1\text{-}16）$$

式中：p_{w}——旋转排土水压力（MPa）；

u_{w}——该深度处静水压力（MPa）；

p_{r}——旋转贯入阻力（MPa）。

（6）使用旋压触探时，可按图 6.1-6 判别土类。

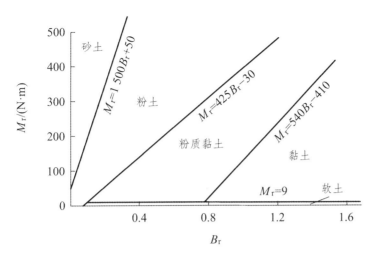

图 6.1-6　旋压触探参数判别土类

（7）旋压触探比功 e_r 可按下列公式计算：

$$e_r = p_r + \frac{2\pi}{A} \cdot \frac{nM_r}{v} \qquad (6.1\text{-}17)$$

式中：e_r ——旋压触探比功（MPa）；

　　　　p_r ——旋转贯入阻力（MPa）；

　　　　M_r ——旋转扭矩（MN·m）；

　　　　A ——旋压触探锥头投影面积，取 0.003 5 m^2；

　　　　n ——转速（r/min）；

　　　　v ——贯入速度（m/min）。

（8）天然地基基本承载力可按表 6.1-4 所列公式计算。

表 6.1-4　旋压触探计算天然地基基本承载力

土层类别	地基基本承载力 σ_0/kPa
粉　土	$\sigma_0 = 178.6 e_r^{0.187}$
粉质黏土	$\sigma_0 = 228.4 e_r^{0.187}$
黏　土	$\sigma_0 = 203.9 e_r^{0.437}$

（9）钻孔灌注桩极限承载力可按下列公式估算：

$$Q_u = U \sum_{i=1}^{n} h_i \varphi_i \overline{e_{ri}} + \eta A_c e_{rp}$$

式中：U ——桩身周长（m）。

h_i ——桩身穿过的第 i 层土厚度（m）。

A_c ——桩底（不包括桩靴）全断面积（m^2）。

$\overline{e_{ri}}$ ——第 i 层土的比功平均值（MPa）。

e_{rp} ——桩底比功计算值（MPa）。以桩底高程以上 $4d$（d 为桩径）范围内平均端阻 $\overline{e}_{rp1}$ 小于桩底高程以下 $4d$ 范围内平均端阻 $\overline{e}_{rp2}$ 时，取 $e_{rp} = (\overline{e}_{rp1} + \overline{e}_{rp2})/2$；反之，取 $\overline{e}_{rp} = \overline{e}_{rp2}$。

φ_i ——侧阻力修正系数，$\varphi_i = 0.055 \overline{e}_{ri}^{-0.954\,4}$。当考虑土性类别时，粉土 $\varphi_i = 0.032\,9 \overline{e}_{ri}^{-0.785}$，粉质黏土 $\varphi_i = 0.049\,8 \overline{e}_{ri}^{-0.964}$，黏土 $\varphi_i = 0.064\,9 \overline{e}_{ri}^{-0.976\,9}$，砂类土 $\varphi_i = 0.015\,4 \overline{e}_{ri}^{-0.602\,1}$。

η ——端阻力修正系数，$\eta = 0.155\,5 e_{rp}^{-0.975}$。

（10）基础沉降可按下列公式估算：

$$s = \psi \lambda \sigma_0 \sum_{i=1}^{n} \frac{I_i}{a_i \overline{e}_{ri}^{c_i} + b_i} \Delta z_i$$

式中：s ——基础最终沉降量。

ψ ——沉降估算经验系数，应根据类似工程条件下沉降观测资料和经验确定，无经验时暂取 $\psi = 1.0$。

λ ——基础深度影响系数，$\lambda = 1 - 0.5(\sigma_{z0}' / \sigma_0)$，若 $\lambda < 0.5$ 取 $\lambda = 0.5$。

σ_{z0}' ——基底土体初始有效自重应力。

σ_0 ——基底面附加应力。

I_i ——基底应变影响因子，由基底应变影响系数分布三角形线性插值计算，取第 i 层平均值；基底应变影响因子最大值为 $I_{max} = 0.5 + 0.1(\sigma_0 / \sigma_{zp}')^{0.5}$，式中 σ_{zp}' 为对应 I_{max} 深度处的地基土体初始有效自重应力。基底应变影响因子分布如图 6.1-5 所示。

z_n ——基础沉降计算深度，$z_n = B(2.5 - 0.4 \ln B)$；同时采用应力

比法验证基础沉降计算深度，即 $\Delta\sigma \leqslant 0.1\sigma_z$，式中，$B$ 为基础宽度，$\Delta\sigma$ 为 z_n 深度处土体附加应力，σ_z 为 z_n 深度处土体自重应力。

$\bar{e}_{ri}$——第 i 层土旋压触探比功平均值（MPa）。

a_i、b_i 和 c_i——与土性相关的第 i 层土体变形模量因子，可据旋压触探的土类定名按当地经验公式取值。若无经验可统一取 $a = 6.3$、$b = 1.0$、$c = 0.97$。

6.2 深层静力触探在京雄城际铁路中的应用

6.2.1 工程概况

新建北京至雄安铁路起自既有京九线李营站，终到雄安新区雄县北侧设置的雄安站。线路长 97.13 km；路基工程总长 6.55 km，占线路全长的 6.7%；桥梁工程总长 85.28 km，占线路全长的 87.8%；隧道总长 5.30 km，占线路全长的 5.5%。

6.2.2 工程地质条件

线路所属地区位于华北平原北缘，为冲积平原，地形平坦开阔。线路沿线为厚层第四系松散堆积层所覆盖，勘探深度范围内所揭示地层为第四系全新统（Q_4）、上更新统（Q_3）冲积地层。主要岩性为粉土、黏性土、砂类土。

6.2.3 勘察原则及方法

路基工程按 50 m 间距布置，钻探、触探按 1:1 交叉布置，间隔 200 m 布置横断面，以深层触探为主，孔深一般为 40~45 m，控制性勘探孔为 50~55 m。桥梁工程钻探、深层静力触探按 1:1 交叉隔墩布置，钻探孔深按 65 m 布置，深孔触探孔深按 65 m 布置，以满足设计检算为原则。地下段隧道工程按中等复杂场地布设勘探孔，间距为

30～50 m，在隧道结构轮廓线外侧 3～5 m 范围内按钻触 1∶1 交叉布置，控制性勘探孔至结构底板下不小于 3 倍隧道直径或不小于 2 倍基坑深度，一般性孔至结构底板下不小于 2 倍隧道直径。

6.2.4 应用效果评价

（1）本项目勘察工作量如表 6.2-1 所示，深层静力触探与钻探的比例在桥梁工程中接近 1∶1，在路基和隧道工程中达到 1∶1.4，最大孔深 65 m。勘察过程中，深层触探穿越中密—密实厚层粉细砂层，最厚处达 20 m，锥尖阻力最大达 61.41 MPa。每个深层触探孔较钻孔节省 1～2 d，并节省大量土工试验时间。由此可见，深层触探的应用在提高效率、缩短工期、节省费用等方面具有很大优势。

表 6.2-1 京雄城际定测完成勘察工作量统计

工程类型	钻探孔数	钻探工作量/m	触探孔数	触探工作量/m
桥梁工程	758	49 720	579	37 365
路基工程	243	10 493	334	13 493
隧道工程	64	3 064	85	3 540

（2）从工程地质纵断面（图 6.2-1，见书末插页）中可以看出，深层静力触探测试曲线在地质断面中的变化与地层具有很好的对应关系，可作为划分地层及确定土类定名的重要依据。

（3）深层静力触探测试结果具有测试深度大、测试数据连续可靠的特点，测试结果能较好地反映地层的变化情况，为桩基持力层的选择提供了可靠依据。

（4）从土体物理力学参数与承载力计算单（表 6.2-2）中可以发现，深层静力触探测试的参数计算与钻探试验指标统计关系一致性较好，能够为设计专业提供依据。

表 6.2-2　京雄城际某工点土体物理力学参数与承载力计算单

岩土编号	岩土名称	天然含水量 w/%	天然孔隙比 e	液性指数 I_L	塑性指数 I_P	直剪（快剪）内摩擦角 φ_q/(°)	直剪（快剪）粘聚力 c_q/kPa	压缩系数 $\alpha_{0.1-0.2}$/MPa^{-1}	压缩模量 $E_{s0.1-0.2}$/MPa	标贯击数 N/(击/30cm)	静力触探 锥头阻力 q_c/MPa	静力触探 侧阻力 f_s/kPa	摩阻比/%	采用静力触探计算参数 压缩模量 $E_{s0.1-0.2}$/MPa	采用静力触探计算参数 基本承载力 σ_0/kPa
1-2	素填土	16.4		−0.17	9.6	9.0	19.0			7.0	1.61	66.7	4.6	5.39	144
3-21	黏土	33.4	1.034	0.45	23.0			0.747	2.87						5
3-22	黏土	28.1	0.844	0.34	18.6			0.520	3.55						
3-31	粉质黏土	25.1	0.822	0.48	13.4	10.6	9.3	0.397	4.76	11.5	1.97	52.1	3.1	5.66	157
3-32	粉质黏土	22.9	0.700	0.40	12.4	11.6	21.2	0.296	5.38	18.3	2.98	101.2	3.7	6.42	188
3-41	粉土	20.2	0.722	0.40	9.0	23.7	10.3	0.266	6.85	13.4	5.29	90.4	1.9	8.97	242
3-42	粉土	20.7	0.664	0.61	8.6	23.2	9.0	0.274	6.32	20.3	7.81	177.4	2.7	9.47	287
3-52	粉砂					稍密,稍湿				12.5					
3-55	粉砂					中密,稍密				22.6	11.64	117.5	1.1		342
3-58	粉砂					密实,稍密				42.0	21.9	174.3	1		452
3-65	细砂					中密,稍湿				24.8	11.95	147.8	1.5		346
3-68	细砂					密实,稍湿				45.1	24.59	218.8	1.1		476
5-23	黏土	29.4	0.851	0.36	19.8	11.9	39.0	0.260	7.23		2.73	87.3	3.2	6.23	181
5-24	黏土	29.5	0.811	0.38	19.3	8.2	50.0	0.257	7.31		3.79	149.7	3.8	7.02	209
5-33	粉质黏土	22.7	0.651	0.42	12.7	10.7	18.0	0.263	6.58	50.0	3.47	114.6	3.3	6.78	201
5-34	粉质黏土	23.1	0.662	0.38	12.9	10.4	27.3	0.252	6.79		4.8	160.7	3.6	7.77	232
5-43	粉土	21.5	0.604	0.64	8.5	24.7	10.5	0.246	7.08	27.0	8.33	260.1	3.4	9.57	295
5-44	粉土	22.5	0.646	0.68	8.9	23.9	13.0	0.229	6.86		7.92	259.7	3.6	9.49	289
5-58	粉砂					密实,饱和				50.6	28.01	316	1.3		504
5-68	细砂					密实,饱和				50.6	29.46	322.8	1.2		515

6.3 旋压触探在津保客专中的应用

6.3.1 工程概况

天津至保定客运专线正线长约 133 km，桥梁长度占 65.4%，其中跨京津塘高速公路特大桥长 10 373.85 km，采用 5-20 m + 8-24 m + 1-30 m + 283-32 m + 2-40 m + 2-48 m 简支梁和 1-（48 + 80 + 48）+ 1-（32 + 48 + 48 + 32）m 连续梁形式。

6.3.2 工程地质条件

跨京津塘高速公路特大桥所处为冲海积平原，地势平坦开阔。

勘探深度范围内所揭示的地层主要为第四系全新统冲积层（Q_4^{al}）、海积层（Q_4^m），第四系上更新统冲积层（Q_3^{al}）、海积层（Q_3^m）。局部分布第四系全新统人工堆积层（Q_4^{ml}）。场地 20 m 以上粉土、粉砂局部为地震液化层。

6.3.3 勘察原则及方法

桥址区主要为黏性土、粉土、砂类土、软土，结合地层特点，采用钻探与旋压触探相结合的综合勘察手段，隔墩布置勘探孔，按钻触 1 : 1 布置。钻孔用于采取原状土和扰动土样、孔内原位测试；旋压触探用于确定锥尖阻力、侧壁阻力、摩阻比等参数，用于对地基土进行力学分层，确定地基土的承载力，选择桩基持力层，同时划分松软地基段落；标准贯入试验用于评价松软土、黏性土及砂类土的基本承载力，确定砂类土的密实度，判定饱和粉土或砂土地震液化层。

6.3.4 应用效果评价

（1）该特大桥完成钻探孔 64 孔、旋压触探孔 49 孔，触探孔与钻探孔间隔布置，用旋压触探替代了部分钻探，旋压触探测试深度为 53 ~ 65 m，平均深度为 61.2 m，满足了勘察设计要求。在工作效率方面，旋压触探相较钻探试验周期而言，功效提高 60% 以上。

（2）从工程地质纵断面图（图 6.3-1，见书末插页）中可以看出，深层触探孔曲线在地质断面中的变化与地层具有很好的对应关系。

（3）从土体物理力学参数对比分析可以看出（表 6.3-1），按旋压触探所得指标计算的不同压力段土体压缩模量与室内土工试验结果较为一致。基于旋压触探测试成果计算所得土体 $E_{s0.1-0.2}$ 与相应室内试验土体压缩模量平均值最小偏差为 0.43%，最大偏差为 25.91%，平均偏差为 11.77%；基于旋压触探测试成果计算所得土体 $E_{s0.2-0.4}$ 与相应室内试验土体压缩模量平均值最小偏差为 0.88%，最大偏差为 29.92%，平均偏差为 12.51%；基于旋压触探测试成果计算所得土体 $E_{s0.4-0.6}$ 与相应室内试验土体压缩模量平均值最小偏差为 0.76%，最大偏差为 28.14%，平均偏差为 14.13%。

（4）从承载力计算单（表 6.3-1）中可以发现，应用旋压触探测试结果估算承载力可以克服砂土等不易取得原状样的问题，旋压触探方法具有更为广泛的适用性。

（5）每个旋压触探孔较钻孔节约 2～3 d，且节省了大量土工试验时间，缩短了工期，节约了勘探费用。

6.4　深层触探在京沪高速铁路中的应用

6.4.1　工程概况

京沪高速铁路全长 1 318 km，设计速度 350 km/h，应用工点位于北京至济南段地形平坦开阔，均为深厚松软土地基。

1．路基工程试验段

路基工程试验段总长 232 m，路堤填高 6.8～7.2 m。该试验段路基分 A、B、C、D 四个区段，各区段相应处理方式如表 6.4-1 所示。

A 区段、B 区段填筑开始时间为 2008 年 3 月 14 日，填筑及预压土施工结束时间为 2008 年 3 月 31 日；C 区段、D 区段填筑开始时间为 2008 年 3 月 5 日，填筑及预压土施工结束时间 2008 年 3 月 30 日。试验段从 2008 年 12 月 16 日开始卸超载预压土，2008 年 12 月 26 日卸载结束。

表 6.3-1 土体物理力学参数与承载力计算单

岩土编号	岩土名称	天然含水量 w/%	天然孔隙比 e	液性指数 I_L	标贯击数 N/(击/30 cm)	标贯修正击数 N/(击/31 cm)	压缩模量 $E_{s0.1-0.2}$/MPa	压缩模量 $E_{s0.2-0.4}$/MPa	压缩模量 $E_{s0.4-0.6}$/MPa	旋压触探 锋头阻力 q_c/MPa	旋压触探 旋转扭矩/(N·m)	旋压触探 比功/MPa	旋压触探确定压缩模量 $E_{s0.1-0.2}$/MPa	旋压触探确定压缩模量 $E_{s0.2-0.4}$/MPa	旋压触探确定压缩模量 $E_{s0.4-0.6}$/MPa	旋压触探确定承载力
2-1	黏土	31.3	0.892	0.51	4.5	4.4	4.71	6.983	10.027	0.35	12.4	0.72	5.11	7.23	9.05	176
2-2	粉质黏土	28	0.802	0.66	5	4.8	4.88	8.597	13.179	0.26	10.6	0.58	4.9	7.73	11.02	206
2-3	粉质黏土	26.4	0.815	0.59	4.3	4.1	9.06	16.275	23.93	0.51	55.6	2.17	8	13.48	20.54	206
3-2	粉质黏土	28.3	0.791	0.73	5.2	4.3	4.79	8.417	12.704	0.44	10	0.74	4.94	7.78	11.07	215
3-3	粉质黏土	26.2	0.74	0.7	6.7	5.8	7.38	13.647	20.988	1.02	58.8	2.78	8.19	13.9	21.15	216
4-1	黏土	31.9	0.881	0.54	7.8	5.7	4.61	7.329	10.508	0.74	14.9	1.19	5.22	7.39	9.23	219
4-2	粉质黏土	25.4	0.702	0.58	7.6	5.4	5.19	8.893	13.326	0.63	13	1.02	5	7.86	11.17	229
4-3	黏土	22.4	0.614	0.51	15.6	11.4	9.06	16.945	25.617	1.41	113.9	4.82	8.84	15.31	23.19	239
5-1	黏土	32.2	0.891	0.48	9	6.3	5.41	7.595	12.293	0.92	14.4	1.35	5.26	7.45	9.29	232
5-2	粉质黏土	25.6	0.714	0.57	12.1	8.5	5.56	9.377	13.915	0.99	15.6	1.46	5.1	7.99	11.32	245
5-3	粉质黏土	23.8	0.667	0.59	20.2	14.2	7.86	14.201	22.556	1.4	153.8	6	9.21	16.13	24.38	249
6-2	粉质黏土	24.8	0.697	0.45			5.79	9.412	13.615	1.23	24.7	1.97	5.21	8.14	11.49	259

表 6.4-1　试验段路基工程处理方式

区段	处理方案	桩径/m	桩间距/m	布置形式	桩顶设计
A	CFG桩网复合地基	0.5	1.7	19根×30排	桩顶设直径1.0 m桩帽,其上设0.6 m厚碎石垫层,垫层内夹铺两层土工格栅
B	CFG桩筏复合地基	0.5	1.8	18根×27排	桩顶设0.15 m厚碎石垫层,其上设0.5 m厚钢筋混凝土板,两侧至路堤填方坡脚处各设置4.5 m宽、0.6 m厚的碎石垫层夹两层土工格栅
C	CFG桩筏复合地基	0.5	1.8	18根×28排	桩顶设0.15 m厚碎石垫层,其上设0.5 m厚钢筋混凝土板
D	CFG桩筏复合地基	0.4	1.6	21根×31排	桩顶设0.15 m厚碎石垫层,其上设0.5 m厚钢筋混凝土板

该试验段地形平坦,地势开阔,地层主要为第四系全新统冲积层(Q_4^{al})、第四系全新统海积层(Q_4^m),第四系上更新统冲积层(Q_3^{al})。自上而下主要地层情况如下:黏土,硬塑,厚 0 ~ 1.3 m;粉质黏土,软塑—硬塑,厚 1.4 ~ 2.4 m;粉土,密实,潮湿,厚 1.7 ~ 3.7 m;粉砂,稍密,饱和,15.0 m 以下为中密,厚 4.7 m;粉砂,密实,饱和,厚 9.5 ~ 13.9 m;粉质黏土,软塑,厚 4.6 m。

2．某特大桥桩基工程

该桥全长 113.69 km,全桥设 3 499 个桥墩,桥址处地层为第四系冲积层、冲洪积层,以黏土、粉质黏土、粉土、粉砂为主。

6.4.2　计算桩基承载力

在特大桥桩基工程的相邻区域分别完成了深层触探和单桩静载试验,采用深层静力触探、旋压触探计算单桩竖向承载力,并与现场实测的静载试验结果进行对比。

1．单桩静载试验

本区域完成了 3 根单桩竖向抗压静载试验，桩径 1 000 mm，桩长 52.9 m，如图 6.4-1 所示，测试单桩极限承载力结果分别为 11 400 kN、9 500 kN、11 400 kN。依据《建筑基桩检测技术规范》（JGJ106）第 4.4.3 条第 1 款的规定，取算术平均值作为为单桩竖向抗压极限承载力，最终确定单桩极限承载力为 10 767 kN。

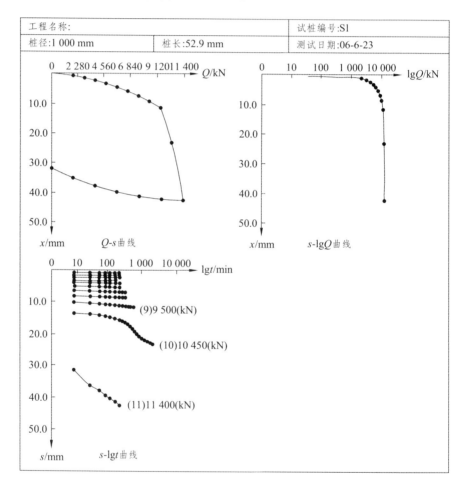

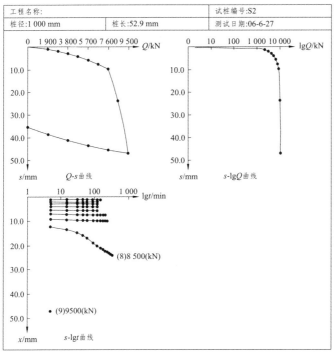

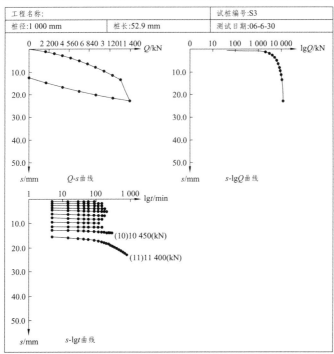

图 6.4-1　单桩竖向抗压试验曲线

2．采用深层静力触探计算

在试桩点附近完成深层静力触探 2 孔，其中 DCPT1# 测试深度 64 m、DCPT2#测试深度 60 m，满足了桩底以下勘察深度和桩基承载力计算要求。分别采用现行规范方法、深层触探方法计算单桩承载力，并与试桩结果进行对比分析。

为便于后续对比，现将以上两种方法的主要计算步骤和差异对列入表 6.4-2：

表 6.4-2　现行规范方法、深层触探方法差异对比

计算方法	现行规范方法	深层触探方法
公式主体	$Q_u = U\sum_{i=1}^{n} h_i \beta_i \overline{f}_{si} + \alpha A_c q_{cp}$	
触探侧阻取值方法	第 i 层土的侧阻平均值 $\overline{f}_{si}$	
触探端阻计算范围	桩端以上 $4d$、桩端以下 d	桩端以上 $4d$、桩端以下 $4d$
触探端阻计算方法	$q_{cp} = (\overline{q}_{cp1} + \overline{q}_{cp2})/2$	$q_{cp} = (\overline{q}_{cp1} + \overline{q}_{cp2})/2 (\overline{q}_{cp1} < \overline{q}_{cp2})$ $q_{cp} = \overline{q}_{cp2}(\overline{q}_{cp1} \leqslant \overline{q}_{cp2})$
桩侧阻力修正系数	黏性土、粉土： $\beta_i = 10.04 \overline{f}_{si}^{-0.55}$ 砂土： $\beta_i = 10.04 \overline{f}_{si}^{-0.55}$	不区分土类：$\beta_i = 54.922 \overline{f}_{si}^{-0.964\,8}$ 黏土：$\beta_i = 48.178 \overline{f}_{si}^{-0.987\,1}$ 粉质黏土：$\beta_i = 30.003 \overline{f}_{si}^{-0.837}$ 粉土：$\beta_i = 32.407 \overline{f}_{si}^{-0.803\,3}$ 粉细砂：$\beta_i = 53.709 \overline{f}_{si}^{-0.955\,7}$
桩端阻力修正系数	黏性土、粉土取 2/3； 饱和砂土取 1/2	$\alpha = 0.244\,4 q_{cp}^{-0.966}$

1）现行规范方法

参照《建筑桩基技术规范》（JGJ 94）5.3 节相关规定计算单桩极限承载力，得到灌注桩单桩极限承载力为 9 278.78 kN。

2）深层触探方法

应用前文 4.5.5 节深层触探方法，分别计算桩侧阻力和桩端阻力，从而得到单桩极限承载力。

（1）单桩极限桩侧阻力。

由于静力触探数据采样间隔为 0.1 m，按这个深度间隔划分土层单元。

将静力触探侧摩阻力值代入公式，计算极限摩阻力综合修正系数 β_i。

按下式计算灌注桩极限承载力状态下桩侧阻力：

$$Q_{us} = U\sum_{i=1}^{n} h_i \beta_i \overline{f_{si}} \qquad (6.4\text{-}1)$$

式中：h_i 取 0.1m；U 取 1 m 桩径的周长。

应用深层静力触探估算单桩极限桩侧阻力，触探孔 DCPT1#、DCPT2#计算结果分别为 10 282.67 kN、10 288.67 kN。

（2）单桩极限桩端阻力。

依据《铁路工程地质原位测试规程》（TB 10018）第 9.5.21 条规定取值，确定桩底端阻力计算值。q_{cp} 以桩底高程以上 4d（d 为桩径）范围内平均端阻 $\overline{q}_{cp1}$ 小于桩底高程以下 4d 范围内平均端阻 $\overline{q}_{cp2}$ 时，取：

$$q_{cp} = (\overline{q}_{cp1} + \overline{q}_{cp2})/2 \qquad (6.4\text{-}2)$$

反之，取：

$$q_{cp} = \overline{q}_{cp2} \qquad (6.4\text{-}3)$$

将桩底端阻计算值代入公式，计算极限端阻力综合修正系数 α。

按下式计算灌注桩极限承载力状态下桩端阻力：

$$Q_{up} = \alpha A_c q_{cp} \qquad (6.4\text{-}4)$$

得到触探孔 DCPT1#、DCPT2#单桩极限桩端阻力值分别为 205.77 kN、202.9 7kN（表 6.4-3）。

表 6.4-3　单桩极限桩端阻力计算

触探孔编号	桩底高程以上 4d/m	桩底高程以下 4d/m	桩底端阻估算值/MPa	桩端阻力/kN
DCPT1#	11.070	7.726	7.726	205.77
DCPT2#	4.960	5.360	5.16	202.97

（3）单桩极限承载力。

将前文计算结果相加得到单桩极限承载力。经计算，触探孔 DCPT1#、DCPT2#单桩极限承载力分别为 10 488.44 kN、10 491.64 kN。

3）效果评价

以上成果分别与试桩实测单桩极限承载力对比（表 6.4-4），依据桩基规范方法确定单桩极限承载力误差为 13.82%，偏向安全；应用本书经验公式估算单桩极限承载力误差分别为 2.59%、2.56%，且偏向安全。比较后认为，本书提出的计算公式确定单桩极限承载力效果较好。

表 6.4-4　不同估算方法与实测试桩对比

计算方法		桩侧阻力 /kN	桩端阻力 /kN	极限承载力 /kN	误差 /%
试桩实测		—	—	10 767	—
桩基规范方法		9 111.32	167.46	9 278.78	13.82
深层静力触探方法	DCPT1#	10 282.67	205.77	10 488.44	2.59
	DCPT2#	10 288.67	202.97	10 491.64	2.56

3．采用旋压触探计算

在试桩点附近完成旋压触探 2 孔，其中 RPT1#、RPT2# 测试深度均为 60 m（为勘察要求深度，非测试极限深度），满足了桩底以下勘察深度和桩基承载力计算要求。应用前文 5.5.5 节旋压触探方法分别计算桩侧阻力和桩端阻力，从而得到单桩极限承载力。最后与试桩结果进行对比分析。

1）桩侧阻力

以旋压触探采样间隔 0.05 m 划分土层单元，得到桩侧土旋压触探比功计算值，代入下列公式，计算极限摩阻力综合修正系数：

$$\varphi_i = 0.055\overline{e}_i^{-0.954\,4}$$

按下式计算钻孔灌注桩极限承载力状态下的桩侧阻力：

$$Q_{\text{us}} = U\sum_{i=1}^{n} h_i \varphi_i \overline{e}_i \tag{6.4-5}$$

式中：h_i 取 0.1 m；U 取 1 m 桩径的周长。

经计算，在桩长 52.9 m 范围内，应用旋压触探估算极限承载力状态下桩侧阻力，旋压触探 RPT1# 孔桩侧阻力为 9 861.81 kN，旋压触探 RPT2# 孔桩侧阻力为 9 318.51 kN。

2）桩端阻力

依据上文中 e_p 取值方法的设定，得到桩端土旋压触探比功计算值，代入修正系数公式，计算极限端阻力综合修正系数：

$$\eta = 0.155\,5e_p^{-0.975}$$

按下式计算钻孔灌注桩极限承载力状态下的桩端阻力：

$$Q_{up} = \eta A_c e_p \tag{6.4-6}$$

基于旋压触探的桩端阻力计算表如表 6.4-5 所示。

表 6.4-5　基于旋压触探的桩端阻力计算表

旋压触探孔号	$\overline{e}_{p1}$	$\overline{e}_{p2}$	桩端旋压触探比功计算值/kPa	桩端阻力/kN
RPT1#	17.19	38.56	28.18	133.19
RPT2#	10.08	14.71	12.40	130.48

3）灌注桩极限承载力

按下式计算钻孔灌注桩极限承载力：

$$Q_u = Q_{us} + Q_{up} \tag{6.4-7}$$

依据旋压触探 RPT1#孔，得到钻孔灌注桩极限承载力为 3 565.22 kN；依据旋压触探 RPT2#孔，得到钻孔灌注桩极限承载力为 3 715.45 kN。

4）效果评价

根据上述估算成果与试桩实测极限承载力的对比（表 6.4-6）可知，应用旋压触探公式估算单桩极限承载力，两孔误差分别为 7.17%、12.24%，且偏向安全。对比表明：利用旋压触探公式确定钻孔灌注桩极限承载力效果较好。

表 6.4-6　估算单桩极限承载力与实测试桩对比

计算方法		桩侧阻力/kN	桩端阻力/kN	极限承载力/kN	误差/%
试桩实测		—	—	10 767	—
深层触探方法	RPT1#	9 861.81	133.19	9 994.99	7.17
	RPT2#	9 318.51	130.48	9 448.99	12.24

6.4.3 估算基础沉降

1. 采用深层静力触探估算路基沉降

按深层静力触探技术的地基沉降估算方法对该段路基沉降进行估算，主要步骤如下：

1）确定基础沉降影响深度

基底宽度 $B = 32.8$ m ， $z_n = B(2.5 - 0.4\ln B) = 36.2$ m 。

采用应力比法验证基础沉降影响深度：基底下 $z = 36.2$ m 处附加应力 $\sigma_z = 47.80$ kPa ， 基底下 $z = 36.2$ m 处土体自重应力 $\sigma'_{vp} = 542.4$ kPa ， $\sigma_z \leqslant 0.2\sigma'_{vp}$ ，故取 $z_n = 36.2$ m 。

2）确定基础深度影响系数 λ

试验段路基中心点上部附加荷载-时间-沉降关系如图 6.4-2 所示，从图中可见基底最终有效附加应力 $\Delta p = 186.7$ kPa 。

基底地基土有效自重应力： $\sigma'_{v0} = 216.6$ kPa 。

基础深度影响系数 $\lambda = 1 - 0.5(\sigma'_{v0} / \Delta p) = 0.42$ ， 因 $\lambda \geqslant 0.5$ ， 故取 $\lambda = 0.5$ 。

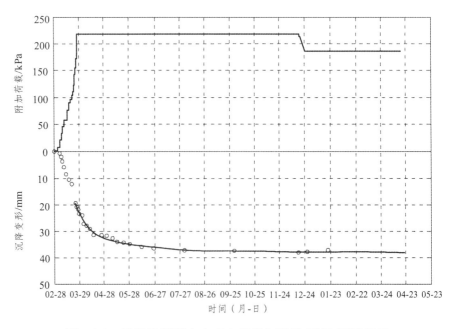

图 6.4-2 试验段路基中心点上部附加荷载-时间-沉降关系

3）确定基底应力影响因子 I_i

$I_{\max} = 0.5 + 0.1\sqrt{\Delta p / \sigma'_{vp}} = 0.559$，据此计算各土层基底应力影响因子 I_i 如图 6.4-3 所示。

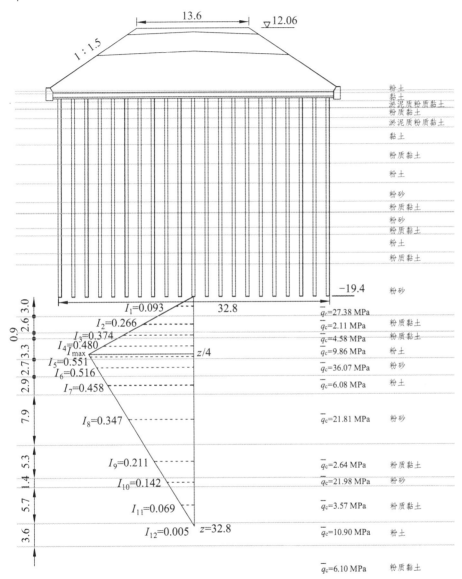

图 6.4-3　试验段路基沉降估算简图（尺寸单位：m）

4）确定各土层土体平均锥尖阻力及变形模量因子

图 6.4-4 为试验段 DK190＋289.95～DK190＋339.65 段现场深层静

力触探试验结果，故此可得基底下各土层土体平均锥尖阻力，结果如图 6.4-3 所示。

因无当地经验，故基底各土层土体变形模量因子统一取 $a = 3.3$、$b = 1.0$。

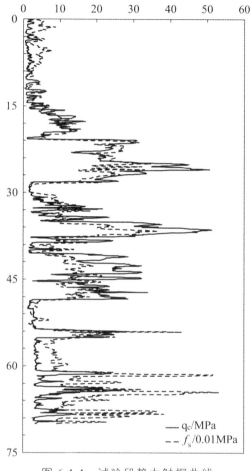

图 6.4-4　试验段静力触探曲线

5）估算路基中心点最终沉降量

$$s = \psi\lambda\Delta p\sum_{i=1}^{n}\frac{I_i}{a_i\overline{q}_{ci}+b_i}\Delta z = 39.25 \text{ mm}$$

图 6.4-2 为试验段 D 断面路基中心点上部附加荷载-时间-沉降关系。由图可见，该断面路基沉降对于附加荷载很敏感，加载后约 5 个月沉降出现收敛迹象，根据以上沉降曲线对路基最终沉降进行了预测

拟合，所得路基最终沉降为 39.04 mm。

采用复合模量法计算试验段 D 断面路基中心点沉降值为 47.20 mm，计算值与实测值之间相差 0.209 倍；采用基于触探技术的路基沉降估算方法，估算沉降值为 39.25 mm，估算值与实测值之间仅相差 0.005 倍，可见所提出的基于触探技术的路基沉降估算方法估算效果良好（表 6.4-7）。

表 6.4-7　试验段 D 断面路基中心点不同沉降计算方法计算结果与实测沉降对比

计算方法	复合模量法	静力触探经验公式法	实测预测值
压缩层厚度/m	—	36.2	—
修正系数		1.0	
沉降值/mm	47.20	39.25	39.04
计算值/实测值	1.209	1.005	—
根据实测数据修正系数	—	0.995	—

2．采用旋压触探估算路基沉降

对所提出的基于旋压触探估算路基及基于群桩基础沉降估算公式进行验证，具体计算步骤如下：

1）确定基础沉降影响深度

基底宽度 $B = 32.8$ m ，　$z_n = B(2.5 - 0.4\ln B) = 36.2$ m 。

采用应力比法验证基础沉降影响深度：基底下 $z = 36.2$ m 处附加应力 $\sigma_z = 47.80$ kPa ，基底下 $z = 36.2$ m 处土体自重应力 $\sigma'_{vp} = 542.4$ kPa ，$\sigma_z \leqslant 0.2\sigma'_{vp}$ ，故取 $z_n = 36.2$ m 。

2）确定基础深度影响系数 λ

试验段路基中心点上部附加荷载-时间-沉降关系如图 6.4-2 所示，从图中可见基底最终有效附加应力 $\Delta p = 186.7$ kPa 。

基底地基土有效自重应力：$\sigma'_{v0} = 216.6$ kPa 。

基础深度影响系数 $\lambda = 1 - 0.5\sigma'_{v0} / \Delta p = 0.42$ ，因 $\lambda \geqslant 0.5$ ，故取 $\lambda = 0.5$ 。

3）确定基底应力影响因子 I_i

$I_{max} = 0.5 + 0.1\sqrt{\Delta p / \sigma'_{vp}} = 0.559$ ，据此计算各土层基底应力影响因子 I_i 如图 6.4-5 所示。

4）确定各土层土体旋压触探比功平均值及变形模量因子

根据 D 断面场地旋压触探试验结果，计算得各土层土体旋压触探比功平均值如图 6.4-5 所示。

基底各土层土体变形模量因子统一取 $a = 6.3$、$b = 1.0$、$c = 0.97$。

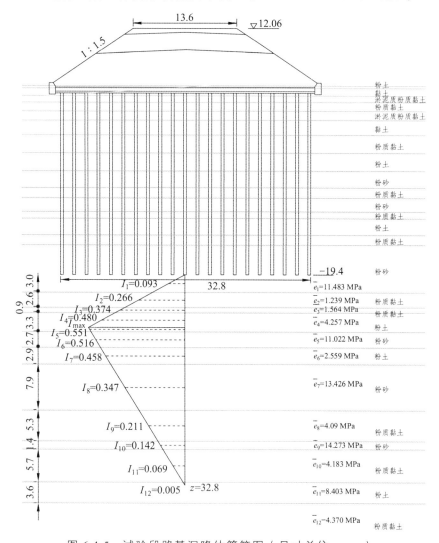

图 6.4-5　试验段路基沉降估算简图（尺寸单位：mm）

5）估算路基中心点最终沉降量

$$s = \psi \lambda \Delta p \sum_{i=1}^{n} \frac{I_i}{a_i \overline{e}_i^{c_i} + b_i} \Delta z = 40.93 \text{ mm}$$

试验段 D 断面路基中心点不同沉降计算方法计算结果与实测沉降对比如表 6.4-8 所示。

表 6.4-8　试验段 D 断面路基中心点不同沉降计算方法计算结果与
实测沉降对比

计算方法	复合模量法	静力触探经验公式法	旋压触探经验公式法	实测预测值
压缩层厚度/m	—	36.2	36.2	—
修正系数	—	1.0	1.0	—
沉降值/mm	47.20	39.25	40.93	39.04
计算值/实测值	1.209	1.005	1.048	—
根据实测数据修正系数	—	0.995	0.954	—

图 6.4-2 为试验段 D 断面路基中心点上部附加荷载-时间-沉降关系图。由图可见，该断面路基沉降对于附加荷载很敏感，加载后约 5 个月沉降出现收敛迹象，根据以上沉降曲线对路基最终沉降进行了预测拟合，所得路基最终沉降为 39.04 mm。

采用复合模量法计算试验段 D 断面路基中心点沉降值为 47.20 mm，计算值与实测值之间相差 0.209 倍；采用基于旋压触探技术的路基沉降估算方法，估算沉降值为 40.93 mm，估算值与实测值之间仅相差 0.048 倍，可见所提出的基于旋压触探技术的路基沉降估算方法估算效果良好。

3．采用深层静力触探估算群桩基础沉降

1）计算过程

按触探技术的群桩基础沉降估算方法对该段群桩基础沉降进行估算，主要步骤如下：

（1）确定基础沉降影响深度。

群桩承台基底宽度为 $B = 0.91 \text{ m}$，故此沉降变形计算影响深度 $z_n = 0.86 \text{ m}$。

（2）确定基础深度影响系数 λ。

基底最终有效附加应力：$\Delta p = 9.097 \text{ MPa}$。

基底地基土有效自重应力：$\sigma'_{v0} = 532.42$ kPa。

基础深度影响系数：$\lambda = 0.97$。

（3）确定基底应力影响因子 I_i。

$$\sigma'_{vp} = 534.36 \text{ kPa}$$

$$I_{max} = 0.9126$$

基底各土层基底影响因子如图 6.4-3 所示。

（4）确定各土层土体平均锥尖阻力及变形模量因子。

DK124 工点 19#墩处各土层土体平均锥尖阻力如图 6.4-6 所示，因无当地经验，故基底各土层土体变形模量因子统一取 $a = 3.3$、$b = 1.0$。

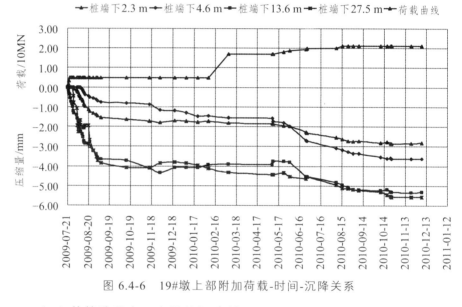

图 6.4-6　19#墩上部附加荷载-时间-沉降关系

（5）估算路基中心点最终沉降量。

$$s = \psi\lambda\Delta p \sum_{i=1}^{n} \frac{I_i}{a_i \bar{q}_{ci} + b_i} \Delta z = 47.1 \text{ mm}$$

2）效果评价

采用所提出的基于深层静力触探估算群桩基础沉降方法计算 19#墩总沉降量为 47.09 mm，采用现行《铁路桥涵地基和基础设计规范》（TB 10002.5）计算 19#墩总沉降量为 58.14 mm（表 6.4-9）。该工点实测沉降为 7.1 mm，故采用本节所提出的基于深层静力触探估算群桩基础沉降方法经验修正系数为 0.15，采用现行规范方法经验修正系数为 0.12。由此可见，本节所提出的基于深层静力触探估算群桩基础沉降计算方法与现行规范方法计算结果符合较好。

表 6.4-9　19#墩不同沉降计算方法计算结果与实测沉降对比

计算方法	规范方法计算沉降	触探方法计算沉降	实测沉降
沉降值/mm	58.14	47.09	7.1
经验修正系数 ψ_s	0.12	0.15	

4. 基于旋压触探估算群桩基础沉降

1）计算过程

按基于旋压触探技术的群桩基础沉降估算方法对该段群桩基础沉降进行估算，主要步骤如下：

（1）确定基础沉降影响深度。

群桩承台基底宽度为 $B = 0.91\,\mathrm{m}$，故此沉降变形计算影响深度 $z = B(2.5 - 0.4\ln B) = 0.86\,\mathrm{m}$。

（2）确定基础深度影响系数 λ。

基底最终有效附加应力：$\Delta p = 9.097\,\mathrm{MPa}$。

基底地基土有效自重应力：$\sigma'_{v0} = 532.42\,\mathrm{kPa}$。

基础深度影响系数：$\lambda = 0.97$。

（3）确定基底应力影响因子 I_i。

$\sigma'_{vp} = 534.36\,\mathrm{kPa}$，$I_{\max} = 0.912\,6$，基底各土层基底影响因子如图 6.4-3 所示。

（4）确定各土层土体平均锥尖阻力及变形模量因子。

墩台各土层土体平均锥尖阻力如图 6.4-4 所示，因无当地经验，故基底各土层土体变形模量因子统一取 $a = 6.3$、$b = 1.0$、$c = 0.97$。

（5）估算路基中心点最终沉降量

$$s = \psi\lambda\Delta p\sum_{i=1}^{n}\frac{I_i}{a_i\overline{q}_{ci} + b_i}\Delta z = 41.2\,\mathrm{mm}$$

2）效果评价

基于旋压触探估算群桩基础沉降方法计算 19# 墩总沉降量为

41.09 mm，采用现行《铁路桥涵地基和基础设计规范》（TB 10002.5）计算 19# 墩总沉降量为 58.14 mm。该工点实测沉降为 7.1 mm，故采用基于旋压触探估算群桩基础沉降方法经验修正系数为 0.17，采用现行规范方法经验修正系数为 0.12。由此可见，基于旋压触探估算群桩基础沉降计算方法与现行规范方法计算结果符合较好，且该方法计算简单、方便、勘探测试成本低。19#墩不同沉降计算方法计算结果与实测沉降对比如表 6.4-10 所示。

表 6.4-10　19#墩不同沉降计算方法计算结果与实测沉降对比

计算方法	规范方法计算沉降	触探方法计算沉降	实测沉降
沉降值/mm	58.14	41.20	7.1
经验修正系数 ψ_s	0.12	0.17	

6.5　深层静力触探在天津地铁中的应用

6.5.1　工程概况

天津地铁 10 号线一期工程正线全长 21.18 km，全部为地下线，共设地下站 21 座车站，最大埋深 26 m。

6.5.2　工程地质条件

沿线地层主要为人工填土层（第四系全新统人工堆积 Q_{ml}）、第 I 陆相层（第四系全新统河床—河漫滩相沉积 Q_4^3al）、第 I 海相层（第四系全新统中组浅海相沉积 Q_4^2m）、第 II 陆相层（第四系全系统下组沼泽相沉积 Q_4^1h 及第四系全新统下组河床—河漫滩相沉积 Q_4^1al）、第 III 陆相层（第四系上更新统五组河床—河漫滩相沉积 Q_3^eal）、第 II 海相层（第四系上更新统四组滨海—潮汐带相沉积 Q_3^dmc）、第 IV 陆相层（第四系上更新统三组河床—河漫滩相沉积 Q_3^cal）、第 III 海相层（第四系上更新统二组浅海—滨海相沉积 Q_3^mb），地层岩性特征描述见表 6.5-1。

表 6.5-1　地层岩性特征表

地层编号	时代成因	岩土名称	土层厚度/m	顶板高程/m	岩性描述
①₁	Q_{ml}	杂填土	0.8~2.8	2.71~3.27	杂色，潮湿—饱和，松散，以砖块、灰渣及碎石为主，大部分表层 0.3 m 为水泥地面
④₁	Q_4^3al	黏土	1.1~2.2	0.58~2.10	黄褐色，硬塑—可塑，含锈斑及锈色条纹，夹薄层粉土
④₂		粉质黏土	0.6~3.4	−0.63~2.28	褐黄色、黄灰色，硬塑—流塑，含锈斑、黑斑及姜石，夹薄层粉土，偶见螺壳及碎片
④₃		粉土	1.1~1.8	−0.13~0.47	褐黄色、灰黄色、黄灰色，湿，中密—密实，夹薄层粉质黏土，含锈斑黑斑，偶见螺壳及碎片
④₉		淤泥质粉质黏土	1.9	0.38	褐黄色，流塑，含锈斑黑斑，偶见螺壳及碎片。该地层仅单孔揭示
⑥₂	Q_4^2m	粉质黏土	0.7~4.7	−12.04~−0.82	褐灰色，局部为褐黄色及灰色，可塑—流塑，与粉土互层呈千层饼状，含贝壳及碎片
⑥₃		粉土	0.7~10.4	−9.52~−0.27	褐灰色，湿—很湿，稍密—密实，大部砂粒含量较高，含少量贝壳积碎片，夹粉质黏土薄层，该层大部分为地震液化层
⑥₄		粉砂	0.9~1.0	−10.99~−9.12	褐灰色，局部为灰色，饱和，中密，局部夹薄层粉土及粉质黏土，含云母及少量贝壳碎片，该地层为地震液化层
⑥₈		淤泥质黏土	0.8~1.2	−1.9~1.68	褐灰色，流塑，含少量腐殖物及贝壳碎片，夹粉土薄层及团块
⑥₉		淤泥质粉质黏土	0.8~4.5	−11.30~−0.79	褐灰色，流塑，含少量腐殖物及贝壳碎片，夹粉土薄层及团块

地层编号	时代成因	岩土名称	土层厚度/m	顶板高程/m	岩性描述
⑦₁	Q₄¹h	粉质黏土	1.2～1.7	−12.1～−11.31	黄灰色、灰黄色，局部为浅灰色，可塑，局部与薄层粉土互层，含少量螺壳碎片及锈斑
⑦₂		粉质黏土	1.0～3.4	−13.34～−9.57	黄灰色、灰黄色，局部为浅灰色，硬塑—可塑，局部与薄层粉土互层，含少量螺壳碎片及锈斑，顶部为0.1～0.3 m灰黑色泥炭层，富含有机质
⑧₁	Q₄¹al	黏土	1.1～1.9	−16.51～−13.38	褐黄色、灰黄色，可塑—软塑，含锈斑及条纹，夹零星贝壳碎片，仅单孔揭示
⑧₂		粉质黏土	0.9～4.4	−16.00～−12.03	黄褐色、褐黄色及灰黄色，可塑—软塑，夹粉土薄层及团块，含锈斑、黑斑，偶见螺壳碎片及姜石
⑧₃		粉土	0.9～3.0	−17.40～−13.00	黄褐色、褐黄色及灰黄色，湿，密实，局部砂粒含量较高，含锈斑、黑斑，偶见螺壳碎片、姜石
⑧₄		粉砂	0.8～3.7	−17.12～−12.97	黄褐色、褐黄色及灰黄色，饱和，密实，成分以石英、长石为主，局部为地震液化层
⑨₁	Q₃ᵉal	黏土	1.0～3.6	−24.81～−17.99	黄褐色、褐黄色、灰黄色，可塑—软塑，含锈斑、条纹、螺壳碎片，偶见姜石，局部夹粉土薄层
⑨₂		粉质黏土	1.0～6.7	−24.13～−15.07	黄褐色、褐黄色、灰黄色，可塑，含锈斑、条纹、螺壳碎片，偶见姜石，局部夹粉土薄层
⑨₃		粉土	1.0～3.3	−20.24～−17.80	黄褐色、褐黄色、灰黄色，湿，密实，含锈斑、螺壳碎片、姜石，局部夹粉质黏土薄层，含砂粒
⑨₄		粉砂	0.8～3.6	−19.78～−18.12	黄褐色、褐黄色、灰黄色，饱和，密实，含云母，局部夹少量黏性土，偶见螺壳及碎片

地层编号	时代成因	岩土名称	土层厚度/m	顶板高程/m	岩性描述
⑩₁		黏土	0.6～4.2	−28.52～−21.77	褐灰色、灰褐色、灰黄色，硬塑—软塑，局部夹粉土薄层及团块，含锈斑，偶见贝壳碎片
⑩₂	Q₃ᵈmc	粉质黏土	1.0～3.6	−27.83～−21.74	褐灰色、灰褐色、灰黄色，局部为褐黄色，坚硬—软塑，局部夹粉土薄层及团块，含锈斑，偶见贝壳碎片
⑩₃		粉土	0.9～1.8	−29.73～−26.03	褐灰色、灰褐色、灰黄色，湿，密实，含锈斑，偶见贝壳碎片
⑪₁		黏土	0.8～5.9	−42.43～−26.40	黄褐色、褐黄色，可塑—硬塑，局部夹粉土薄层及团块，含有锈斑、条纹及少量螺壳碎片，偶见姜石
⑪₂		粉质黏土	0.6～9.8	−44.83～−25.34	黄褐色、褐黄色、灰黄色，局部为灰绿色，坚硬—软塑，含锈斑、条纹、螺壳碎片、姜石，夹粉土薄层及团块
⑪₃	Q₃ᶜal	粉土	0.6～5.5	−42.69～−26.47	褐黄色、黄褐色、灰黄色，稍湿—湿，密实，含锈斑、条纹、姜石，偶见螺壳碎片，局部夹粉质黏土薄层及粉砂薄层
⑪₄		粉砂	0.7～4.4	−43.12～−25.58	褐黄色、黄褐色、灰黄色，饱和，密实，含云母，偶见螺壳碎片，局部夹粉质黏土薄层
⑫₁		黏土	1.1～4.4	−54.24～−43.01	褐灰色，硬塑—可塑，含少量腐殖物，夹灰黑色斑点及粉土微薄层
⑫₂		粉质黏土	0.8～4.2	−56.94～−42.26	黄褐色、褐黄色，硬塑—软塑，含锈斑、条纹，夹粉土薄层
⑫₃	Q₃ᵇm	粉土	1.2～2.2	−55.44～−42.53	灰黄色、黄灰色、褐灰色，局部褐黄色，稍湿—湿，密实，含锈斑、条纹，偶见贝壳碎片，局部夹粉质黏土薄层
⑫₄		粉砂	1.0～2.8	−57.31～−43.52	灰黄色，饱和，密实，含云母及少量贝壳碎片。该层仅单孔揭示

6.5.3 勘察原则及方法

在场地调查、综合分析既有地质资料的基础上，勘探孔的布置结合地层特点、工程设置及基坑开挖深度的不同，沿构筑物结构轮廓线外侧采取"一钻一触"的原则布设，深层静力触探采用双桥探头试验。

6.5.4 应用效果评价

（1）详细勘察中采取钻触间隔布置，成果满足设计要求。

（2）从工程地质剖面图（图 6.5-1，见书末插页）中可以看出，深层触探孔曲线在地质断面中的变化与地层有很好的对应关系。

（3）从表 6.5-2 对比可见，依据深层静力触探测试指标所确定的各压力段土体压缩模量与室内试验实测各压力段土体压缩模量平均偏差为 14.23%；其中，$E_{s0-0.05}$ 平均偏差为 25.66%，$E_{s0.05-0.1}$ 平均偏差为 14.59%，$E_{s0.1-0.2}$ 平均偏差为 10.84%，$E_{s0.2-0.3}$ 平均偏差为 11.55%，$E_{s0.3-0.4}$ 平均偏差为 11.59%，$E_{s0.4-0.6}$ 平均偏差为 11.19%，$E_{s0.6-0.8}$ 平均偏差为 5.60%，$E_{s0.8-1.0}$ 平均偏差为 0.63%。由此可见，依据深层静力触探测试指标所确定的各压力段土体压缩模量与室内试验实测各压力段土体压缩模量结果较为一致。

（4）从表 6.5-3 可见，基于室内试验、依据规范所确定的地基承载力基本值与基于静力触探经验公式所确定的地基承载力基本值二者之间最大偏差为 18.67%，最小偏差为 3.03%，平均偏差为 9.05%。基于固结试验同时结合标准贯入试验结果所确定的垂直基床系数与基于静力触探经验公式所确定的基床系数二者之间最大偏差为 22.93%，最小偏差为 1.23%，平均偏差为 11.63%。由此可见，依据深层静力触探测试指标利用经验公式所确定的地基承载力、桩侧摩阻力和垂直基床系数与传统利用钻探取样室内试验指标依据规范查表法所确定的地基承载力、桩侧摩阻力和垂直基床系数结果较为一致。

（5）每个深层静力触探孔较钻探孔节约 2~3 d，并节省大量内室试验工作量。

表 6.5-2　天津地铁10号某线车站不同应力条件土体压缩模量与基于触探经验公式计算结果对比

岩土编号	岩土名称	室内试验压缩模量/MPa								静力触探		采用静力触探经验公式计算所得压缩模量							
		$E_{s0-0.05}$	$E_{s0.05-0.1}$	$E_{s0.1-0.2}$	$E_{s0.2-0.3}$	$E_{s0.3-0.4}$	$E_{s0.4-0.6}$	$E_{s0.6-0.8}$	$E_{s0.8-1.0}$	锥头阻力 q_c/MPa	侧摩阻力 f_s/kPa	$E_{s0-0.05}$	$E_{s0.05-0.1}$	$E_{s0.1-0.2}$	$E_{s0.2-0.3}$	$E_{s0.3-0.4}$	$E_{s0.4-0.6}$	$E_{s0.6-0.8}$	$E_{s0.8-1.0}$
4-1	粘土	3.32	4.4	5.69	6.85	8.91				0.83	26.4	2.06	3.12	4.18	6.05	8.18	10.01		
4-2	粉质粘土	2.17	2.9	4.91	7.35	9.33				1.03	21.6	1.70	3.12	4.96	7.42	9.68	14.19	16.30	
4-3	粉土	3.36	4.59	8.06	10.73	15.6				1.45	18.6	2.53	5.04	8.21	12.56	17.39	22.68	32.29	36.84
6-2	粉质粘土	1.85	3.36	5.15	7.96	10.96				1.98	33.6	2.30	3.72	5.67	8.36	10.77	14.72	17.91	
6-3	粉土	2.5	4.58	7.01	10.64	13.53				1.81	30.1	2.56	5.09	8.28	12.68	17.53	22.83	32.42	37.18
6-9	淤泥质粉质粘土	1.53	3.05	4.97	7.47	9.97				1.13	18.1	1.13	2.15	3.61	5.62	7.40			
7-2	粉质粘土	1.88	3.18	4.91	7.52	8.73				1.07	19.2	1.73	3.14	4.99	7.46	9.73	14.22	16.37	
8-1	粉质粘土	2.83	3.73	4.5	7.46	9.32						1.64	2.56	3.46	5.23	7.61	9.09		
8-2	粉质粘土	2.02	3.39	4.88	7.37	9.14				1.36	30	1.91	3.33	5.21	7.75	10.06	14.38	16.86	
8-3	粉土	3.93	6.29	9.12	15.81	20.44	10.022			3.11	44.7	2.69	5.27	8.53	13.12	18.04	23.35	32.87	38.41
9-1	粘土	3.02	3.84	4.81	6.75	7.88	10.146			1.55	28.1	2.43	3.61	4.81	6.77	8.67	10.80		
9-2	粉质粘土	2.23	3.41	5.05	7.15	9.19	10.865			1.81	29.9	2.20	3.61	5.54	8.19	10.57	14.62	17.62	
9-3	粉土	3.99	6.26	8.89	15.34	19.3	11.804			6.30	140.3	3.01	5.71	9.17	14.20	19.29	24.63	33.98	41.42
10-1	粉质粘土	3.46	4.17	4.42	6.83	8.21				2.62	58.5	2.97	4.34	5.74	7.84	9.41	11.98		
10-2	粉土	3.5	4.38	5.62	7.18	8.93				1.66	32.2	2.10	3.52	5.43	8.04	10.40	14.54	17.37	
11-1	粉质粘土	5.06	6.12	6.83	7.97	8.84	13.197	16.012	19.326	2.87		3.10	4.51	5.95	8.09	9.58	12.25		
11-2	粉质粘土	4.21	5.01	6.63	10.7	13.69	15.749	19.825	24.078	2.98	81.0	2.93	4.36	6.42	9.34	11.91	15.27	19.60	
11-3	粉土	4.73	6.52	10.24	14.99	19.45	24.762	31.784	41.012	6.14	152.9	3.00	5.69	9.13	14.15	19.23	24.56	33.92	41.27
12-1	粘土	4.78	5.64	6.39			12.512	14.833	17.324	2.79	118.6	3.06	4.45	5.88	8.01	9.52	12.17		
12-2	粉质粘土	3.82	5.21	6.98	10.68	12.21	14.569	17.962	22.392	2.58	52.7	2.68	4.10	6.12	8.94	11.45	15.05	18.93	

表 6.5-3　天津地铁 10 号线某车站地基承载力、桩侧摩阻及基床系数与基于触探经验公式计算对比

岩土编号	岩土名称	天然含水量 w/%	天然孔隙比 e	液性指数 I_L	承载力基本值 σ_0/kPa	钻孔灌注桩侧摩阻力标准值/kPa	垂直基床系数 K_v/(MPa/m)	静力触探 标贯击数 N(击/30 cm)	锥头阻力 q_c/MPa	侧摩阻力 f_s/MPa	采用静力触探经验公式计算 承载力基本值 σ_0/kPa	钻孔灌注桩侧摩阻力标准值/kPa	垂直基床系数 K_v/(MPa/m)
6-2	粉质黏土	30.6	0.857	1.01	120	36	16.8	7.5	1.98	33.6		53.21	18.5
6-3	粉土	30.4	0.831	0.99	130	51.2	25	8.9	1.81	30.1	143	63.31	27.1
6-9	淤泥质粉质黏土	35.1	0.959	1.12	80	12	13.4	6.6	1.13	18.1			11.8
7-1	黏土	35.5	0.969	0.73	100	46	14.8	12	0.57	25.1	93	50.22	12.9
7-2	粉质黏土	25.1	0.684	0.57	100	52	13.4	6.7	1.07	19.2		48.57	16.3
8-2	粉质黏土	28.8	0.785	0.67	160	49	18.6	10.5	1.36	30		52.23	17.0
8-3	粉砂	24.4	0.672	0.4	170	68	25	18.4	3.11	44.7	175	68.43	28.0
8-4	粉砂	20.1	0.572	0.46	250	72	48.8	29.4	19.34	225.5		68.28	
9-1	黏土	34.4	0.95	0.69	150	56	15.9	13.3	1.55	28.1	142	50.30	15.7
9-2	粉质黏土	31.2	0.861	0.77	160	44	17.5	12.7	1.81	29.9		52.20	18.1
9-3	粉砂	26.8	0.731	0.83	180	60	29.6	24.1	6.30	140.3		85.70	30.1
9-4	粉砂				250	75	45		8.05	165.3		67.35	
10-1	黏土	32.9	0.903	0.63	150	56	23	11.5	2.62	58.5	178	50.77	18.8
10-2	粉质黏土	27.2	0.736	0.61	160	56	16.4	11.9	1.66	32.2		52.84	17.8
11-1	黏土	30	0.837	0.35	170	80	16.3	16.8	2.87		185		19.5
11-2	粉质黏土	23.7	0.655	0.41	180	78	20	15.3	2.98	81.0		61.41	21.0
11-3	黏土	20.8	0.591	0.45	200	78	38.9	33.7	6.14	152.9		87.16	30.0
11-4	粉砂	17.6	0.508	0.49	250	80	53.8	42.2	14.99	228.2	183	68.32	
12-1	黏土	31.4	0.856	0.35	170			17.5	2.79	118.6		51.24	19.3
12-2	粉质黏土	25.4	0.707	0.52	180			18.8	2.58	52.7		57.26	20.0

参考文献

［1］ 孟高头. 土体原位测试、机理、方法及其工程应用[M]. 北京：地质出版社，1997.

［2］ 王锺琦. 静力触探技术的实质及其应用现状与前景[J]. 工程勘察，2008.

［3］ 冯伟. 基于数据采集卡的无线静力触探仪的研制与应用[D]. 西安：长安大学，2010.

［4］ 赵新宏. 一种静力触探无缆化的原理与实现[J]. 工程勘察，2017（2）：453-457.

［5］ BEREZANTZER V G, KHRISTOFOROV V S, GOLUBKOV V N. Load bearing capacity and deformation of piled foundation[J]. Proc 5th Int Conf Soil Mechanics, 1961(2): 11-15.

［6］ MITCHELL J K, KEAVENY J M. Determining sand strength by penetrometer[J]. Geotech Spec Publ, ASCE, 1986(6): 823-839.

［7］ MEYERHOF G G. Ultimate bearing capacity of footings on sand layer overlying clay[J]. Canadian Geotechnical Journal, 1974, 11(2): 223-229.

［8］ JANBU N, SENNESET K. Effective stress interpretation of in-suit static penetration tests[J]. Proc.1st Eur.Symp. on Penetration Testing, 1974(2): 181-193.

［9］ VESIC A. S. Expansion of cavities in infinite soil mass[J]. J Soil Mech and Found, ASCE, 1972, 98(SM3): 265-290.

［10］ LADANYI B, JOHNSTON G H. Behavior of circular footings and plate anchors embedded in permafrost[J]. Can Geotech J, 1974, 11(3): 531-553.

［11］ YASUFUKU N, HYDE A F L. Pile end bearing capacity in crushable sands[J]. Geotechnique, 1995, 45(4): 663-676.

［12］ BALIGH M M. Strain path method[J]. J Geotech Engineering, ASCE, 1985, 111(9): 1108-1136.

[13] 国家铁路局. 铁路工程地质原位测试规程：TB 10018—2018[S]. 北京：中国铁道出版社，2018.

[14] 伯洋洋. 基于旋转触探试验的类岩石力学参数研究[D]. 西安：西安理工大学，2015.

[15] 石奎. 深层旋转触探技术的力学机理研究[D]. 武汉：中国地质大学，2010.

[16] CHEN Xinjun, SUN Shuli, PU Xiaoli. A new rotary penetration sounding device and its testing method[C]//Geomechanics and Geotechnics: From Micro to Macro. Boca Raton, Florida: CRC Press, 2010: 1073-1079.

[17] 李鹏. 基于旋转触探技术的土体压缩模量确定方法[J].铁道工程学报，2016，8：34-39；65.

[18] 陈新军，高敬. 旋转触探确定钻孔灌注桩极限承载力研究[J]. 铁道工程学报，2014，12（195）：28-32.

结束语

　　历经十余年的发展，中国铁设自主研发的深层静力触探和旋压触探成套技术在工程实践中不断完善，形成了行业标准，应用范围不断拓展，在许多重大工程中发挥了重要作用，促进了勘察技术进步。随着装备制造、电子信息等技术的快速发展，深层触探技术还需与时俱进，在无缆测试技术、联合试验、测试自动化、勘察设计应用等方面继续深化研究，不断提高自动化、智能化程度，并进一步拓展触探参数的应用范围，推进深层触探技术标准的国际化。深层触探技术未来的发展方向有：

　　（1）无缆测试实时传输技术。

　　持续改进无缆测试技术，研发传输可靠、经久耐用，集备实时传输、同步显示等功能为一体的系列装备，不断提高深层触探技术的信息化水平。

　　（2）海上触探技术。

　　完善海上触探工艺，增强海上触探装备性能，提升海上触探的深度和测试质量，发挥深层触探技术在海上工程勘察中的作用，为海上工程建设提供支持。

　　（3）多功能触探技术。

　　进一步丰富深层触探探头的功能，实现深层触探和相关原位测试手段的联合试验，拓展深层触探技术的应用范围和联合试验能力。

　　（4）测试自动化技术。

　　改善测试工艺、流程，提高测试过程中的自动化水平，降低人为干扰对测试成果的影响，保障测试成果质量，改善测试人员作业条件。

　　（5）形成国际通用标准。

　　不断总结深层触探技术的区域特点，进一步丰富触探指标与岩土参数、设计模型的经验关系，加强深层触探技术在国外项目中的应用，推进深层触探技术标准"国际化"。